“LOS DISIDENTES”

ROSA MIRIAM ELIZALDE/ LUIS BAEZ

"LOS DISIDENTES"

AGENTES DE LA SEGURIDAD CUBANA REVELAN LA HISTORIA REAL

EDITORA POLÍTICA/ LA HABANA, 2003

Edición: *Iraida Aguirrechu* y *Martha Brancacho*
Diseño de cubierta: *Eugenio Sagués*
Diseño interior: *Eugenio Sagués* y *Osvaldo Valdés*
Fotografía: *Liborio Noval* y *agentes de la Seguridad del Estado*
Corrección: *Libian García, Olga María López, Cristina Lacerna, Ana María Rebollo, Digna Martínez, Ana Belkis Delgado* y *Ana Cecilia Cabrera*
Computación: *Ramón Caballero* y *Mayra Mancina*

ISBN 959-01-0548-3

Editora Política
Fax: (537) 556896 / 556836
Email: edit63@enet.cu
Internet: www.pcc.cu
Belascoaín No. 864, Ciudad de La Habana, Cuba

*A los héroes anónimos que, dentro
y fuera de Cuba, vigilan en la sombra
para que no nos falte nunca la luz.*

Sin la participación de muchos amigos que ayudaron en la trasncripción de más de 60 horas de entrevistas, la edición de los textos, el rastreo de la información complementaria y la recopilación y digitalización de los documentos, no hubiéramos podido terminarlo en solo 10 días. *"Los disidentes"* es el libro de:

Saúl González, Katiusca Blanco, Aracelys Bedevia, Juana María Santoyo, Wanda Caso, Reynaldo Mavilio, Bárbara Benítez, Kenia Carrasco, Carlos Garriga, Aday del Sol, Yuniet Escobar, Gabriel Herrera, Daynet Rodríguez, Aliet Valdés, Juanita Carrasco, Ahmed Hourruitiner, Melvis Sarduy, Sonia López y Carlos Formoso. También, de Alejandra García Elizalde, Patricia Báez Rodríguez, Alejandra Báez Rodríguez, Mirtha Ramírez y Ángel García.

LAS SOMBRAS DE LA SOMBRA

LOS AUTORES 1

"Los disidentes" es un libro apegado al periodismo de urgencia. La idea surgió poco después de que el ministro de Relaciones Exteriores de Cuba, Felipe Pérez Roque, diera cuenta en conferencia de prensa sobre las razones que tuvo el gobierno cubano para juzgar como mercenarios a quienes durante años colaboraron con los servicios norteamericanos y los grupos terroristas radicados, básicamente, en Miami.

En ese encuentro, el Canciller dio a conocer que varios de los agentes de la Seguridad del Estado infiltrados habían testificado en los juicios. Las pruebas de Cuba eran irrebatibles.

Una semana después estábamos frente a los 12 agentes que fueron dados a conocer públicamente, luego de haber convivido durante años en las filas de la llamada "oposición", "la disidencia interna" o "los independientes", como suelen ser mencionados por los enemigos de la Revolución.

No les vamos a contar el libro a nuestros lectores. El entramado de las historias y las voces de estos hombres y mujeres confirman quiénes son en verdad los que se dedican al juego de la "oposición" en la isla: rehenes de los grupos mafiosos de Miami e impúdicos asalariados de la Sección de Intereses de Estados Unidos (SINA), cuyos funcionarios, aun cuando les abrían sus casas y sus despensas —tal vez por eso mismo—, los trataban con feroz desprecio. ¿Qué es sino un insulto promover rebatiñas por los regalos en las dependencias oficiales de la SINA? ¿Y otorgar visas a cambio de avales de comportamiento contrarrevolucionario?

Anécdotas sobran. A pesar de que trabajamos durante jornadas agotadoras, a veces buscando detalles aparentemente nimios, los entrevistados mantuvieron no solo una extraordinaria disposición al diálogo —lo fuimos grabando y transcribiendo prácticamente de manera simultánea—, sino también nos facilitaron buena parte de la documentación que se presenta en este libro.

Con paciencia, nos ayudaron a identificar, entre la selva de fotografías y papeles, a los personajes que desfilan por estas páginas. La mayoría de las imágenes de las fiestas y reuniones de los "disidentes" fueron tomadas por ellos y tienen un valor documental inapreciable. Algunas de las fotos se han seleccionado por su valor testimonial, aunque no reúnen los mejores requisitos técnicos. Fueron tomadas durante el trabajo operativo de la Seguridad cubana.

Muchos se conocían en el ambiente de la "disidencia". Algunos tenían buenas relaciones, otros eran rivales en grupos que peleaban continuamente entre sí. Ninguno sabía que en realidad estaban en el mismo bando, y descubrirlo fue tal vez el momento más emotivo de un proceso en el que hubo todo tipo de sentimientos: desde quienes hubieran preferido seguir en las sombras, porque estaban en el mejor momento de su trabajo como agentes —es el caso de Orrio, Aleida y Odilia—, hasta el que añoraba el reposado descanso entre los suyos —Baguer.

Lo común para todos fue la relación con sus oficiales del Ministerio del Interior, entrañable, profunda. Ellos —la sombra de la sombra— fueron quienes armaron la extraordinaria telaraña que finalmente ha permitido conocer la verdad, sin que el enemigo haya sospechado cuán vulnerables eran —y son— al amparo del águila.

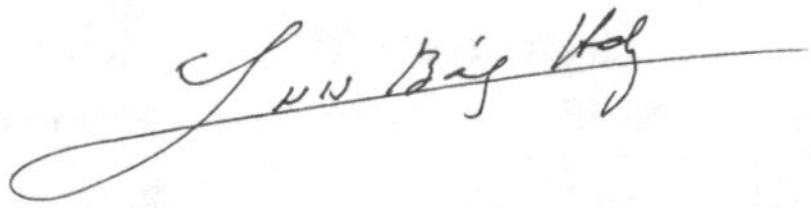

La Habana, 30 de abril de 2003

Hoy los llamados "disidentes", mercenarios a sueldo
pagados por el gobierno hitleriano de Bush,
traicionan no solo a su patria
sino también a la humanidad.

Fidel Castro
1ro de mayo de 2003

SIEMPRE ESTUVE SEGURA DE QUE NO ESTABA SOLA

ALEIDA GODÍNEZ SOLER

Tiene una memoria prodigiosa, entrenada en media vida dedicada a los azares conspirativos. Recuerda puntualmente fechas, documentos, la indumentaria, los nombres completos de las personas que conoció en los llamados "grupos opositores" cubanos y de los funcionarios norteamericanos que la distinguían entre los habituales en la residencia oficial de la Sección de Intereses de Estados Unidos en La Habana.

Hay cientos de páginas en Internet dedicadas a la disidente Aleida Godínez Soler, a sus despachos noticiosos, a sus declaraciones desde La Habana, a su larga y activa trayectoria contrarrevolucionaria. En la página www.terrorismcentral.com, del Departamento de Estado norteamericano, aparecen notas como estas: "La primera Conferencia Nacional de la Confederación de Trabajadores Independientes" —dice— "fue efectuada en la casa de la activa opositora y periodista independiente Aleida Godínez... En el documento que ellos elaboraron, la Declaración de septiembre, criticaron las violaciones de los derechos de los trabajadores a cargo de la CTC, una organización comunista, miembro de la prosoviética Federación Sindical Mundial."

Sin embargo, son escuetos los antecedentes reales que disponemos para entrevistar a esta mujer poco después de los juicios contra los "disidentes". Solo sabemos que es la agente Vilma de los Órganos de la Seguridad del Estado y que es hija de obreros. Su madre fue fichada durante la dictadura de Batista por el Buró Represivo de Actividades Anticomunistas (BRAC), y cuando se lo comentamos, sonríe con tristeza. Mucho hizo sufrir la hija "contrarrevolucionaria" a la madre perseguida entonces por el siniestro BRAC.

AGENTE VILMA

¿Cómo empezó todo?
Por casualidad. Determinadas circunstancias favorecieron que me vinculara a un contrarrevolucionario en el año 1991, el primer activista de los Derechos Humanos que hubo en la provincia de Ciego de Ávila, la ciudad donde nací. Él me habló de la existencia del Comité Cubano Pro Derechos Humanos, que dirigía y dirige en la actualidad Gustavo Arcos Bergnes.

¿Cómo se llama ese señor que la vinculó al grupo de Arcos Bergnes?
Mario Fernández.

¿Quién es?
Un jubilado. Un hombre ya mayor que me "convenció" para que integrara las filas del comité, cosa que hice en enero de 1992.

¿Qué había hecho él antes?
Realmente siempre tuvo un historial contrarrevolucionario. Era una persona que no comulgaba con los principios de la Revolución y había estado bastante tiempo sin trabajar.

¿Dónde vivía?
En Ciego de Ávila. En la calle Independencia, entre 10 y 11, en el reparto Vista Alegre.

¿Y por qué se acerca a usted?
Yo trabajaba en la Empresa de Materiales de la Construcción de Ciego de Ávila, y la calle Independencia era mi camino para el trabajo. Todos los días tenía que pasar por allí y nos saludábamos, intercambiábamos algunas palabras y un buen día me habló directamente del asunto...

¿Cómo fue eso?
Era un individuo de características muy singulares. No se medía para hablar, todo lo decía en voz alta sin ningún tipo de preocupaciones. Me hablaba de la Declaración Universal de los Derechos Humanos y de cómo se violaban en Cuba, así sin ningún pudor. Viendo por donde venía el hombre, fui a ver a un oficial del Ministerio del Interior y le comenté lo que estaba pasando...

¿Usted fue así, sin más, a ver a un oficial cualquiera?
No. Ya había colaborado desde mucho antes. Mi primer contacto con la Seguridad del Estado data del 21 de octubre de 1979, siendo estudiante. Me gradué de Economía en 1988 y por la fecha en que me encuentro con este hombre, estaba haciendo los trámites para empezar la Facultad de Derecho en la enseñanza dirigida.

Le dieron luz verde...
Sí. Acepté entonces conversar con él, para ver qué quería, cuáles eran sus intereses. Y así, de este modo, comencé de cero penetrando a este hombre. Cuando vimos que aquello podía marchar en serio, dejé de trabajar en mi empresa y a comportarme como una contrarrevolucionaria.

¿Qué hacía en la empresa?
Fui especialista en la Organización del Trabajo y los Salarios, hasta diciembre de 1991, cuando Mario Fernández me vinculó a los cabecillas del denominado Comité Cubano Pro Derechos Humanos. A través de él conocí a un hombre que reside desde marzo de 1994 en Miami y desde allí ha continuado trabajando para esta organización.

¿Cuál es su nombre?
Felipe Alexis Morejón.

¿Y qué cargo ocupaba él?
Delegado del Comité Cubano Pro Derechos Humanos en Ciego de Ávila. A través de Felipe conocí al contrarrevolucionario nombrado Rodolfo Santos, fotógrafo de profesión, quien trabajaba de manera independiente. La Seguridad del Estado había elaborado un plan para que, a partir de conocer a esta gente, viajara a La Habana y tratara de establecer contacto con varios contrarrevolucionarios, entre ellos Vilma Fernández Batista y Pablo Reyes Martínez, de la Unión Cívica Cubana, una organización que desapareció después con el tiempo cuando ambos salieron del país. Ese viaje finalmente se da y ella favoreció mi primer contacto directo con *Radio "Martí"*. Cuando regresé a Ciego de Ávila, ya tenía patente de contrarrevolucionaria y mi primer "trofeo de guerra..."

¿Cómo fue ese contacto con Radio "Martí"?
La cosa más fatua, más tonta del mundo. Vilma dijo: "Aquí tengo un activista que te quiere dar informaciones", y de inmediato ya *Radio "Martí"* te está llamando, encantada con lo que le "reportes", sin verificar lo más mínimo, qué hay de verdad o de mentira en lo que estás diciendo al aire.

¿Recuerda con quién habló usted en esa emisora?
¡Cómo no me voy a acordar! Hablé con Juana Isa. Regresé a Ciego de Ávila convertida en la vocera del Comité Cubano Pro Derechos Humanos en Ciego de Ávila. Estuve así un buen tiempo. Cuando se produjeron los cortes telefónicos con Estados Unidos a principio de los 90, entonces hizo contacto conmigo un cubano que reside en Canadá, Antonio Tang Báez. Él propiciaba las conexiones con *Radio "Martí"*, con la *Voz del CID* que dirige Hubert Matos y con la *Cubanísima*. Este hombre llamaba desde Montreal, hacía un *by pass* y nos ponía al habla con Tomás Madrigal, de la emisora *Cuba Independiente y Democrática*. Otras veces con la propia Juana Isa.

Antonio Tang Báez

Nació en Ciego de Ávila, cocinero de profesión. Vive en Montreal, Canadá. Desertó en septiembre de 1981 en Canadá, en ocasión de una gira turística por países del campo socialista.

En Cuba trabajaba como jefe de Fuerza de Trabajo y Salario en el sectorial provincial de Salud Pública en su ciudad natal. El 14 de julio de 1985 apareció publicado en el diario *Journal* de Montreal un artículo del periodista Michel Rousseau, donde lo vinculaban a las actividades de Alpha 66 contra el turismo canadiense.

Ese mismo año había participado en el diseño de un plan de atentado contra Fidel Castro organizado por Alpha 66. Se mostró partidario de la realización de acciones violentas. En uno de sus frecuentes viajes a Miami recibió entrenamiento militar para actividades terroristas.

Ha mantenido contactos sistemáticos con algunos miembros de grupúsculos contrarrevolucionarios. Actuó como intermediario entre Elizardo Sampedro Marín y el dirigente de la organización contrarrevolucionaria Alpha 66, Andrés Nazario Sargén.

En concreto, le ordenó distribuir fax con textos amenazadores, que también fueron enviados a la embajada de México en Cuba. Por estas acciones, Sampedro Marín fue detenido el 17 de febrero de 2001 y sancionado a 4 años de privación de libertad.

¿Le pedían que hablara de algún tema en específico?

En aquel tiempo priorizaban la situación de los presos por delitos contra la seguridad del Estado. Estaban muy interesados en conocer la situación social y había un discurso muy agresivo. La contrarrevolución en Miami llamaba a pintar letreros antigubernamentales, a sabotear las instalaciones, a propiciar los cortes de luz y de agua. Eran tiempos en que estos buscaban la manera de desgastar a los oficiales de la Seguridad. Ponían un letrero en una esquina y cuando lo borraban, ponían otro para tenerlos en jaque. A través de este hombre en Canadá, entre el 1ro de agosto de 1992 y agosto de 1993, reporté en mi voz para *Radio "Martí"* 102 denuncias de supuestas violaciones de derechos humanos.

Gracias a la intensa presencia que tuve en esta emisora, mis vínculos comenzaron a fortalecerse profundamente con los principales dirigentes contrarrevolucionarios en La Habana. Contacté con el Movimiento Cubano Demócrata Cristiano, que dirigía una podóloga, María Valdés Rosado; con el Movimiento Maceísta por la Dignidad, encabezado por una mujer que se vanagloriaba de sus vínculos con la Fundación Nacional Cubano Americana, Ángela Herrera Carrillo. También, contacté con Oswaldo Payá Sardiñas, principal cabecilla del Movimiento Cristiano de Liberación. En fin, con toda la llamada "oposición" de La Habana.

¿Llegaba usted así, sin más preámbulos, y la acogían?
Era muy curioso, porque cada vez que me aparecía ante ellos, me recibían con los brazos abiertos. Era alguien fresco, con posibilidades de expandir su movimiento hacia el interior del país. Todas esas delegaciones me pidieron de algún modo apoyo, que abriera células en la provincia de Ciego de Ávila y de Camagüey. Ya el Comité Pro Derechos Humanos existía en Ciego de Ávila, había sido la primera de las organizaciones contrarrevolucionarias y tenía, aparentemente una membresía nacional —ya saben, con cuatro gatos—, y todos estaban ávidos de colaboración. Yo lo hice con mucho gusto, les di ese apoyo, en nombre de la Seguridad del Estado.

Fue una época de intenso trabajo, de fundar las delegaciones del Movimiento Cubano Demócrata Cristiano, del Movimiento Maceísta, de apoyar al Comité Cubano Pro Derechos Humanos. Hubo un período, entre 1992 y 1994 en que llegué a dirigir todas esas organizaciones en Ciego de Ávila.

¿Cuántos miembros tenía bajo su mando?
Tenía 11 personas en la delegación del Movimiento Cubano Demócrata Cristiano. De ellas, ocho estaban tratando de irse del país y, de hecho, están fuera de Cuba en estos momentos. De los otros tres, luego supe que uno era agente nuestro. Lo mismo ocurría con los otros movimientos. El que tenía una membresía un poquitico mayor era el Comité Cubano Pro Derechos Humanos, con unos 15 ó 20. Todos se fueron del país en aquellos años. Los

actuales contrarrevolucionarios que integran esa organización son nuevos.

Enrique Blanco Rodríguez

Representante y vocero de la organización contrarrevolucionaria Cuba Independiente y Democrática, que encabeza Hubert Matos Benítez.

En la década del 90 creó la llamada Operación Liborio, para el envío de medicamentos a contrarrevolucionarios en Cuba y a sus familiares, actividad que mantiene en la actualidad.

Sostiene vínculos con dirigentes de los grupos contrarrevolucionarios, en particular con Roberto de Miranda Hernández, del Colegio de Pedagogos "Independientes" de Cuba, a quien abastece con dinero y medicinas.

¿Qué hacían para ganar méritos en el Movimiento?
En el año 1994 hubo un operativo en la provincia, porque lo de los letreros sobrepasaba los límites y se habían comenzado a fraguar planes violentos. Uno de esos contrarrevolucionarios, José Carlos Morgado Hernández, me llegó a contar que iban a poner bombas en los registros de la electricidad de la capital provincial, Ciego de Ávila. Incluso, me invitó a recorrer los lugares de las acciones. Recuerdo que me emparrillé en su bicicleta y él me fue mostrando uno a uno los probables sitios donde se harían los sabotajes. Me enseñó el registro de la electricidad que está en la calle Simón Reyes, entre Independencia y Libertad, una de las zonas más concurridas de la ciudad. Salí horrorizada. Por los elementos que daba, era evidente que estaban preparándose en serio. La Seguridad del Estado tuvo que operar. Fueron detenidas todas aquellas personas, incluida yo. Por supuesto, esa acción "represiva de la policía castrista" fue puntualmente denunciada en la revista *Disidente,* que se edita en Puerto Rico.

¿Qué tiempo estuvo presa?
Seis o siete días.

¿Encontraron los explosivos?
Nunca aparecieron, aunque se suponía que serían de confección casera. De todas formas hubo que actuar rápidamente. Se notaba que estaban dispuestos a cualquier cosa con tal de llamar la atención. El Comité Cubano Pro Derechos Humanos me separó de sus filas, porque ellos se asustaron bastante y tenían dudas de todo el mundo. Enseguida publicaron un comunicado desmarcándose de aquella conspiración para el sabotaje, firmado por Jesús Alberto Sotuyo Zamora y Roxana Valdivia Castilla. Se hizo un trabajo operativo muy bueno, y mi prestigio salió ileso. Todavía conservo un manuscrito, en una hoja central de una libreta escolar, donde uno de los miembros del Comité Cubano Pro Derechos Humanos, acusa al hoy sancionado Pedro Argüelles Morán de ser el que mandaba a poner aquellos letreros antigubernamentales en Ciego de Ávila. Lo hacía, además, de una manera escandalosa.

¿Cómo se vinculaba con esta gente la Fundación Nacional Cubano Americana?
En esos momentos, la postura pública de la Fundación era muy agresiva. Se recibían a través de la radio las orientaciones —como se sabe hay más de mil horas semanales dirigidas contra Cuba— y estas llamaban a la desobediencia civil. Recuerdo perfectamente los *slogans*: "Cubano, rebélate", "Cubano, protesta, escribe letreros, realiza sabotajes..."

¿Recuerda una voz en particular?
La de Ninoska Pérez. También, la emisora *Cuba Independiente y Democrática* hacía constantes exhortaciones a los militares para que se sublevaran. Los poquísimos integrantes de los grupos "opositores", todos de muy baja catadura moral y cuyo afán era destacarse para que le dieran la visa a Estados Unidos, se daban perfecta cuenta de cuál era la orden: el ataque violento. Después de aquel operativo y de otros que impidieron acciones contra la población —muchos de estos planes terroristas se lograron neutralizar en estado embrionario—, el modo de enfrentamiento cambió, al menos en el discurso de esta gente. Se pasó de un lenguaje agresivo a la palabrería pacifista, a hacer documentos, peticiones, solicitudes...

¿Qué hizo entonces?
Estaba vinculada al Movimiento Cubano Demócrata Cristiano y me invitaron a unirme al llamado Concilio Cubano, al que no me afilio por indicaciones de la Seguridad.

Center for a Free Cuba

El denominado Center for a Free Cuba, con sede en Washington D.C., fue creado por el contrarrevolucionario Frank Calzón en octubre de 1997, con el fin explícito de trabajar por el derrocamiento de la Revolución Cubana.

El Center for a Free Cuba elabora sus programas contra nuestro país a partir del financiamiento recibido de la Agencia Internacional para el Desarrollo (USAID), la National Endowment for Democracy (NED) y fondos privados.

En octubre de 1997 esa entidad recibió para sus planes subversivos contra Cuba más de 200 000 dólares en calidad de fondos privados de la comunidad cubanoamericana; 400 000 dólares de la USAID y 15 000 dólares de la NED. En el 2000 recibió de la USAID un presupuesto de 1 450 000 dólares para sus planes, mientras que en el 2002 recibiría de la misma agencia otros 2 249 709 dólares.

Todos sus programas han intentado divulgar en Cuba propaganda contrarrevolucionaria relacionada con la pretendida transición política y estimular la economía de mercado, además de apoyar a los grupúsculos internos y estimular a la comunidad internacional a que desempeñe un papel activo en la promoción de la subversión interna.

El apoyo material a los mercenarios ha incluido el envío de computadoras, laptops, máquinas de escribir, equipos de fax, fotocopiadoras, radios de onda corta, cámaras, radiograbadoras, y otros materiales de oficina, así como medicamentos, alimentos y ropas.

Continuaba mis viajes a La Habana a visitar a los contrarrevolucionarios. En marzo de 1995, el periódico *Granma* publicó un documento que Joseph Sullivan, entonces jefe de la SINA, había enviado al Departamento de Estado. Allí se detallaba la corrupción del Comité Cubano Pro Derechos Humanos, en relación con las ventas de avales para las salidas del país. Ahí me veo involucrada en un incidente que ilustra muy bien lo que ocurría dentro del comité.

¿Qué pasó?

Había conocido a una familia del reparto La Guajira, en Ciego de Ávila. El hombre de la casa, Gabriel Martín Ferras, estaba preso, con una condena de nueve o diez años. Entre las instrucciones que me había dado el referido comité estaba ir a las cárceles y llevarle a los presos un poco de azúcar, un poco de gofio... Y por supuesto, tratar de obtener información que luego utilizaríamos en la radio enemiga. El hijo de Martín Ferras (*Eber*) se me acerca y me dice que quería irse del país. "No hay problemas", le digo. "Te doy un aval y te vas. Tú eres hijo de preso." En esos momentos podía hacer esos avales porque ya tenía contactos en la Sección de Intereses de Estados Unidos, gracias a mis vínculos con Aida Valdés Santana, dirigente del Comité Cubano Pro Derechos Humanos, quien tenía la posibilidad de sacar personas del país a través del Programa de Refugiados de la SINA. Ella me había dicho: "A todo el que se quiera ir le das un aval y se va del país."

¿Qué hace Felipe Alexis Morejón para tratar de anular mi posición de líder dentro de la contrarrevolución en Ciego de Ávila? Viaja a La Habana y le lleva a Gustavo Arcos el papel que le había dado a Eber y le dice al Presidente del comité que yo le había cobrado. Primero, le dice que 2 000 pesos cubanos, y después, que no, que eran 5 000, y más tarde, que eran 10 000. Por supuesto, yo no había cobrado ni un centavo, pero como había salido lo del periódico *Granma*, se agarró de ahí para desprestigiarme... Es decir, utiliza contra mí lo que ellos sabían que era totalmente cierto: muchos de los líderes "opositores" de este grupúsculo eran en verdad mafiosos que utilizaban su relación con la SINA para enriquecerse.

¿Cuántos avales entregó usted?

Muchísimos, siempre consultados con mi jefatura. Era en cierto modo moral dentro de lo inmoral darle un aval político a alguien que uno sabía que no era un "opositor", sino que quería emigrar a Estados Unidos por intereses familiares o económicos, pero que por la vía regular jamás Estados Unidos le daría la visa para viajar legalmente.

¿Y Aida Valdés Santana?

Fue expulsada del Comité Cubano, porque hizo una fortuna vendiendo avales fraudulentos. Utilizaron ese mismo argumento contra mí, para intentar opacar mi liderazgo en Ciego de Ávila, porque era la persona que tenía el poder movilizativo; venía con las orientaciones de La Habana y decía esto se puede hacer y esto no; también porque traté de irles quitando ese estilo de trabajo de los letreros, los sabotajes, para pasar a otro más inclinado a monitorear las violaciones de los derechos humanos. Los convertí en repartidores de la Declaración Universal de Derechos Humanos de las Naciones Unidas, que es al fin y al cabo un documento ratificado por Cuba y no es delito alguno portar ese documento. Aun cuando para mí significó un momento de muchas tensiones en el comité, después de la denuncia de la corrupción hubo un período de calma. Se acabó el relajo de los avales, tanto para los delincuentes de la "oposición", como para la Oficina de Refugiados. Los norteamericanos se vieron entre la espada y la pared, y tuvieron que optar por sacar legalmente a las personas que querían emigrar. No podían demostrar ante el mundo que en Cuba había perseguidos políticos. Como éramos compañeras de "infortunios", la Seguridad me pide que estreche los vínculos en torno a Aida Valdés Santana, quien quería seguir en la "lucha" y estaba preparando una organización de corte sindical: la Coordinadora Obrera de Cuba. Presidí este movimiento en la región central del país: Sancti Spíritus, Ciego de Ávila, Camagüey, Santa Clara y parte de Las Tunas.

Si no estaba trabajando, ¿de qué vivía usted?

Vivía de esto, por supuesto. Del "negocio de la disidencia". Aunque, mientras estuve en Ciego de Ávila, los envíos de dinero que venían desde La Habana, donde estaban las vacas sagradas, eran bien modestos.

¿Usted también participó en la creación del Partido Cubano Demócrata Cristiano?

Sí. Los partidos de uno o dos miembros, muchas veces facciones desgajadas de otras organizaciones en las que todos querían ser líderes, era algo cotidiano. Un día de junio estaba aquí en La Habana y me citó María Valdés Rosado, junto a Jesús Rafael Castillo Álvarez, un abogado de la Corriente Agramontista que dirige René Gómez Manzano. Me invitaron a leer una serie de documentos para que yo, por mis estudios de Derecho, les diera una opinión. La reunión se efectuó en la calle Jesús María 264. De pronto me vi leyendo el acta de constitución del Partido Cubano Demócrata Cristiano y pocos días después terminé involucrada en un operativo de la Seguridad. Con los otros tres miembros del flamante partido de "masas" fui conducida a Villa Marista. Por supuesto, me comportaba igual o peor que los demás contrarrevolucionarios: le daba patadas a la puerta, pedía una duralgina, escandalizaba. Pero aquello fue un *shock* muy grande para mi familia. Fue la primera vez que mi mamá me desheredó, me dijo que no quería saber más nunca de mí. Fue terrible.

¿Por qué fue intervenida esa reunión?

¡Ah!, porque en el acta de constitución de ese famoso "partidito" se establecía, como primera acción, el allanamiento de la embajada de Argentina. Ustedes tienen la suerte de dar la versión original, porque hasta ahora los relatos han sido diferentes. Los cuatro que habíamos fundado el partido íbamos a entrar en la embajada de Argentina con pases de unos funcionarios y, una vez dentro, diríamos que no nos íbamos, salvo con un asilo político. El objetivo era armar un escándalo. El problema fue que en aquella reunión hubo sus discrepancias. Yo dije que no participaba por la sencilla razón de que, si los argentinos se volvían locos y nos daban la visa, me quedaba embarcada. Yo no me quería ir de ningún modo. Les dije que los apoyaría, pero desde afuera, con la prensa. En realidad, la intervención de las autoridades cubanas evitó una acción que pudo tener graves consecuencias.

Cuando hablas de localizar a la prensa...
Para formar la bulla. Ustedes saben que una cosa va con la otra; la prensa extranjera le cae a estos escandalitos como auras. Es lo que les publican. No te olvides que esto ocurre en el momento de la llamada crisis de las embajadas. Otra provocación de este tipo era algo que había que evitar.

¿Cuándo comienzan sus vínculos directos con la SINA?
El partido se fundó el 17 de junio de 1995 y la supuesta entrada a la embajada argentina iba a ser para septiembre. Es interesante que cuando Jesús Rafael Castillo llevó el acta de constitución del partido para inscribirlo en el Registro de Asociaciones del Ministerio de Justicia, me dijo: "Aleida, el próximo paso aquí es presentar el partido ante la Sección de Intereses de Norteamérica", y yo le contesté: "Oye, a eso sí voy". "No eres boba", me respondió. "No quieres entrar a la embajada argentina, pero sí quieres ir a la SINA." "Son dos cosas diferentes", le respondí. El 20 de junio de 1995, a las 10 de la mañana, entré por primera vez a la SINA. Fuimos recibidos por Christhofer Sibila, que era el oficial CIA, alguien que no se ocultaba para reconocerlo. Nos felicitaron por la fundación del Partido Cubano Demócrata Cristiano. Cuando le hablé que estaba estudiando Derecho, quiso que conociera a un funcionario llamado Charles O. Blaha, quien según me dijeron estaba estudiando las constituciones cubanas. Ese fue mi primer día en la SINA.

¿Cómo fue la entrada?
Sencillo. Castillo tenía un pase abierto para dos personas. Llegamos y entramos. Presentamos el carné de identidad en la posta cubana y ya estaban abiertas las puertas para la agente Vilma en la SINA.

Esa fue la primera vez que entró usted, ¿y la última?
El 14 de marzo de 2003, el día en que participé en el Taller de Ética de Prensa, en la residencia particular de James Cason.

¿Cuántas veces entró a la Sección de Intereses?
Perdí la cuenta. La llegada de Robin Diane Meyer, como segunda secretaria de la Sección de Intereses al frente de los asuntos políticos y económicos, fue muy importante para mí. Ella era muy activa, hasta el punto de autotitularse "madrina de la oposición". Atendía a todo el mundo, viajaba por provincias, repartía literatura. Fue quien me pidió que me apartara de la Coordinadora Obrera Cubana, que dirigía Aida Valdés Santana, y que fundara una organización sindical. Creía que mi mejor cualidad era agrupar trabajadores. Traté de darle un poco de "cordel", en busca de tiempo: que había que pensarlo, quizás un poco más adelante, todavía estoy joven, esto necesita mucha seriedad... Sin embargo, desde ese instante empezó a proveerme de literatura de índole laboral: cómo hacer un sindicato, cómo conducir una reunión. Sin ningún disimulo iba preparando el terreno para lo que me había designado. Esta mujer tuvo múltiples contactos conmigo. En los dos años que estuvo en Cuba, nos vimos alrededor de 100 veces.

¿Estos encuentros eran siempre en la SINA?
A veces en la SINA, otras en su residencia de 7ma y 66, en Miramar. También, viajaba a Ciego de Ávila con el pretexto de monitorear el famoso Programa de Refugiados. Tenía relaciones con ella antes de ir a la Sección de Intereses y recuerdo que en una ocasión, el 23 de junio de 1995, se presentó en Ciego de Ávila acompañada de Víctor Vockerodt, quien después sería segundo secretario. Este hombre había viajado a Cuba, enviado por el Departamento de Estado para monitorear a los balseros. Recuerdo que llegaron un jueves, no se me olvida. En aquellos días había caído preso en Camagüey Orson Vila, quien escudado en la prédica del evangelismo también hacía arengas políticas. La familia se había negado a tener contactos con los funcionarios norteamericanos, a pesar de que estos se habían interesado en verlos. Terminaron apareciéndose allí. En esta visita, esa diplomática norteamericana me dijo: "Aleida, he venido hasta acá porque yo necesito que tú me ayudes a realizar mi trabajo. La única

que puede lograr que yo me encuentre con alguien de esa familia eres tú."

En medio de todo esto yo estaba operada de glaucoma en ambos ojos —por cierto, tuve que hacer millones de informes grabados porque no podía escribir, y aprenderme de memoria las noticias que tenía que recitarle por teléfono a Juana Isa; en fin, fui a buscarle a alguien de la familia en la parrilla de la bicicleta, para no llamar la atención, y ellos fueron en el carro que traían, un *Tour* arrendado. Es decir, no venían en carro diplomático, sino como si fueran simples turistas. Finalmente di con la persona, y fue muy cómico ver a los dos norteamericanos ocultos tras un árbol, en medio de la noche —serían como las nueve— para encontrarse con la familia en una especie de emboscada y que nadie los viera en aquel operativo.

Ese día se lo pasaron en Ciego de Ávila. Esta señora comió y se bañó en mi casa. Víctor se subió en una mata del patio y tumbó cocos. Ella quería tomar coco con ron y yo le dije: "No, por su madre, que si usted se enferma aquí me va a buscar tremendo problema con la Seguridad del Estado." Y lo mejor de todo es que era verdad.

Fíjate qué grado de intimidad buscó esta mujer que el primer encuentro que tuve con ella había sido el 16 de marzo de 1995 y tres meses después ya se quedaba en mi casa. La conocí en un recibimiento colectivo que ellos prepararon a los miembros de la "oposición", en la casa de un funcionario de la SINA. La inmensa mayoría de aquellos "opositores" reunidos aquel día ya están en Estados Unidos.

¿Los diplomáticos de la Sección de Intereses le pidieron alguna información específica?

El tema del petróleo siempre fue un requerimiento informativo de Robin Diane Meyer, desde el primero hasta el último día en que nos vimos. Siempre estaba interesada por los pozos de petróleo y por el turismo, que ya empezaba a despuntar como la industria que nos estaba sacando de la crisis económica. No te olvides que yo vivía en una zona de desarrollo turístico. A ella, y a los que vinieron después, tener informaciones del turismo los desquiciaba, los volvía locos. Querían saber la cantidad de trabajadores vinculados al sector; de ellos cuántos eran hombres y cuántos mujeres. Qué edades tenían, filiación política, si eran todos militantes, si había muchos miembros jubilados de las Fuerzas Armadas y del Ministerio del Interior, qué cantidad de visitantes tenían estas instalaciones, qué comida tenían, qué comían los trabajadores, si tenían transporte, el salario.

En esos encuentros, aparte de entregarles las denuncias que recopilamos entre una visita y otra, ellos preguntaban acerca de la educación o de otros temas como la industria sidero-mecánica, la azucarera. Sugerían los temas. Eso no cambió mucho en estos años. En el mes de diciembre último, la funcionaria Susan K. Archer, segunda secretaria del área política, me pidió que escribiera sobre el trabajo infantil en Cuba. Tuvimos que hacer una investigación acerca de los preuniversitarios en el campo, las edades, cantidad de estudiantes por aula y por escuela, actividades agrícolas que desempeñaban, salarios supuestos que debían haber ganado. Para después con todo eso hacer un trabajo estadístico y publicarlo con el fin de calumniar el sistema de estudio y trabajo, y presentarlo como una modalidad de trabajo infantil.

En ese contacto ella me regaló la versión impresa del *Anuario Estadístico de Cuba* y más adelante la versión digital. Me advirtió que no podía usarlo como dato fiable, porque Cuba publicaba las estadísticas con un año de atraso y con las cifras que estimaba conveniente. También, querían saber de los estados de opinión del pueblo, por qué la gente va a las marchas. Por ejemplo, Robin Diane Meyer no lograba entender en aquellos difíciles años 1995-1996, por qué el pueblo asistía a las marchas, si, según nosotros, los cubanos no querían a Castro. Me preguntaba de eso y me daba charlas de los sindicatos. Y yo siempre dándole largas. Más de una vez nos despedimos con la misma frase: "Oye, los sindicatos qué, para cuándo", y yo: "Más adelante, más adelante." Así transcurrieron dos años, hasta que en agosto de 1996 esta mujer fue expulsada del país. Entonces llegó Thimothy P. Brown.

Cuéntenos cómo puede un "disidente" adquirir un pase permanente para entrar a la SINA.

Desde el año 1995 obtuve el pase para entrar en la SINA y eso me daba libre acceso a esa oficina, en el momento y el día en que lo deseara. Podía llevar conmigo a tres personas. Este pase todavía lo conservo. Claro, el pase hay que ganárselo. Hubo un tiempo en que tuvimos que trabajar para fortalecer mi leyenda de "disidente" y tratar, a fuerza de contactos y muchos encuentros con ellos, fortalecer nuestra fachada allí y ganar terreno.

¿Cómo se fortalece esa fachada? ¿Qué requisitos se necesitan para ser considerado "disidente" por los funcionarios de la SINA?

Insistiendo mucho, visitándolos mucho, diciendo lo que ellos quieren oír, entregándoles las informaciones que ellos solicitan. No se pueden imaginar cuánto trabajó mi oficial. Me pedían informaciones del petróleo, y mi oficial me entregaba una carpeta: "Dale esta", y ellos se quedaban de lo más satisfechos. Bueno, eso era en el caso nuestro, porque en el de los que están sancionados en estos momentos, hacían lo mismo y eran capaces de escribir y decir cualquier cosa. No por gusto están donde están.

Cumplir estos requerimientos significa también estar constantemente invitados a sus almuerzos y desayunos de trabajo, a sus recepciones y, por supuesto, a los encuentros con personalidades de la política norteamericana que visitan el país. Aun cuando vengan a otros asuntos, los funcionarios de la SINA les organizan un encuentro con los "disidentes".

Recuerdo que en julio de 1995, cuando vino a Cuba Anne W. Patterson, subsecretaria del Departamento de Estado para Asuntos del Caribe, sostuvimos un encuentro en que por azares de la vida también estuvieron la agente Tania y Reynaldo Cozano, Félix Bonne Carcassés, Georgina de las Mercedes Corvo Jiménez, Rubén Ruiz Armenteros y quien les habla, Aleida Godínez. Ese encuentro fue en la residencia de Robin Meyer, en Miramar. Ocurrió exactamente el 18 de julio de1995. Fue la primera vez que un funcionario norteamericano nos habló abiertamente de satisfacer nuestras necesidades materiales. La Patterson preguntó sin mucho protocolo qué nos hacía falta. Recuerdo que la respuesta fue muy a lo cubano: "Bueno, mire, cuando Napoleón estaba haciendo la guerra, alguien le preguntó qué hacía falta para ganarla. Él respondió que necesitaba solo tres cosas: dinero, dinero y más dinero, y eso es también lo que necesitamos nosotros: dinero, porque si no hay dinero ni hay recursos no se puede hacer nada." Después de aquel encuentro empezó a aparecer dinero, mucho dinero.

¿Por qué se muda para La Habana?
No podía continuar viviendo en Ciego de Ávila. Tenía problemas personales serios. Mi mamá no entendía mi conducta contrarrevolucionaria y me tuve que ir porque era infernal vivir allí. Por supuesto, cuando me trasladé para acá, este contacto se fue estrechando más con la Sección de Intereses. Como mínimo teníamos un contacto al mes, en el que le llevaba todas las informaciones, todas las denuncias de derechos humanos y toda la información que nos pedían.

¿Algún incidente particular en esta etapa?
Después que botaron a Robin Diane Meyer, tuvimos contacto con un funcionario, Ryan M. Dooley, de la Sección Política. Imagínate cuán prepotente era que algunos contrarrevolucionarios se pusieron de acuerdo y le enviaron una carta al Departamento de Estado, donde se quejaban de su actitud. Maltrataba a la gente. Decía que íbamos y no les llevábamos lo que él quería. Tuve una gran bronca con él. Yo estaba sentada en la oficina del Cónsul para los refugiados, quien también estaba pidiéndome informaciones.

¿Qué pasó con Ryan?
Estoy sentada en la oficina del Cónsul y él me dice que me esperara. Llamó por teléfono y habló en inglés con otro americano, al que le comunica que yo estaba sentada allí. Eso fue como en septiembre. El hombre le dice que me pida que regrese el 18 de octubre a entrevistarme con él. Y así hice, pero

cuando estoy dentro de la Sección de Intereses, veo que pasaban las horas y aquel hombre no bajaba. A las 12:00 del día se me para delante y me pregunta en bastante mala forma qué quería. Le respondí que nada, que estaba allí porque él me mandó a buscar. Inmediatamente quiso saber qué había traído y le contesté que nada. ¿Sabe lo que me dijo aquel señor? Que no me olvidara nunca que si nosotros íbamos allí era para llevar informaciones. Tragué en seco, me armé de paciencia y le respondí que nunca había tenido el gusto de conversar con él, y "si usted no me dice qué informaciones quiere, yo no se las puedo traer". Él estuvo en La Habana como cinco meses. Maltrató a muchos, era muy burdo y surgió aquello de la carta al Departamento de Estado. No participé en esto porque estaba en Ciego de Ávila, pero si hubiera estado aquí hubiera firmado también aquel papel para que lo botaran, porque el individuo era muy zoquete.

¿En ese período usted organiza su propio partido?
En julio de 1998, a instancia de los compañeros de la Seguridad, creo la Fundación Nacional Cubano Opositora. Ya vivía definitivamente en La Habana y estaba muy vinculada a algunos cabecillas contrarrevolucionarios, que me ayudaron en esta misión.

En realidad, todos los cargos estaban en casa. El 23 de agosto de 1999 entregamos una carta a la Oficina de Atención al Público del Consejo de Estado, donde solicitamos la libertad de algunos presos y la legalización de los grupos proderechos humanos. A partir de ahí, empezó el proceso de recogida de firmas y la organización en La Habana. Aunque era bastante conocida por mi trabajo en Ciego de Ávila, necesitaba crearme mi espacio en la capital para mantener y fortalecer mis contactos con la SINA. A partir de aquí empieza el tiempo más duro en la SINA, el período en que logro confraternizar estrechamente con los principales funcionarios y empieza a entrarme el dinero, a manos llenas.

Frank Calzón (I)

Hasta 1997, Frank Calzón, cubano por nacimiento y nacionalizado norteamericano, fue oficialmente director de los programas cubanos de la organización contrarrevolucionaria Freedom House.

En julio de 1995, enviados por Frank Calzón, llegaron a Cuba los ciudadanos norteamericanos Adams Rosh Davison y George Erwin Sledge con la indicación de establecer contactos con dirigentes de la contrarrevolución y suministrarles medicamentos, alimentos y dinero.

En enero de 1996, a propuesta de Calzón, John Sweeney, de la Fundación Heritage, viajó a Cuba en calidad de turista para entregar ayuda financiera a varios mercenarios entre los que se encontraban Martha Beatriz Roque, quien en esa ocasión recibió 500 dólares.

En abril de 1996, con similar encargo, viajó a Cuba Jozsed Szajer, disidente húngaro y dirigente del grupo parlamentario Fides, quien entregó a cabecillas de los grupúsculos dinero, grabadoras y disquetes de computadora, enviados por Calzón. En agosto de 1997 fue detenido en Cuba David Norman Dorn, activista sindical norteamericano, quien en viaje como turista dio dinero a contrarrevolucionarios por encargo de la organización Freedom House.

Este emisario traía instrucciones precisas de Frank Calzón sobre cómo comportarse en la isla para no atraer la atención de las autoridades. Dorn confesó la realización de espionaje en Cuba, tomando fotos a objetivos económicos en La Habana, Santiago de Cuba y Moa (provincia de Holguín). Además, se le ocupó la lista de los mercenarios contactados y los recibos del dinero entregado.

¿Pudiera relatarnos cómo empezó a recibir financiamiento?
En febrero de 1999 contactó con unos parientes míos el norteamericano Robert Emmet —recuerden que a mi casa en Ciego de Ávila no se podía llamar, porque mi mamá estaba verde y no quería saber nada de Miami, ni recibir llamadas. Este hombre era un emisa-

rio de Frank Calzón, del Center for a Free Cuba. Trajo un gusano del tamaño de un sofá grande, lleno de medicamentos, aseo personal, radio, linternas, cámaras fotográficas, de todo. Me pidió que lo llevara ante Raúl Rivero, a quien ya conocía. También quiso ir al Museo de la Alfabetización de Ciudad Libertad, para ello me pidió consejos de cómo vestirse, porque no quería llamar la atención. El tipo andaba en *short*, disfrazado de turista norteamericano. Se lo dije así, él se puso un pantalón y apenas abrió la boca.

Me entregó dinero en dos partes. Recuerdo que cada vez que me iba a dar dinero pedía permiso para ir al baño, porque lo traía en el fajín del pantalón. Él me dio en efectivo 500 dólares: 300 primero, y 200, después. Me dijo que él quería que me comprara una moto, pues me había visto llegar en bicicleta. También, le envió 100 dólares a Raúl Rivero, una cámara fotográfica, rollos, bolígrafos...

¿Quién era este hombre?
Se me presentó como bibliotecario. Se estaba gestando el Programa de "bibliotecas independientes". Se interesó además por la "prensa independiente" y cómo prosperaba esta.

¿Por qué quería ir al Museo de la Alfabetización?
Todavía me lo estoy preguntando. Él quería conocer cómo era la educación en Cuba, él vino con la misión de ir a ese lugar y me pidió que lo acompañara. En el Museo pidió una información detallada de cómo se llevó a cabo la Campaña de Alfabetización. Si no me engañó, salió muy emocionado. Llegó a decirme que la alfabetización había sido uno de los logros de Castro. Tengo una foto con él de ese día, el 24 de febrero. Quería que nosotros averiguáramos dónde vivían los principales dirigentes de la Revolución y que hiciéramos fotos de exteriores de sus casas. Para eso me entregó la cámara fotográfica.

¿Mencionó algún dirigente en particular?
Sí, a Carlos Lage. Se decía en el exterior que Lage podría ser el sustituto de Fidel.

Frank Calzón (II)

En junio de 2000 viajaron a Cuba el ciudadano rumano Cornel Ivanciuc y la polaca Anna Krystyna, después de reunirse en Washington con Freedom House, la Agencia Internacional para el Desarrollo (USAID) y el Departamento de Estado. El objetivo de esas reuniones fue analizar la ayuda a las "bibliotecas independientes" en Cuba. Durante su estancia en EE.UU., Calzón les orientó viajar como emisarios a Cuba. Portaban ayuda material para un grupo de contrarrevolucionarios en la isla, misión que fue organizada y financiada por Freedom House.

En noviembre de 2000, dos ciudadanos de Letonia: Anda Celma y Vladis Abols, recibieron dinero e instrucciones de Frank Calzón y de Robert Pontichera (director de programas de Freedom House) de viajar a la isla e investigar qué ocurría con la oposición. Para ello, le entregaron una lista de personas a contactar y le orientaron ofrecer una conferencia sobre el Proceso de Transición en Letonia.

Estos emisarios fueron contactados allí por Virginia Sullivan, experta en relaciones públicas del Buró de Naturalización de Letonia, quien ejecuta acuerdos de trabajo existentes entre Freedom House y el Buró de Naturalización de Letonia. En enero de 2001 viajaron a Cuba en calidad de turistas los ciudadanos checos Ivan Pilip y Jan Bubenik, quienes al ser detenidos declararon estar orientados y financiados por la organización Freedom House, por intermedio de Robert Pontichera.

Pontichera les sufragó el viaje para hacerle llegar ayuda material y financiera a mercenarios residentes en la isla para obtener información sobre la situación política, económica y social de Cuba. Les entregó un listado con los nombres y direcciones de las personas a contactar y 1 400 dólares para gastos, más una microcomputadora portátil con varios aditamentos, disquetes y discos compactos, destinados a las personas con quienes se entrevistarían en el país. También, les orientó tomar medidas de seguridad para evitar ser descubiertos.

¿Qué le dijo de Frank Calzón?

Venía a su nombre. Me dio sus teléfonos, el particular de su casa y que podía llamarlo todos los domingos. Me sé de memoria el número telefónico de Calzón: 703 9988384. Unos meses después comenzaría a llegarme el dinero que me enviaba Calzón, con diversos emisarios.

¿Quiénes eran estos emisarios? ¿Cómo se llaman?
Por ejemplo, en agosto de 1999 me envió 800 dólares a través de Rita Llanesa Campos, monja de la orden Hermanas Sociales. Ella vivía en Camagüey y posteriormente, se radicó aquí en La Habana, y yo la iba a ver a la sede de la Orden, en 27 y L, en el Vedado. Estos envíos empezaron a ser sistemáticos. Me comunicó que iba todos los años a Miami y a Washington, a través de ella podía enviarle lo que quisiera a Frank.

También, el contrarrevolucionario Jesús Yanes Pelletier me trajo 200 dólares a nombre de Frank, el 27 de octubre y el 2 de noviembre de 1999. También, dos relojes pulsera, un radio muy moderno, materiales de oficina, medicamentos...

¿Calzón le pidió algo en específico?
No a través de Rita. Solo en una ocasión, por teléfono, me pidió que le enviara la revista *Vitral*, que publica la Diócesis de Pinar del Río y que Calzón y otros en Miami elogian por la línea política que mantiene contra la Revolución. Usábamos un buzón nuestro y a través de él le mandamos otras cosas. Él se cuida mucho. Es un hombre sumamente desconfiado. No da sus teléfonos, no da sus señas, nada. Conmigo hizo una excepción. Mantuvimos contactos hasta el pasado 2 de abril. Su último envío de dinero fue el 16 de marzo. Me mandó 100 dólares.

¿Qué fue lo último que habló con él?
Me dijo por teléfono: "Oye, para allá va 'un primo' (para identificar a las llamadas 'mulas')..." Hablábamos en esos términos... Desde aquel primer contacto con el norteamericano, nunca me dejó de enviar dinero. Nunca.

¿Recuerda otros envíos?
En agosto de 2000 visitó a Cuba Douglas Schimmel, turista norteamericano. Este traía un listado de gente a la que debía entre-

gar el dinero. Fue detenido por las autoridades y confesó haberse reunido el 24 de julio de 2000 con Frank Calzón, quien le entregó esa relación de contrarrevolucionarios que debían recibir el dinero.

También, le orientó aplicar un grupo de medidas de seguridad para no ser descubierto. Schimmel explicó que retuvo el dinero entregado por Calzón hasta conocer a sus destinatarios, con el fin de repartirlo entre los que más le agradaran. El último día de su estancia en Cuba decidió distribuirlo entre Elizardo Sánchez, Raúl Rivero e Hilda Molina. Excluyó a Martha Beatriz, Gustavo Arcos, Oswaldo Payá y Rafael León Rodríguez. También, a Jesús Yanes Pelletier. Dijo que ya tenían dinero y además le habían enviado medicinas y otros artículos.

¿Tuvo usted algún vínculo con la Fundación Nacional Cubano Americana?
Presencié varios hechos que vinculaban a los mercenarios con la Fundación Nacional Cubano Americana y la SINA. Por ejemplo, el 16 de julio de 1999 asistí al "ayuno" protagonizado por Oscar Elías Biscet. Allí se apareció el entonces jefe de la SINA Michael Kosak, con un paquete que contenía medicinas, jugos, aceite y jabones. En la conversación, Kosak y Biscet quedaron en que este último visitaría la Sección de Intereses tres días después para enviar un fax a la Fundación Nacional Cubano Americana, en el que daría cuentas del ayuno. Ese mismo día y delante del funcionario norteamericano, otro contrarrevolucionario, Ángel Moya, se envalentonó y propuso hacer un llamamiento a los jefes de Estado que participarían en la Cumbre Iberoamericana que se iba a celebrar en el país. El objetivo era que le exigieran al Presidente cubano el "cese de la dictadura". Aquel *show*, por supuesto, estaba "cocinado" desde antes.

Una curiosidad: ¿hubo tal ayuno?
Por supuesto que no. Allí se comía, se bebía, se hacían caldos con pollo... El propio Kosak contribuyó con aquella farsa.

Otra curiosidad: ¿los norteamericanos dieron alguna instrucción

para hacer contactos con instituciones internacionales para promover las acciones de los "disidentes"?
Mira, yo misma tuve comunicación con el Instituto Republicano Internacional. Desde la propia SINA les pasaba fax donde les solicitaba medicamentos y me los mandaba. Siempre los norteamericanos nos han brindado sus computadoras, sus fax y todas sus vías de comunicación. Ponían todo a nuestra disposición para que tuviéramos esos vínculos. Como esto se había convertido en algo cotidiano, terminaron inventando una sala con cinco computadoras con acceso a Internet, dentro de la Sección Consular. Poco a poco fueron subiendo la parada.

¿Qué significa eso?
Terminaron institucionalizando la relación y dando orientaciones sin ningún disimulo. Hablaban abiertamente de su interés por derrocar el sistema cubano.

¿Puede probar lo que está diciendo?
Está por escrito, en la propia documentación que nos entregaban. Por ejemplo, tengo un folleto que se llama *Guía de Recursos para la Transición*. Es un manual, en dos partes. Primero, te explican qué es una transición y qué hacer en la esfera social, la militar. La segunda parte es un listado de organizaciones que apoyan a los "países en pretransición" y de las organizaciones que apoyan a los "países en postransición". Usted puede ver ahí los números de teléfonos, de fax, los nombres de las personas con las que hay que contactar. En fin, todo. Robin Meyer lo puso en mis manos como algo muy importante y ultra secreto, que debía aprenderme de memoria y desaparecerlo. Y en verdad está todo tan masticado, que era algo muy útil para el trabajo "opositor". Tal es así que lo escondí de mis propios compañeros de la Seguridad, temiendo que se extraviara.

¿Cómo?
Después de la visita de la Meyer a mi casa, la Seguridad me hizo un registro. Me avisaron que iban para mi casa, porque estaban revisando a los principales cabecillas. El comedor se había de-

rrumbado y teníamos tres metros cúbicos de piedra para fundir la placa. Empecé a palear piedra hasta que las fuerzas se me agotaron. Puse el libro allí y volví a echarle toda la piedra encima.

¿Por qué?

Era una especie de *Biblia*, donde están todos los conceptos que ellos querían escuchar. No es fácil esta doble personalidad. Le zumba querer que las cosas prosperen en tu país, amar a la Revolución y tener que asumir un discurso ajeno. El libro lo tuve siempre a mano para redactar cartas y para no salirme de la letra, en los encuentros con los visitantes norteamericanos y con los representantes del cuerpo diplomático acreditado en Cuba con los que tuvimos contacto.

¿Con qué diplomáticos hicieron contacto?

¡Uf!... Me entrevisté con funcionarios de las embajadas de Polonia, Checa, Alemania, Bélgica, Portugal, Suecia, Holanda, Canadá, España... Algunos eran un poco más discretos, y advertían que ellos tenían relaciones con el gobierno cubano. Querían la información y se ponían contentos si se las daban, pero no se metían en aguas muy profundas. Otros, como los checos, los suecos y los españoles eran muy agresivos con el gobierno de Cuba.

¿En qué momento se le acerca Vicky Huddleston?

Tan pronto ella se hizo cargo de la Sección de Intereses, el 30 de septiembre de 1999. Ella tenía dos objetivos muy claros: promover la difusión internacional de los grupos y unirnos. Fue así hasta que se obsesionó con el Proyecto "Varela". Cuando se dio cuenta de que este proyecto tenía demasiados detractores, principalmente entre los principales cabecillas de las organizaciones, moderó un poco su discurso. Personalmente me llegó a decir a mí que Oswaldo Payá la había engañado.

¿En qué sentido?

Cuando Payá presenta su proyecto le dijo a Vicky que iba a entregar el proyecto en diciembre. Sin embargo, él se adelantó y, sin consultarle, lo hizo público dos días antes de la visita del expresidente Jimmy Carter, en mayo de 2002. A partir de este momento, ella empezó a reconocer otros proyectos de la "oposición", como la Asamblea para Promover la Sociedad Civil en Cuba.

¿Cuál era el objetivo?

Habló con más energía de la unión de los puntos en común entre las agrupaciones. En sus discursos decía que se sentía contenta de lo fortalecida que estaba la oposición y los sindicatos, de que a pesar de que había diferentes corrientes de opinión existían puntos en común y se podía llegar a acuerdos. La declaración conjunta del Convenio de Cotonou es una muestra de que la gente llegó a intercambiar. Payá se quedó solo. Les hago una anécdota que me contaron los que asistieron al encuentro de los mercenarios con Vicente Fox. Fue un encuentro muy rápido, y en cuanto Fox se fue —el canciller Jorge Castañeda se había quedado en la reunión—, Payá se acomodó en la silla donde había estado sentado el Presidente mexicano. Dicen que Payá comentó, como una broma: "Me siento en esta silla porque aquí estuvo un presidente y yo soy el futuro presidente de Cuba." No me puedo explicar todavía cómo fue que no le cayeron a golpes, porque había una rivalidad tremenda. Payá, con su Proyecto "Varela", y Martha Beatriz Roque, con su Asamblea para Promover la Sociedad Civil en Cuba, no podían verse ni en pintura.

Vicky trató de suavizar esta bronca que venía andando desde antes, tratando de fortalecer Concilio Cubano. Discutí con ella porque quería que firmara mi adhesión a este frente, y le dije que no, porque Concilio Cubano iba a terminar en el Programa de Refugiados y yo quería seguir luchando en Cuba. Y así mismo fue.

¿A qué organización representaba usted en ese momento?

Tenía una fuerte cobertura contrarrevolucionaria. Dirigía desde febrero de 2001 la Confederación Obrera Nacional "Independiente" de Cuba, con siete miembros en el ejecutivo nacional y delegaciones en nueve provincias; y el Instituto de Investigaciones Sociolaborales Económica "Independiente", adjunto a la Confederación Obrera, que es una organización con dos proyectos asociados: el Instituto y la Agencia de Prensa, que pasó a dirigir Alicia Zamora Labrada, quien entra en este grupo por indicación de la Seguridad para apoyarme en la cobertura.

Alicia Zamora Labrada

¿Quiénes eran sus representantes en Miami?

Buena pregunta y prepárate para los nombres. A finales de 2000 comienzo a tener relaciones con René Laureano Díaz González, de la organización terrorista radicada en Miami, Federación Sindical de Plantas Eléctricas, Gas y Agua de Cuba en el Exilio. Él me indicó constituir una delegación en Cuba, para enfrentarnos a la Central de Trabajadores de Cuba. Me enviaba también dinero y propaganda elaborada en la Florida.

Gracias a esta posición en el medio contrarrevolucionario, además del trabajo con René Laureano, tuve relaciones con Calixto Campos Corona, otro connotado terrorista, y con Frank Hernández Trujillo, del Grupo de Apoyo a la Disidencia (GAD), de conocidos vínculos con los servicios especiales norteamericanos. También, con Manuel Tamargo y Nelson Rodríguez, ambos del GAD; Rosa Berre, de *Cubanet*; José Rivero, de *Carta de Cuba*; Juana Isa, Rolando Cartaya, José Luis Ramos y Amado Gil, todos de *Radio "Martí"*; Angélica Mora, de la *Voz de América*; Jackie Figueroa, del *Canal 23* de Miami, y Gabriel Salvia, de Plantados hasta la Libertad y la Democracia en Cuba.

Federación Sindical de Plantas Eléctricas, Gas y Agua de Cuba en el Exilio (FSPEGA)

Fue creada a finales de la década de los 90 por René Laureano Díaz González.

Otros de sus principales dirigentes son Calixto Campos Corona, alias Callín (vicepresidente) y Joel Brito.

Tiene sus oficinas en el 7175 SW 8th St. Suites 213 al 215, Miami, FL 33144.

Se muestra públicamente como una organización sindical, enfocada fundamentalmente a apoyar la formación en nuestro país de sindicatos independientes y enviar ayuda a contrarrevolucionarios en Cuba. Sin embargo, planifican acciones terroristas y tratan de llevarlas a cabo.

Envían dinero e introducen al país computadoras personales para los "disidentes". Editan además la revista bimestral *Lux*, en la cual publican frecuentemente varios miembros del "periodismo independiente".

¿Cómo comienza su relación con Martha Beatriz Roque?

La conocía, pero no había tenido relación de trabajo. Es una mujer muy áspera y difícil, que siempre te da a entender su superioridad y que no le importa cuidar su imagen, algo que sí obsesiona a Payá. Por cierto, mi relación con ella proviene justamente de las tensiones con este hombre. Una de las personas que estaba más cerca de él, Rafael Ernesto Ávila Pérez, inventó un proyecto al que le puso de nombre Plataforma de Resistencia de la Oposición (PRECIO), y fue a verme para que lo aconsejara en el tema legal. Era un disparate: le dije que eso se lo desarmaban en nada, que a quién se le ocurría poner a un partido el nombre de PRECIO, que lo iban a trajinar con eso de que la oposición tenía un precio... En realidad, era un movimiento que pretendía rivalizar con la asamblea de Martha, de modo que me aparecí en su casa sin avisarle, a la señora había que pedirle audiencia. Le toqué a la puerta y tuve la suerte de que me abriera. Le dije que leyera el documento, que tenía cosas buenas y malas, pero que en mi opinión no era lo que nos convenía a nosotros. Es decir, le di una muestra de confianza, de lealtad. De esa manera, quedó aplastada y ridiculizada la Plataforma Precio.

Poco después me llamó y me dijo que fuera a su casa, porque necesitaba hablar conmigo. Me dijo que la Plataforma no enmarcaba el momento histórico de la transición y cómo iba a ser esta, si habría o no derramamiento de sangre. Recuerda que esta mujer crea, antes de la asamblea, el Instituto Cubano de Economistas Independientes, con una Oficina de Estadísticas, que hacía el levantamiento de todos los grupos "opositores". Era la que daba el aval "legal".

Tenemos aquí un despacho de prensa que dice que usted era la mano derecha de Martha Beatriz. ¿Es así?

Sí, comenzó a darme tareas de importancia. El 10 de julio de 2002 se constituyó la Comisión Sindical Permanente dentro de su asamblea para promover la Sociedad Civil en Cuba, y me pidió que la presidiera. En esa fecha, se empezó a estructurar la asamblea en forma de comisiones: la de Prensa, la Sindical Permanente, la de Relaciones Públicas, de Coordinación y Organización, la de Derechos Humanos, la de Denuncia Social, la de Asuntos Históricos. Algunas no llegaron a sesionar nunca por falta de directivos. Un buen día Martha me dijo que yo debería estar en todas las comisiones, porque era la cuarta en importancia dentro del grupo, y le contesté que me pusiera. Antes de dirigir la Comisión Sindical, me hicieron miembro de la Comisión de Relaciones Públicas, que se encargaba de visitar las sedes diplomáticas para presentarles la referida asamblea. Con esa misión visité la embajada de Holanda, Italia, Polonia. La visita a la embajada de España fue el 31 de octubre de 2002, a las 11 de la mañana. La reunión tuvo lugar en la oficina del embajador Jesús Gracia, quien se portó con mucha habilidad y nos ofreció la valija diplomática para enviar o recibir cualquier material.

¿Obtuvieron algún beneficio económico de esos encuentros?

El 29 de octubre de 2002, a las 11:30 de la mañana, nos encontramos con los funcionarios de la embajada de Holanda. La embajadora le donó a Martha 1 500 dólares, como primera cifra para entregar a los damnificados por los huracanes que habían afectado a Pinar del Río. Están los documentos: a siete damnificados Martha le dio 100 pesos cubanos, a cada uno.

También, visitamos la embajada alemana. El propósito de estos encuentros era actualizarlos sobre el trabajo de la asamblea y pedirles dinero. Aquí Martha recibió una gran cantidad de ropa, supuestamente para los damnificados de los huracanes, que jamás llegó a ningún necesitado. Martha lo repartió entre algunos amigos, entre ellos Alicia Zamora Labrada, que recibió un suéter finísimo que había sido de la embajadora alemana.

¿Cómo era la relación personal entre ustedes?
Realmente, yo hacía lo que me daba la gana. Iba a las reuniones si quería. Claro, si dejaba de ir a una era porque participaba en otras tres. Trataba de que me respetaran: no plegarme, pero tampoco ofrecerle demasiada resistencia. Logré ganar su confianza. Ella me pagaba el taxi en dólares para ir y venir a su casa. Empecé a vivir bien. Era la que mejor vivía de la gente que se le subordinaba. Me fui haciendo imprescindible y empezó a compartir conmigo muchos secretos. De dónde salía el dinero, quién lo mandaba, la estrategia de no guardarlo todo en la casa... Terminó dándome la contraseña de su computadora personal para descargar su correo electrónico y tenerle a su gente informada.

¿Quién le enviaba dinero a Martha Beatriz?
Frank Hernández Trujillo, Ángel Quesada, Ángel Hernández Carrillo, Silvia Iriondo, una mujer que estuvo muy comprometida con el secuestro del niño Elián. Esta dama, que se dice católica y defensora de los derechos humanos, me ha estado enviando mensajes amenazadores donde dice que me va a matar. Esta organización fue una de las copatrocinadoras de la Marcha del 29 de marzo de 2003 en Miami, la única en todo el mundo que se manifestó a favor de la guerra en Iraq y de la guerra contra Cuba: "Ahora Iraq, después Cuba", decían los manifestantes.

¿Llegó usted a presenciar intercambios de Martha Beatriz con Silvia Iriondo?
Había una relación muy estrecha. El pasado 15 de marzo estába-

mos en el ayuno organizado por Martha a raíz de las primeras detenciones de los "disidentes" y ella me dijo: "Tengo que llamar a Silvia y te voy a poner en contacto con ella, porque qué va, mi china, tú eres mi mano derecha y aquí no se sabe qué va a pasar..." Hasta ese momento mi relación con la Iriondo había sido a través de terceras personas. Martha me presentó a Silvia, quien me dijo: "Aleida, al fin puedo escuchar tu voz." Por supuesto, con esto ya no quedaban dudas de sus vínculos con líderes de la emigración metidos de lleno en los planes de subversión contra Cuba. Martha siempre negó estos vínculos. Después de esta conversación, la propia Martha me contó que Silvia le enviaba 1 000 dólares mensuales —una mentirita, porque le mandaba mucho más. También, que unas 10 integrantes —todas millonarias— de Mujeres ante la Represión (MAR), la organización que dirige Silvia, estaban financiando su organización y ella no quería que se perdiera el dinero. Y este llegó como habían dicho: eran 1 300 dólares.

¿Esta vez el dinero llegó a sus manos?
Sí.

¿Con quién los mandó?
A través de la Western Union, en varios envíos. Ahí tuvimos la prueba, porque del resto de los envíos no tenía pruebas documentales, aunque sabíamos que llegaba, por el nivel de vida que tenía. Cuando a ella la encarcelan, yo me quedé al frente de la asamblea, y fue así hasta el 2 de abril, en la víspera de los juicios que comenzaron el día 3. Estuve hasta el último momento, hasta que dije que era Vilma.

Martha Beatriz negó reiteradas veces su subordinación a la SINA...
Sí, pero su dependencia era total. Hay un almuerzo organizado por Martha el 30 de agosto de 2002, en la residencia de Vicky Huddleston...

¿Martha organizaba almuerzos en la residencia oficial del Jefe de la SINA? ¿Cómo era eso?
El pretexto era que allí tenía todas las condiciones y no seríamos

molestados. En esa oportunidad el fin del almuerzo era demostrarle a Vicky el agradecimiento de la asamblea por el trabajo de la funcionaria en Cuba, que finalizaba su misión y había sido designada como embajadora en Mali.

Martha presentó a los miembros de la organización y varios de ellos se refirieron abiertamente a la necesidad de financiamiento y al apoyo que habían tenido de los funcionarios de la SINA, y en particular de Vicky. En ese almuerzo hubo todo tipo de bebidas, se comieron camarones rebozados, langostas, pizzas, bocaditos de jamón, cerdo asado... Y un cierre de película: nos brindaron a cada uno un bolso de nylon con radios, linternas y otros regalos. Pero como la cantidad de bolsos sobrepasaba la cifra de participantes, se armó una rebatiña para cargar lo más posible. Fue uno de los espectáculos más repugnantes que me tocó vivir, y pueden tener una idea de cuántos pude haber presenciado en todos estos años.

¿Y mister Cason?

Llegó a Cuba el 9 de septiembre de 2002, y una semana después se estaba reuniendo con los contrarrevolucionarios. Antes de hacer contacto con las autoridades oficiales. Nos recibió en dos grupos, los días 17 y 18. Yo fui en el segundo. Como ya era de rigor, se repartieron radios, libros, y la esposa, muy amable, atendió muy especialmente a todas las personas que había allí.

En realidad la presentación "oficial" la hizo ante nosotros. En ese encuentro Cason presentó un larguísimo *currículum vitae* y hasta hace un chiste pesado: dice que toda esa larga trayectoria la tenía con solo 39 años. Trató de suavizar un poco aquella aburrida exposición, buscando la simpatía. Se refería a sus años de servicio diplomático y todos riéndose —porque nadie puede servir 30 años en el servicio diplomático con solo 39 años de edad— en realidad él tiene 59. En fin, ese tipo de cosas.

MAR por Cuba

Surge en 1994 a raíz del incidente del barco *13 de Marzo*, con el propósito de nuclear a un grupo de mujeres vinculadas a la extrema derecha, muchas de ellas esposas, viudas o familiares allegados a contrarrevolucionarios que salieron de Cuba al triunfo de la Revolución o que posteriormente fueron a vivir a Estados Unidos.

Su presidenta es Silvia Iriondo. Salió de Cuba en 1960. Su padre formó parte de los *teams* de infiltración de la CIA que operaban contra la isla a principios de la Revolución. Su nombre de soltera era Silvia Goudie Medina, pero adoptó el apellido de su esposo, Andrés Iriondo Olazábal.

MAR por Cuba tiene su sede en Miami y representaciones en Nueva York, Nueva Jersey, Washington y Puerto Rico.

Esta organización promueve todas las campañas contra Cuba que ha protagonizado la extrema derecha cubanoamericana, fundamentalmente en la Comisión de Derechos Humanos de Ginebra, en Cumbres Iberoamericanas y viajes de nuestros dirigentes a la ONU.

Apoyan y estimulan a la contrarrevolución y hacen llamamientos a la desobediencia civil. Envían apoyo financiero y cientos de documentos —propaganda subversiva—, utilizando el canal postal, tanto a particulares como a instituciones estatales de Ciudad de La Habana. Se visten de negro en señal de luto.

MAR por Cuba forma parte de las organizaciones de la extrema derecha que integran el llamado Fórum Patriótico Cubano.

Nos pidió que nos presentáramos, uno por uno, y que dijéramos nuestras principales necesidades. Cuando llegó mi turno y hablé de mi organización, me hicieron la pregunta de rigor. Les dije que yo tenía una biblioteca sobre temas laborales, pero que prácticamente no habíamos recibido libros. No pasó un mes cuando ya yo estaba recibiendo dos cajas de libros enviadas por el GAD, directamente de Frank Hernández Trujillo. Evidentemente, estaba cumpliendo el acuerdo de la reunión con Cason.

¿Solo libros?
No. Empezaron a aparecer los recursos. Pedí una computadora, específicamente una *laptop*. Poco después se me apareció un muchacho joven y me preguntó que si estaba esperando algo. Le respondí: "Siempre estoy esperando algo." Y llegó la *laptop*, pero estaba un poco cacharreada. A los 4 ó 5 días le mandé a decir a Frank que yo se lo agradecía, pero que eso estaba medio roto. Me dijo: "Llévasela a Gladys Linares, y te mando otra." Gladys es una contrarrevolucionaria que dirige el Frente Femenino Humanitario, y es el "depósito" en Cuba de los envíos de Hernández Trujillo.

Pero como una a veces había hecho los informes en aquella máquina, por precaución tomé un destornillador, le saqué el disco duro y lo dejé caer al piso. Lo volví a poner y la computadora inició como si nada hubiera pasado. Volví a zafar el disco duro y ahí sí que le di con todos los hierros. Como al mes recibo un correo electrónico de Frank que decía: "Aleida, ya tengo el muerto en terapia intensiva, pero no sé que le pasa al disco duro que no despierta." Tres o cuatro meses después llegó la otra, también medio fastidiada, pero nada grave.

Ahora sí que no tenía usted otra opción...
Hablé con mi oficial y acordamos pedir otra *laptop*, para ver qué pasaba. Le volví a escribir y le dije: "Frank, eternamente agradecida pero esta me llegó con la pantalla negra." Ahí me dice: "Oye, no puede ser. Esa máquina va por la valija diplomática." Me pidió que se la dejara a Gladys, y que no me preocupara. El 23 de diciembre de 2002 me llamó Nicholas J. Giacobbe, segundo secretario que atiende el departamento de cultura y prensa, y me pide que pase por la SINA. Nicholas se aparece con una caja de paquetes de hojas y una *laptop*, en su estuche, colgada al hombro. Me la entrega, y me dice: "Cuídala, que esta es la tercera que manda Frank. Vamos a ver si tenemos suerte." Si Gladys es la jefa de almacén del GAD en La Habana, Nicholas es el jefe de los suministros en la SINA. Podía llamarlo a las 10:00 de la mañana porque se me habían acabado las hojas, y a las dos o tres

horas se aparecía con todo lo que necesitaba. Por supuesto, cosas que lamentablemente en nuestras empresas no hay muchas veces.

¿Notó alguna diferencia entre el tratamiento que les daba Huddleston y el de Cason?

No había ninguna diferencia entre los dos, salvo que una era mujer y el otro, hombre. Cason es uno de los funcionarios norteamericanos más agresivos que he conocido. Desde el primer día que nos vimos, él dijo que su casa tenía las puertas abiertas para la "oposición" y que estaba dispuesto a colaborar, apoyar, financiar y servir en lo que fuera necesario. Y lo demostró. Hubo continuos almuerzos, comidas, reuniones, conferencias de prensa hasta el 14 de marzo, en que se hace el Taller de Ética Periodística. El ayuno promovido por Martha Beatriz, a raíz de la encarcelación de Biscet, fue un acelerón de Ricardo Zuniga, primer secretario político económico de la SINA, que la llamó y le preguntó que hasta cuándo iba a estar aplazando el ayuno. Eso lo comentaron delante de mí. Ella misma me dijo: "Mi china, no me queda más remedio, el 11 arrancamos." Y me informó que el Taller de Ética Periodística era mío. La noticia del ayuno de 6 "disidentes" recorrió el mundo en 24 horas.

¿Hubo alguna indicación de la SINA?

A partir de orientaciones de la SINA, en el ayuno se entregó una constancia de participación. Eso era un arma de doble filo, porque los interesados en emigrar iban al ayuno para recoger su certificadito y tener después una prueba que mostrar ante la Sección de Refugiados que les avalara sus méritos contrarrevolucionarios. Alicia fue la encargada de diseñar ese certificado e imprimirlo en grandes cantidades.

¿Cómo se organizó el Taller de Ética Periodística?

Fue el acuerdo de una reunión realizada en la casa de Gonzalo Gallegos, primer secretario de prensa y cultura de la SINA. Fuimos convocados para una conferencia sobre periodismo, impartida por John Virtue, subsecretario del Centro de Prensa Internacional de la Universidad Internacional de la Florida. Él hizo una disertación sobre los esfuerzos de su centro para lograr que los trabajos y artículos de estos elementos sean publicados en periódicos de países latinoamericanos, así como en la búsqueda de fondos económicos para financiar el trabajo de los "periodistas independientes" en Cuba. Nos orientó abordar diferentes temas sobre la vida cotidiana en la isla, no solo de carácter político. Aseguró que Fidel Castro tenía muchos simpatizantes en Latinoamérica y era imprescindible conquistar esos espacios.

Él mismo fue quien introdujo el tema de la ética periodística y nos llamó "los futuros chicos de Estados Unidos en una Cuba de prensa democrática". Se entregaron certificados acreditativos y sobres con libros de *Cubanet*, otro sobre la salud pública cubana —se pueden imaginar lo que decía—, agendas, plumas, etcétera. El propio Gallegos brindó su casa para hacer el Taller de Ética Periodística. Se pensó en unas 60 personas, pero finalmente solo logramos convocar a unas 34. Como al final fue menos gente de la planificada, se trasladó la sede para la casa de Cason.

¿Qué pasó allí?

Fuimos recibidos por Rebeca Tobey, la asistente del jefe de la SINA, quien en un listado controlaba la llegada de los participantes. Hubo menos "periodistas independientes" que representantes de la prensa acreditada en Cuba. Todo estaba supervisado por el segundo secretario de prensa y cultura, Nicholas J. Giacobbe. En el taller estuvieron como observadores otros tres norteamericanos: Gonzalo Gallegos, Cory Giacobbe —asistente de Ricardo Zuniga—, y el propio Zuniga, cuya asistencia fue realmente efímera.

Por supuesto, antes de iniciarse las "sesiones de trabajo", el secretario de prensa y cultura Gonzalo Gallegos, ratificó la "disposición de colaborar y apoyar no solo a los 'periodistas independientes' sino a todos los que de una forma u otra defiendan sus derechos como ciudadanos de este país lleno de restricciones y censura".

Alpha 66

Fue fundada en 1962 por el agente de la CIA Antonio Veciana Blanch, en Puerto Rico. Se unió a ella una facción de la organización II Frente Nacional del Escambray, organizada un año antes por Eloy Gutiérrez Menoyo, en Cayo Hueso, Florida. Su sede fue trasladada a Miami, donde aún permanece.

Tienen su oficina central en el 1714 W. Flager St, Miami, FL 33135 y dos delegaciones: una en New Jersey, P.O. Box 5293 West New York NJ 07093 con el fax: (201) 863-2630; y otra en California, P.O.Box 6434 Torrance, CA 90504. Poseen una página web en Internet con la dirección: www.alpha66.org.

Se ha caracterizado por sus actividades terroristas, paramilitares y de subversión interna, destacándose por la realización de infiltraciones armadas, ataques a objetivos situados cerca de las costas, sabotajes y la elaboración de planes de atentado contra Fidel Castro y otros dirigentes.

En septiembre de 1993 fue detenido por nuestras autoridades el mexicano Mario García Rubalcava, quien planeaba realizar acciones terroristas contra instalaciones turísticas y atentar contra el Presidente cubano. Rubalcava reconoció posteriormente haber sido entrenado por Andrés Nazario Sargén.

Financian la emisora radial *La Voz de Alpha 66*, mediante la cual incitan a la ejecución de acciones violentas dentro del territorio nacional. En su afán por lograr representatividad interna, esta organización se ha vinculado a cabecillas y miembros de los grupúsculos contrarrevolucionarios, con los que sostienen contactos y a los que abastece financieramente.

Se tomaron acuerdos relacionados con el suministro de abastecimiento financiero y material, y se criticó la manipulación de las fotografías y la privación de la autoría de estas por parte de los editores fuera de Cuba. Se habló del peligro de realizar entrevistas falsas y noticias provocadoras. Existía el consenso con el exceso de protagonismo de *Radio "Martí"*. Alguien llegó a catalogarla incluso de mentirosa. Debido a las críticas, Nicholas J. Giacobbe se comprometió a realizar una supuesta llamada telefónica al Departamento de Estado norteamericano para trasladar la inquietud de los presentes. Poco después de las cinco de la tarde, apareció Cason. Ya había concluido la reunión, pero nosotros estábamos aún por allí. Gonzalo Gallegos y Nicholas J. Giacobbe le dieron el parte de lo acontecido.

Elizardo Sánchez comentó a un corresponsal extranjero que conocía a los agentes de la Seguridad del Estado porque movían los párpados de manera extraña...

No recuerdo que yo haya usado espejuelos oscuros para hablar con él. ¡Qué ridículo!, aunque hay que reconocer que Elizardo es un hombre muy hábil, porque mientras los demás están presos, él está siempre en la calle.

Pero lo que les puedo asegurar es que una de las cosas que más les ha dolido a los americanos es no haber dudado nunca de nosotros. Nos subestiman demasiado, y se conforman con que la gente que tienen al lado cumplan las tareas que ellos les asignan.

Pero debe haber pasado usted momentos difíciles dentro de la SINA.

Sí. Hubo dos momentos históricos de la Revolución que me golpearon duro. Uno fue el secuestro de Elián. Cada vez que iba a la SINA ellos me decían que todo lo que decía el gobierno cubano era falso, que ellos no tenían secuestrado al niño. La otra fue en septiembre de 1998, cuando me entregaron la nota de prensa donde se hablaba de la detención de nuestros cinco hermanos. Salí de allí con dolor de cabeza. Cualquiera de ellos podía haber sido yo.

¿Cuándo se incorpora Alicia Zamora al trabajo de la Seguridad?

Llegó en el momento en que yo no podía con tanto. Ya había mucho dinero en juego, muchos contactos, cosas que no se podían perder. Entonces ella comienza a desempeñar un papel importante como directora de la Agencia Lux, cuya revista se edita en Miami. La pobre no sabía nada de prensa, pero lo importante era trabajar.

¿Quién la recluta a ella?

Ella estuvo espiándome un tiempo, como un año y medio. No me dejaba vivir. No sé cuántas veces estuve a punto de sentarme y decirle la verdad. Pero no podía. Un buen día la citan a la estación de policía. Y empieza a hablar horrores de mí, que estaba a punto de caer presa... ¿Ustedes pueden creer que Alicia se puso de acuerdo con el oficial, para vigilarme? Sabía a lo que iba, la esperé, me senté al frente en una piedra. Ella salió llorando y le pregunté por qué y nunca me dijo la verdad. Pero cada vez que yo salía a una reunión, ella cogía un papelito, anotaba las horas y los segundos. Me espiaba. Llamé al oficial y le dije que no podía seguir viviendo así, que me estaba llevando muy recio y era imposible la convivencia. Ella de vez en cuando me daba su charla para sacarme de aquel mundo. La invité a una reunión y no le dije para qué. Llamó a los oficiales y le comentó lo que pasaba. El oficial le contestó: "Ve, esa reunión va a estar muy buena." Cuando llegamos allá y vio a su oficial, que era también el mío, se echó a llorar. Nos abrazamos los tres. A partir de ahí no me espió más. Le regalamos la Agencia Lux, que desempeñó un importante papel, porque nosotros tratamos de centralizar la información hacia el exterior, y no teníamos rivalidades con otra agencia porque nos dedicábamos esencialmente al tema laboral, aunque cubríamos cualquier otra cosa.

¿La agente Vilma ya abrazó a sus padres?

No. Y les cuento algo para que tengan una idea de cómo ha sido todo: Mi papá, que tiene 80 años, vive aún en Ciego de Ávila. Él estaba con mis hermanos el día que pasaron la entrevista por la Mesa Redonda —ahí se enteró— y dijo: "Yo he visto un ángel convertirse en diablo, pero un diablo convertirse en ángel, no." Y se echó a llorar. No lo he visto, pero sé que está bien.

Todo este proceso ha sido muy duro para mi familia. El día que Fidel entró a La Habana, el 8 de enero, acababa de cumplir cuatro años. Mi hermano y yo armábamos unas tribunas de cartón y hacíamos lo mismo que le veíamos hacer al Comandante. Cuando la invasión a Playa Girón le escribí a Fidel y Celia Sánchez me respondió. Me pedía que fuera una buena ciudadana, que estudiara, que me preparara. No habría podido olvidar nunca sus palabras.

Rodolfo Frómeta Caballero

Nació en Guantánamo. Encabeza la organización terrorista Comandos F-4. Se radicó en los EE.UU. en 1968, y estuvo vinculado al grupo Alpha 66.

En 1981, viajó como comunitario a Cuba y trató de organizar células clandestinas en nuestro país para realizar sabotajes, por lo que fue detenido y cumplió sanción de 10 años de prisión, al cabo de los cuales regresó a Estados Unidos, en abril de 1991.

El 6 de febrero de 1994, al frente de un comando de seis miembros de Alpha 66, fue detenido cuando se disponía a la infiltración de un *team* de tres hombres a Cuba. Le confiscaron armas, un bote de 16 pies con gran cantidad de armas, municiones, dinero en efectivo y uniformes... Fue liberado.

En abril de 1994, creó la organización Comandos F-4 y el 2 de junio de ese mismo año fue detenido en Miami junto a Fausto Marimón, miembro también de los Comandos, cuando le entregó 5 000 dólares a un agente encubierto del FBI por la compra de explosivos C-4, un lanzagranadas, tres misiles antitanques ligeros y un misil tierra-aire tipo stinger, así como otros materiales. Por esta causa fue condenado a 41 meses de prisión y dos años de libertad condicional.

El 26 de abril de 2001 las autoridades cubanas capturaron en la costa norte de Villa Clara a un comando armado, formado por tres contrarrevolucionarios que fueron miembros de Comandos F-4, quienes tenían el objetivo de infiltrarse en nuestro país y realizar acciones terroristas contra intereses vinculados al turismo en Ciudad de La Habana.

En septiembre de 2002, Comandos F-4 se alió con la Junta Patriótica Venezolana, organización encabezada por el excapitán Luis García Morales e integrada por exmilitares golpistas de ese país residentes en Miami. Planearon ejecutar atentados contra Fidel Castro y Hugo Chávez.

¿En algún momento sintió temor de ser descubierta?

Nunca. Martha siempre decía que olía a la Seguridad a mil cuadras de distancia, y por supuesto, yo decía lo mismo. Siempre me sentí muy segura de lo que hacía y por qué lo hacía, y en esto influyeron mucho los oficiales que estuvieron atendiéndome durante todos estos años.

¿Alguna vez le llamaron la atención?
Sí. Sin pedir permiso, me fui para la Marcha de las Antorchas. Me senté en Prado y Colón, para aunque sea mirarla desde allí. Quería ver a Fidel, aunque fuera de lejos. En el momento que me pasa por el lado, fue tanta la emoción que no me pude contener y empecé a gritar: ¡Fidel!, ¡Fidel!, ¡Fidel! Grité tanto que él levantó la mano y me dijo adiós. Se me apretó el pecho. Cuando me di cuenta de lo que había hecho, me dije: "Coño, me he quemado yo misma." Por suerte, nadie me vio.

¿Cómo fue esta relación con los oficiales?
En momentos difíciles hablábamos hasta con los ojos. Siempre estuve segura de que no estaba sola en aquellos grupos y que mi trabajo era insignificante en comparación con el de los demás. La vida me dio la razón.

¿Cuál fue la de mayor sorpresa de los infiltrados?
Tania (Odilia Collazo). Le tenía cariño, pero era todo un personaje de la "disidencia", y jamás me pasó por la cabeza que pudiera ser de los nuestros. Con Orrio tuve algunos choques en el Taller de Ética Periodística, porque yo tenía indicaciones de Martha Beatriz de colgarle a la declaración final una nota sobre el ayuno. Dirigí el taller por la parte de la dirección de la asamblea y a él le tocó la parte técnica. Delimitamos fronteras. En el momento de poner las conclusiones de cada comisión me dijo que el ayuno no tenía nada que ver con aquello. Le dije: "Oye, tú pones lo que te dé la gana, pero no dejes fuera el ayuno." Y mira tú, después me lo encuentro con los míos. Ha sido muy emocionante. A veces me parece que me están poniendo una película, que todo esto lo vivió otra persona, y todavía me cuesta zafarme del lenguaje contrarrevolucionario de Aleida Godínez.

Entonces, ¿con quién hemos estado hablando, con Aleida o con Vilma?
Con las dos.

EL DINERO ES LO QUE MUEVE A LA DISIDENCIA

OTUARDO HERNÁNDEZ RODRÍGUEZ 47

A Otuardo Hernández su esposa le pregunta por qué no confió en ella. "No ha sido nada fácil explicarle las razones que me impedían hablarle claro", reconoce. Tampoco resultó cómodo pasar de una vida profesional activa como ingeniero civil, a un apático y conflictivo vendedor de pececitos, en un barrio de su natal Camagüey donde lo miraban con desprecio. Empezando por sus padres.

Es difícil imaginar ahora al agente Yanier en su fachada de "opositor" audaz, involucrado más de una vez en sesiones de boxeo entre "periodistas independientes" quienes por dinero y celos profesionales terminaban en la estación de policía. Es un hombre reposado, discreto, que se emociona hablándonos de la familia.

Mientras conversamos con él, varias veces Odilia Collazo (Tania), *interrumpe el diálogo para mostrarnos algún documento o hacer algún comentario. Se nota un gran cariño entre él y el matrimonio de Odilia y*

Roberto Martínez, también agente de la Seguridad. "Descubrí algo que intuía: es muy difícil encontrar entre los contrarrevolucionarios a personas decentes. Presentía que ellos lo eran y me dolía que se hubieran perdido para la Revolución. ¿Te imaginas cómo me siento ahora?"

AGENTE YANIER

¿Cómo empezó esta historia para usted?
El 19 de junio de 1999. Tuve que intervenir en un problema laboral que después se fue convirtiendo también en un problema político. Terminé sancionado en el trabajo, me cerraron el contrato en la Dirección Municipal de la Vivienda de Camagüey, donde yo radicaba y me expulsaron del Partido Comunista de Cuba. Inmediatamente comenzaron a acercárseme algunos contrarrevolucionarios.

¿Era ya miembro de la Seguridad?
No. Comuniqué a un oficial lo que me estaba ocurriendo.

¿Qué?
Lázaro Bosq Hinojosa, miembro activo de la Fundación Cubana de los Derechos Humanos en Camagüey, me invitó a participar en reuniones y otras actividades que tenían lugar en su casa. Él era vecino mío. Eso fue en los días de la marcha de protesta frente a la Embajada de Checoslovaquia, y él quería hacer un comunicado o alguna acción contra la respuesta que estaba dando el gobierno a las provocaciones de los diplomáticos de ese país.

Lázaro llegó a expresar públicamente amenazas con una golpiza a dos oficiales del Ministerio del Interior que conocíamos, e incluso ajustar cuentas contra la esposa y el hijo de uno de ellos. Se tomó la decisión de que yo pasara a ser un agente secreto, para seguir de cerca las acciones que la contrarrevolución en Camagüey venía fraguando.

¿Cuándo se incorpora a los Órganos de la Seguridad?
El 6 de marzo de 2001.

¿Por qué marca esa fecha?
Entré como colaborador en la Fundación Cubana de Derechos Humanos de Camagüey. Ese día me entregaron una *Declaración Universal de los Derechos Humanos* y varios folletos. Ahí me dijeron qué era *Cubanet*, me mostraron una "biblioteca independiente" y me aseguraron que ellos tenían vínculos con disidentes en Ciego de Ávila y otras provincias. Como tenía un nivel cultural más alto que los demás —soy ingeniero civil— y algunos conocimientos de dirección, fui escalando posiciones. Ya en agosto era el presidente, elegido "democráticamente".

¿Cómo fue ese proceso?
Había muchos disgustos entre la Fundación en Camagüey y la dirección nacional, que radicaba en Ciego de Ávila, con Juan Carlos González Leyva como presidente. Las peleas eran por el dinero, los avales para obtener la visa hacia Estados Unidos, por el reconocimiento a acciones que ellos estaban promoviendo o realizaban. Había muchos celos y muchas contradicciones, por algunos planes un poco locos.

¿Qué tipo de locura?
Por ejemplo, a dos miembros de la organización se les ocurrió dirigirse a la Plaza de la Revolución "José Martí", vestidos con ropas manchadas de sangre. Iban a llamar a la prensa extranjera, repartir volantes y desplegar una sábana con un cartel contrarrevolucionario. Después saldrían de ahí en un carro. Hablaban con tanta convicción que otros se creyeron la película y querían salir inmediatamente en el comando. Decían que los apoyaría la SINA y si salía todo bien, seguramente los incluían en el Programa de Refugiados. Inventaban cosas así, que luego no hacían, pero que calentaba los ánimos.

¿Cómo se logró insertar usted en ese medio?
Fue poco a poco, y estudiando mucho. Por ejemplo, si hacían un taller sobre los problemas de la industria azucarera cubana, yo me preparaba a fondo para deslumbrarlos; si era sobre política o historia, igual. Hasta estudié nociones de periodismo, para orga-

nizar mi propia disertación. No faltaba a ningún encuentro, a ninguna actividad. Eso me ganó la confianza de los cabecillas.

¿Qué hecho significativo protagonizó usted dentro de su organización?

Participar en la inauguración de la "biblioteca independiente" 20 de Mayo, en Sancti Spíritus, a la cual cada uno de nosotros tenía que donar un libro. Para organizar el viaje nos reunimos en la casa de Lázaro con Juan Carlos Leyva, el cabecilla nacional de la Fundación, que vivía en Ciego de Ávila y vino a entregarnos planillas de recogidas de firmas para el Proyecto "Varela".

Nos informó, también, que habíamos recibido varias donaciones y que, como presidente en Camagüey, tendría las puertas de la SINA abiertas y también las de otras sedes diplomáticas.

¿Se produjo el encuentro en Sancti Spíritus?

El día antes de la partida a esa ciudad viajamos a Ciego el grupo de Camagüey (10 miembros contándome a mí), y nos quedamos a dormir en casa de Juan Carlos para salir juntos hacia esa provincia. Alrededor de las cinco de la mañana Juan Carlos y Alejandro González Raga fueron detenidos cuando salieron a la calle a buscar a otro del grupo. Como no regresaban a la casa y nosotros no sabíamos qué estaba pasando, por poco se frustra la salida para Sancti Spíritus.

Tomé el mando, hice una arenga y le dije a los demás: "Nos vamos sin ellos", y nos aparecimos nueve en la casa del dueño de la supuesta "biblioteca independiente" Blas Giraldo Reyes Rodríguez, pero ya se había inaugurado en medio de un gran desastre, porque no había ido casi nadie y apenas había unos poquitos libros. Para colmo nosotros llegamos tarde. No obstante, hice un comunicado, nos pusimos a cantar el *Himno Nacional* con todas las ventanas y las puertas abiertas. En medio de aquello, pasó una señora de edad por la calle y le gritó a la vecina: "Qué borrachera más rara han cogido esa gente, y tan temprano."

Viajamos con apenas 100 pesos. Cuando regresamos a la casa de Juan Carlos, ya lo habían soltado. Volví con una posición todavía más sólida en el grupo.

Ángel Francisco D' Fana Serrano

Líder de la organización contrarrevolucionaria Plantados hasta la Libertad y la Democracia en Cuba.

Por sus actividades en nuestro país fue detenido en 1962 y juzgado en la Causa No. 458/62.

Durante su estancia en la prisión se acercó al contrarrevolucionario Hubert Matos y se autotitulaba revolucionario-anticomunista. Fue preso plantado hasta 1983 en que emigra a EE.UU., donde pasó a ser miembro de la organización contrarrevolucionaria Cuba Independiente y Democrática.

En 1984 se estableció en Venezuela, como secretario organizador de la delegación de CID en Caracas.

En 1986 es nombrado miembro de la Comisión de Relaciones con la Prensa, durante el VII congreso de CID efectuado en Filadelfia. Desarrolla una intensa labor de proselitismo a través de *Radio CID*.

Desde esa emisora promueve acciones contra los cubanos que visitan EE.UU. e incita a la deserción de marinos mercantes, diplomáticos, militares y artistas cubanos.

En 1992 aparecía como jefe de transmisiones radiales contra Cuba de la *Voz del CID* y se vinculó a miembros de la organización de Ex-presos.

A mediados de 1995 pasó a ser miembro del ejecutivo de CID y se destacó por la promoción de acciones de protesta y desacato cívico dentro de Cuba, en particular aprovechando fechas conmemorativas religiosas como las del día de San Lázaro, el 17 de diciembre, utilizando supuestas células de la organización en el país.

En octubre de ese mismo año, como miembro de la dirección de CID, participó en la conformación de un nuevo programa de acciones consistente en realizar sabotajes, planes de atentado, viajar a Cuba y crear focos rebeldes y utilizar todas las vías posibles para subvertir el orden interno.

Habló usted de discrepancias...
Sí, las había entre los grupos de una provincia y la otra; dentro de ambos grupos, y con los miembros de la dirección nacional. Éramos cuatro gatos permanentemente fajados unos con los otros.

Aquello se hizo más insoportable cuando se anuncia que Juan Carlos debe viajar a La Habana a recibir un premio de 1 500 dólares por su lucha a favor de los Derechos Humanos en Cuba. El olor del dinero y la posibilidad de viajar a Estados Unidos hacían de las reuniones un campo de batalla, hasta que finalmente se divide la Fundación y aquello se va a pique.

¿Realmente había tantas peleas?
Eran tan comunes que muchas veces terminábamos botados de la casa donde nos reuníamos y algunos, dándonos piñazos. Recuerdo una tremenda bronca porque íbamos a repartir un volante que explicaba qué era la Fundación y alguien con sentido común pidió desecharlo por la cantidad de faltas de ortografía que tenía aquel texto.

¿Cuál era la principal manzana de la discordia?
Todo el mundo sabía allí que los cabecillas en La Habana tenían muchas más posibilidades de tener dinero. Ellos decían que recibían más dólares porque eran los más perseguidos, lo cual era una mentira descarada. No había tal persecución. Andábamos por todo el país y nadie se metía con nosotros, salvo si te metías a escandalizar o conspirar públicamente, porque como se sabe en Cuba, aquí la calle es de los revolucionarios.

Por eso cuando asumí la presidencia de la Fundación, traté siempre de evitar el escándalo en la calle, limando la agresividad y evitando las actividades públicas. Poco a poco se fue desintegrando la organización hasta el punto de que hubo un momento en que no llegábamos a 10 y Lázaro Bosq me pidió que fuera a Ciego de Ávila a discutir con Juan Carlos los problemas de la provincia. Como aquello iba de mal en peor, se tomó la decisión de que, además de trabajar en lo que quedaba del grupo, me incorporara en otras organizaciones.

¿Cuáles?
El Partido Pro Derechos Humanos de Cuba, que presidía Odilia Collazo. Entré como delegado de la provincia de Camagüey, encargado de recopilar las informaciones y redactar el informe acerca de las violaciones de derechos humanos en la provincia.

Como el partido llegó a tener unos 15 miembros instruidos en la misión de no hacer provocaciones en la calle, sino actividades pacíficas que muchas veces eran inventadas, porque había que demostrar qué hacían para que les diéramos el famoso aval para la visa, se convirtió en un negocio traer noticias de violaciones de los derechos humanos.

Cuando el relajo ya tomaba algunas proporciones —contábamos con el apoyo entusiasta de la SINA que daba poquitísimas visas por la vía ordinaria, y estimulaba las del Programa de Refugiados—, empezamos a proclamar que aquello no era una agencia de viajes para desalentar los grupos.

¿Por qué?
Muchos de quienes se nos acercaban tenían antecedentes penales y estaban desvinculados laboralmente. La mayoría de los militantes más aguerridos de este tipo de organizaciones son individuos muy peligrosos socialmente.

Por supuesto, también usted fue "periodista independiente..."
Sí. En julio de 2001 —todavía no era el presidente de la Fundación—. Juan Carlos, Delio Requejo y Normando Hernández González me proponen incorporarme al Colegio de Periodistas "Independientes" de Camagüey, al que también pertenecía Mario Enrique Mayo Hernández. Normando era el presidente del Colegio. La razón era que yo estaba colaborando con *Radio "Martí"* y había contactado con Frank Hernández Trujillo y su socio Ismael Hernández, con Janisset Rivero y Ricardo Bofill. También, en algún momento "tiré" algunas cosas para la *Voz del CID*, en particular con Ángel D'Fana, de la organización Ex-Presos.

Tanto Mayo como Normando estaban trabajando para el "Colegio de Periodistas Independientes" en total anonimato.

Dijo antes que se había graduado como ingeniero. ¿Alguna vez hizo estudios de periodismo en alguna escuela?
Salvo aquellos cursos superficiales que había dado en los talleres de la Fundación, conocía poco, por no decir nada, de periodismo.

¿Cómo funcionaba el Colegio?
Todo se hacía en la casa de Normando, que vivía en Vertientes. Desde su teléfono transmitía mis informaciones. Acordamos reunirnos todos los martes para revisar los trabajos en conjunto y transmitirlos para *Radio "Martí"*, *Nueva Prensa Cubana*, la *Voz de la Fundación...*

Inventábamos las noticias.

Federación Mundial de Ex-presos Políticos Cubanos

Se creó en 1983 y estuvo formada desde su surgimiento por varias organizaciones de exreclusos que mantenían una total independencia en su actuación y vida interna. En la actualidad constituye una sola organización que se mantiene con igual nombre.

Tiene su sede en el 3178 Coral Way, Miami, FL 33145.

Es una de las organizaciones que participa en un proceso reciente de creación de una tarjeta de crédito, con el propósito de generar financiamiento para las agrupaciones contrarrevolucionarias en el país.

Entre sus dirigentes se destaca el terrorista René Cruz Cruz, quien ha organizado acciones violentas contra Cuba y ha estado estrechamente vinculado a Luis Posada Carriles y a sus planes violentos contra la isla y sus dirigentes.

¿Qué tipo de información enviaban?
Por ejemplo decíamos: "la calidad del pan es mala", cosa que no es del todo falsa por las razones que sabemos, y buscábamos la manera de hacer un drama con eso que terminara en una andanada contra el "gobierno de Castro".

Rolando Cartaya, que dirige en *Radio "Martí"* el programa "Sin censores ni censura", nos pedía continuamente que buscáramos información en los agromercados, los hospitales, las escuelas, y que las comentáramos. En una ocasión hice un escrito sobre las diferencias entre los precios y el poder adquisitivo de las personas, que le encantó. Ese salió a mi nombre, porque no siempre se publicaban las notas con el crédito del verdadero autor —la mayoría de los nombres eran inventados. Era importante que pareciera que había mucha gente colaborando con esa emisora contrarrevolucionaria.

¿Cuándo empezaron los pagos?
Nunca recibí dinero directamente de ellos, pero sí sabía que entraba a la agencia. En todo el tiempo que trabajé con Normando y Mario Mayo solo me hablaron de que recibiría cinco dólares, que no acepté.

A Normando ya le habían avisado de la salida del país y estaba guardando el dinero para el viaje. Según él, le faltaban como 400 dólares, y yo le dije que dejara eso, que terminara de reunir su dinero.

¿Le iba a pagar a usted solo cinco dólares?
Sí, al mes.

¿Y cuánto cobraba él?
Jamás me dijo. Cuando asumí la dirección de la Fundación me fui apartando del mundo del periodismo, pero las discrepancias de Normando y Mario Mayo eran muy fuertes. La razón fundamental fue el dinero, porque cuando Mario supo la cantidad que recibía Normando y que a él solo le llegaba una migaja, se armó la gorda. A eso se unía la acusación de que Normando le tenía celos profesionales. Los dos se acusaban de no saber escribir.

¿En qué terminó esa discusión?
Mario creó otra agencia de prensa, la "Félix Varela".

Pero, ¿cuántas agencias de prensa tenía Camagüey?
Cualquiera creaba una agencia de prensa. Ellos estaban obsesionados con el aval para obtener la visa y con el dinero para vivir bien. Ese era el propósito fundamental de todos estos grupos,

porque el aceite que mueve el carro de la contrarrevolución es el dinero. Como les dije, vi muchas peleas y mucho odio detrás de unos pocos dólares.

Ramón Humberto Colás Castillo

Es psicólogo de profesión. Ocupó cargos de dirección en el sector de la salud como director del Hogar de Impedidos Físicos y Mentales de Las Tunas. Militó en la Unión de Jóvenes Comunistas y posteriormente en el Partido Comunista de Cuba.

En 1994 creó el grupúsculo Partido Revolucionario Martiano. También, integró el Colegio "Médico Independiente" y en 1996 se inició la filial del Partido Solidaridad Democrática en Las Tunas, la que comenzó a dirigir el 12 de junio de 1997.

Fundó en Cuba el proyecto de las "Bibliotecas Independientes", donde ocupó el cargo de director. Emigró hacia Estados Unidos en diciembre de 2001.

Al llegar a ese país es acogido por el Directorio Democrático Cubano (DDC) y, después, pasó a ser miembro de la FNCA, a la que pertenece en la actualidad.

Desde su llegada a Estados Unidos ha realizado gestiones con funcionarios del gobierno norteamericano para buscar fondos para las "Bibliotecas Independientes" en Cuba, acciones en las que ha tenido cierto éxito.

En abril de 2002 viajó a Ginebra, representando el DDC, y desarrolló junto a otros cabecillas contrarrevolucionarios una campaña contra Cuba en el marco de las sesiones de la Comisión de Derechos Humanos sobre supuestas violaciones en la isla.

En julio de ese año retornó a Ginebra junto a Omar López Montenegro, de la FNCA, para tratar de alcanzar algún reconocimiento a su proyecto en el sistema de la ONU a la labor de las ONG.

Unos meses después, en el 2002, sostuvo un encuentro en Washington DC con James Cason, actual jefe de la Sección de Intereses de Estados Unidos en nuestro país.

En la actualidad se desempeña como locutor del programa de radio de la FNCA.

¿Y usted qué hizo?
Me era más cómodo ir a casa de Mario que vivía a tres cuadras de la mía, que moverme hasta Vertientes para dar información. Entonces, comencé a colaborar con la agencia "Félix Varela".

¿También esta agencia recibía dinero?
Al principio no. Después sí y ya él no quería que uno le llevara la noticia elaborada, sino que le diera verbalmente la información para él escribir la noticia. De esta forma se ahorraba el pago. Puso como periodista a su esposa para que le mandaran más dinero y no repartirlo con los demás. Por supuesto, la bronca no se hizo esperar.

¿Cómo ocurrió?
Fue entre Mario y Lázaro Bosq, quien intentó matar al jefe de la Agencia. Se llegó a meter en la casa de Mario, y este lo acusó ante los tribunales. Lázaro fue sancionado. Empezó a correr la versión de que Mario era agente de la Seguridad. Hablé con él para que retirara la sanción, pero Mario estaba renuente.

¿Quiénes representaban a estas agencias en Miami?
Cartaya, en *Radio "Martí"*. También, teníamos vínculos con *Cubanet* y con Nueva Prensa Cubana.

¿Néstor Baguer te revisaba los trabajos que enviaba a Cubanet?
Sí, y nunca me los viró para atrás. Se los dictaba por teléfono. Él y Normando se llevaban bastante bien.

¿Hubo otras agencias periodísticas en la vida del agente Yanier?
Periodísticas no, pero sí me vinculé al proyecto de "bibliotecas independientes". Creé una en mi propia casa, que llamé "Biblioteca Independiente" padre 'Félix Varela'", y fui a la Sección de Intereses a inscribirla.

Vamos por partes: ¿quién le sugirió que organizara una biblioteca? ¿Cómo surge la idea de que la inscriba en la SINA?
Quien me habla de fundar una fue Gisela Delgado, la esposa de Héctor Palacios, a quienes conocí en La Habana, durante un viaje

que hice con Mario Mayo. Ella nos entregó literatura, declaraciones de los derechos humanos, empezó a endulzarnos y a decirnos que por esa vía iba a entrarnos dinero y medicamentos, fax, computadoras, radios... Me armó un panorama muy seductor.

En ese momento la dirección del proyecto de bibliotecas había sufrido una división, una parte estaba en Las Tunas y la otra, en La Habana. En Oriente, estaba Ramón Colás. En La Habana, Gisela. Los dos se presentaban como directores.

Gisela Delgado me propuso organizar la mía en Camagüey asociada con ella y registrarla ante la Sección de Intereses. Dudé porque estaba muy cargado de trabajo.

¿Qué otras responsabilidades tenía?

Era el periodista independiente de la agencia "Félix Varela", Presidente de la Fundación Cubana de Derechos Humanos de Camagüey y acababa de asociarme con Odilia Collazo para ser el delegado de su oficina de control de los derechos humanos y, además, Gisela me estaba proponiendo que representara la filial en Camagüey de las "bibliotecas independientes"... Era demasiado.

Sin embargo, Gisela llamó a Odilia para hablar con ella, pero no estaba en la casa y se comunicó con Martha Beatriz Roque, a quien le dictó mis datos por teléfono, aunque en la práctica nunca se llegó a "oficializar" mi inscripción. Por último, Gisela llamó a la Sección de Intereses, habló un rato con alguien, dictó todos mis datos, me dijo que ya había quedado inscrita la biblioteca y que ahora solo restaba que me presentara allí.

¿Cómo se las arregló?

Cuando regresé a Camagüey, Mario Mayo me dijo que eso era una locura, que cómo iba a atender también ese proyecto de biblioteca, y empezó a darme argumentos para desalentarme, lo cual fortaleció mi fachada ante los demás. Había recibido instrucciones de mi oficial de no meterme en ese rollo.

Cuando regresamos a La Habana —Mario estaba invitado a un almuerzo con la entonces jefa de la SINA, Vicky Huddleston—, le planteamos a Gisela la situación. No obstante, acompañé a

Mario a la Sección de Intereses. Allí nos entregaron libros, hojas blancas, sobres, resúmenes de las noticias del *Miami Herald*... Recuerdo que por esos días estaba reciente el golpe fascista contra Chávez, en Venezuela, y casi de lo único que hablaban las noticias del *Herald* era de eso.

¿Por qué le dieron esa documentación?
No acepté ser el representante de los "bibliotecarios" en Camagüey, pero sí hice mi biblioteca particular.

¿Qué libros le entregaron?
Semblanzas de Estados Unidos, su gobierno, su economía, discursos de Bush... ese tipo de libros que nadie se iba a molestar en leer, pero que teníamos que llevarnos de todas formas, si queríamos que nos dieran otras cosas.

¿Como qué?
Novelitas del Oeste, diccionarios, cuentos infantiles...

¿Le dieron instrucciones en la SINA sobre las "Bibliotecas Independientes"?
Me entregaron la lista de las bibliotecas del país, que era un fraude. El propio Mario Mayo se dio cuenta, porque aparecía Omar Darío. Me dijo que este "solo tiene cuatro libros y no los presta". Nos reíamos de la gente que aparecía ahí, de Camagüey. A todos los conocíamos.

Mario me contó cómo Omar Darío buscaba en la SINA libros para venderlos. Luego el propio Omar me hizo su versión de los hechos, en la que culpaba a Mario de cargar con un montón de diccionarios Inglés-Español, para sacarles dinero. Incluso, le había pedido después uno prestado y este le dijo que ya no le quedaban.

¿Cuántos diccionarios les daban?
Daban uno por biblioteca. Pero hubo momentos en que te dejaban pasar al almacén para que uno mismo escogiera los libros. A mí eso no me ocurrió. Sin embargo, había recibido instrucciones de Mario de lo que tenía que hacer.

¿Qué?

Me dijo: "Si te dejan pasar al almacén, busca una caja y mete primero todos los libros que te interesen. Luego le pones encima los otros, los que hablan de Estados Unidos y de los derechos humanos, que son los que a la SINA le interesa que se lean en Cuba." Llegó a advertirme que no me preocupara con los diccionarios, porque estaban hechos con un papel que no pesaba.

Mario entraba allí a menudo, porque tuvo muy buenas relaciones con Vicky Huddleston.

¿Les llevaron libros a su casa?

El carrito de la SINA—un VAN que maneja un cubano— me visitó en Camagüey en tres ocasiones y me dejó cargamentos de libros.

¿En qué oportunidad usted visitó a Odilia Collazo?

Fui a entregarle los informes de la violación de los derechos humanos. Logramos muy buena comunicación, y coordinamos una segunda visita más adelante para entregarle nuevos documentos. En este otro encuentro salí algo confundido...

¿Por qué?

Había un muchacho de Cienfuegos que delante de mí protestó porque estaba encendida la televisión y Odilia estaba mirando la Mesa Redonda.

Ella se viró, como una fiera, y le dijo: "Te voy a decir una cosa para que no se te olvide: en esta casa se oyen los discursos de Fidel y se ven las tribunas abiertas y las mesas redondas... Fidel no dice mentiras en sus discursos. Te voy a dar un consejo: trata de ver las mesas redondas para que te instruyas. Si los americanos no se pierden una —y me lo han dicho a mí misma—, cómo nosotros no vamos a estar informados..."

El muchacho se quedó chiquitico, y todos los que estábamos allí tuvimos que sentarnos a ver la Mesa Redonda con ella. Hasta que se acabó el programa. No recuerdo cuál era el tema, pero sí que nos dijo: "A mí me vienen con la verdad en la mano y con eso yo los llevo a cualquier parte. Con mentiras yo no camino."

Janisset Rivero Gutiérrez

Máxima dirigente de la organización contrarrevolucionaria Directorio Democrático Cubano (DDC).

Nació en Camagüey en 1969. Emigró hacia Venezuela en 1983. En ese país se graduó de técnico superior en Publicidad, en el Instituto Universitario de Nuevas Profesiones de Caracas.

En Venezuela se vinculó a expresos políticos y otros sectores de la contrarrevolución, en julio de 1990 trasladó su residencia a Miami.

Es uno de los miembros fundadores del denominado Directorio Revolucionario Democrático Cubano (DRDC), en septiembre de 1990. En 1993 fungía como secretaria de publicidad de esa organización. Elegida secretaria nacional del directorio en agosto de 1995, durante el III Congreso de la organización.

En estos momentos es la secretaria ejecutiva de la organización. También desempeña el papel de vocera del directorio, y en esas funciones realiza apariciones eventuales en la radio y la televisión de Miami.

Durante la celebración de la VI Cumbre Iberoamericana en Chile en 1996, viajó a ese país en representación del DDC y participó en acciones de propaganda contra la delegación cubana. En función de esas actividades estableció vínculos con el contrarrevolucionario cubano radicado en Chile, Rafael Berastegui.

Está casada con Orlando Gutiérrez, presidente del DDC.

Mantiene vínculos en Cuba con el contrarrevolucionario Roberto de Miranda Hernández, a quien envía dinero para promover sus actividades.

¿Le preocupó?

¡Imagínate!... Era lo último que yo podía esperar en la casa de una contrarrevolucionaria, una de las más conocidas disidentes cubanas en todo el mundo. Cuando llegué a Camagüey le dije a mi oficial: “O esta mujer es del G-2, o me está probando. Yo no voy más a esa casa. Es un riesgo muy grande.” Mi oficial, que tampoco sabía nada de que Odilia era la agente Tania, me dijo que tenía que pasar por esa prueba y regresar.

¿Participó en algún encuentro con el jefe de la SINA, James Cason?

Yo no, pero Normando sí, en noviembre de 2002, y luego me contaron qué pasó. Fue en la residencia de Cason y asistió a una reunión de trabajo de la Asamblea para Promover la Sociedad Civil en Cuba, que dirigía Martha Beatriz Roque. Normando le dijo al Jefe de la SINA que nosotros teníamos muchas dificultades para hacer llegar a la capital las denuncias sobre "violaciones" de los derechos humanos. Allí se decidió hacer una guía con los números telefónicos de todos los "periodistas independientes" de la Ciudad de La Habana.

En esos días también hubo una actividad importante en Camagüey para apoyar el Proyecto "Varela".

¿En qué consistió?

El 22 de noviembre el sacerdote diocesano Alberto Reyes Pías repartió el Proyecto "Varela" en un campamento de jóvenes religiosos, que tuvo lugar en el poblado de Algarrobo, en Camagüey. Trató de propiciar un debate, que no fue apoyado por algunos miembros de la Orden de las Teresianas. Aquello trascendió porque algunos jóvenes empezaron a repartir en Esmeralda, en plena calle, la propaganda del proyecto y a decirle a la gente que eso era bueno, porque venía de la Iglesia.

Para rematar, por esos días visitó Camagüey el mismísimo James Cason, con el funcionario de la SINA Francisco Daniel Sáenz. Estuvieron en la casa de Alberto Hernández Frómeta.

Recuerda la dirección...

Calle Dolores Betancourt No. 115-a, en el Reparto La Caridad, de la ciudad de Camagüey. Estuvieron los esposos Frómeta, Evelio Heredero, Eduardo Cedeño y otros. Se habló del proyecto, lo que para nosotros, "los disidentes", tantas señales significaban una clara indicación de qué era la prioridad de la SINA en ese momento.

¿Qué otras "señales"?

Oscar Espinosa Chepe, un contrarrevolucionario de La Habana

quien tenía relaciones con varios de nosotros en Camagüey, mandó a decirnos que había elaborado un documento, antesala del proyecto, donde proponían al pueblo 36 aspectos básicos para solucionar el problema cubano. Este también iba a ser enviado al gobierno cubano y se le daría una gran publicidad.

También se discutió bastante ese proyecto en la vigilia que promovió la representante del Partido Cubano Demócrata Cristiano, Dulce María Suárez Ramírez.

¿En qué consistió esa vigilia?

Duró una hora y media, en la casa de Dulce María. Empezó como a las 10:30 de la noche, y fue filmada. Duró exactamente el tiempo de grabación que permitía el casete de video. Todo se hizo en función del programa que querían enviarle a la SINA. Estaban tan preocupados por la filmación que tuvieron que cerrar la puerta de la calle porque molestaba el foco del alumbrado público. Por poco se ahogan dentro de la casa por el calor. Eso ocurrió a principios de febrero de este año.

¿Y qué era de la vida de Normando en estos días?

Tenía un trabajo muy intenso. Había tenido indicaciones de organizar la revista *Luz Cubana* y se asoció con Ramón de Armas Guerrero, que estaba al frente de otra agencia de prensa en Camagüey: El Mayor. Salieron para La Habana y contactaron con Raúl Rivero, Oscar Espinosa Chepe, René Gómez Manzano, Martha Beatriz, Hugo Araña, Omar Rodríguez Saludes, Tania Quintero, Ricardo González y Arnaldo Ramos Lauzerique.

Normando hablaba de que la revista iba a contar con 70 páginas y de que el asesor técnico sería Raúl Rivero. Tendrían corresponsales en varias provincias y estaría afiliada a la Sociedad Interamericana de Prensa (SIP), en los primeros meses de marzo. El *Nuevo Herald* tendría la primicia de la noticia del lanzamiento.

¿Dudaron alguna vez de su fachada?

Sí, pero eso era normal. Todo el mundo duda de todo el mundo. Se vive en permanente situación de paranoia, y uno va adquiriendo experiencia de cómo enfrentar ese tipo de situaciones. Además, el apoyo de tu oficial es importantísimo. Uno siente que no está solo, y que los conflictos pueden revertirse y favorecernos, si se actúa con inteligencia.

Hugo Araña

Procede de una familia perteneciente a la pequeña burguesía matancera, gran parte de la cual abandonó el país con el triunfo de la Revolución.

Participó en el sabotaje que se realizó en Mantua, Pinar del Río a partir de resentimientos con el sector artístico. Por este delito fue condenado a 10 años de prisión, de los cuales cumplió 7 al ser beneficiado por un indulto interpuesto a partir de su buena conducta.

En 1998, comenzó a vincularse con los grupos contrarrevolucionarios para realizar actividades como "corresponsal independiente".

¿Cómo veía su familia el vínculo con los "disidentes"?
Mi mamá, mi papá y mis hermanos son revolucionarios a morirse. Un día mi mamá me abofeteó en plena calle por una expresión que me escuchó. Tuve que bajar la cabeza y tragarme las lágrimas. Fue una verdadera agonía conciliar mi vida como agente y mi vida doméstica.

¿Por qué?
Tenía también graves problemas con mi esposa. Ella es militante del Partido Comunista de Cuba. No me permitieron decirle nada, porque ella trabaja en una dependencia del Ministerio de las Fuerzas Armadas, tenía mucho prestigio, era miembro del Sindicato Provincial de Trabajadores Civiles de las FAR. No se hubiera pasado así como así al otro bando de un día para otro. Habría llamado demasiado la atención. No le dijeron nada hasta el 30 de marzo, tres días antes del juicio. Fue un momento muy tenso que finalmente se tornó en alegría.

Ninoska Pérez Castellón

Periodista y locutora de origen cubano y residente en Miami. Fue la vocera oficial de la Fundación Nacional Cubano Americana, miembro del Directorio de la FNCA y directora de *La Voz de la Fundación*. Recibió en 1996 el premio "Periodista del año", otorgado por el Colegio Nacional de "Periodistas de Cuba", con sede en el sur de la Florida.

Es la hija de Francisco (*Paco*) Pérez, esbirro de la tristemente célebre policía motorizada de la dictadura batistiana.

Su renuncia en junio de 2001 a la FNCA puso al descubierto las contradicciones internas de esa agrupación. Aparentemente, el motivo de la renuncia fue el respaldo de Más Santos a la celebración en Miami de la entrega de premios Grammy, con la posibilidad de que a la ceremonia asistieran artistas cubanos residentes en la isla, a lo que Ninoska Pérez se había opuesto de manera radical.

Desde hace algún tiempo, las grietas y contradicciones en el seno de la Fundación se han hecho notables, principalmente desde la muerte en 1997 de su jefe, Jorge Más Canosa, y son varios los fundadores de esa agrupación que la han abandonado a partir de entonces.

¿Qué pasó con su matrimonio?
Estuvimos más de un año separados. Hablé con mi oficial, pero no era posible. Corríamos el riesgo de perder todo lo que habíamos logrado hasta ese momento. En mi casa, además, se realizaban buena parte de las reuniones. Tiene una posición estratégica. Está ubicada en un callejón, cuyo frente no da a la calle. Hay que entrar por un pasillo, pasar dos puertas y al fondo, está mi casa.

¿Y su mamá?
Fueron dos oficiales a buscarla. Ella no le dio tiempo a nadie para que hablara y cuando se montó en el carro, empezó a decir que ella lo sabía, que muchas veces me había dicho que me iban a coger preso, que me lo tenía bien merecido y que tal vez ahora

este susto me ayudaba a cambiar de idea... "¡Mira qué noticia le tengo que dar a su padre el día de su cumpleaños!", estaba muy consternada.

Los oficiales prefirieron no decirle nada en ese momento. Llegaron a la casa, donde supuestamente me tenían preso. Cuando salí a su encuentro, estaba muy nervioso y para que no se me notara, escondí las manos detrás de mí.

¿Y ella?

Se creyó que venía esposado. Puso una cara terrible, por lo que los oficiales se percataron de que me iba para arriba y se pusieron al lado mío. Uno le dijo: "Señora, su hijo no es un traidor a la patria, sino un combatiente de la Seguridad del Estado."

Todo el mundo lloró con lo que vino después.

Aleida Godínez Soler.

Alicia Zamora Labrada.

Otuardo Hernández Rodríguez.

Pase permanente de Aleida Godínez para entrar a la SINA, cualquier día u hora, con tres acompañantes.

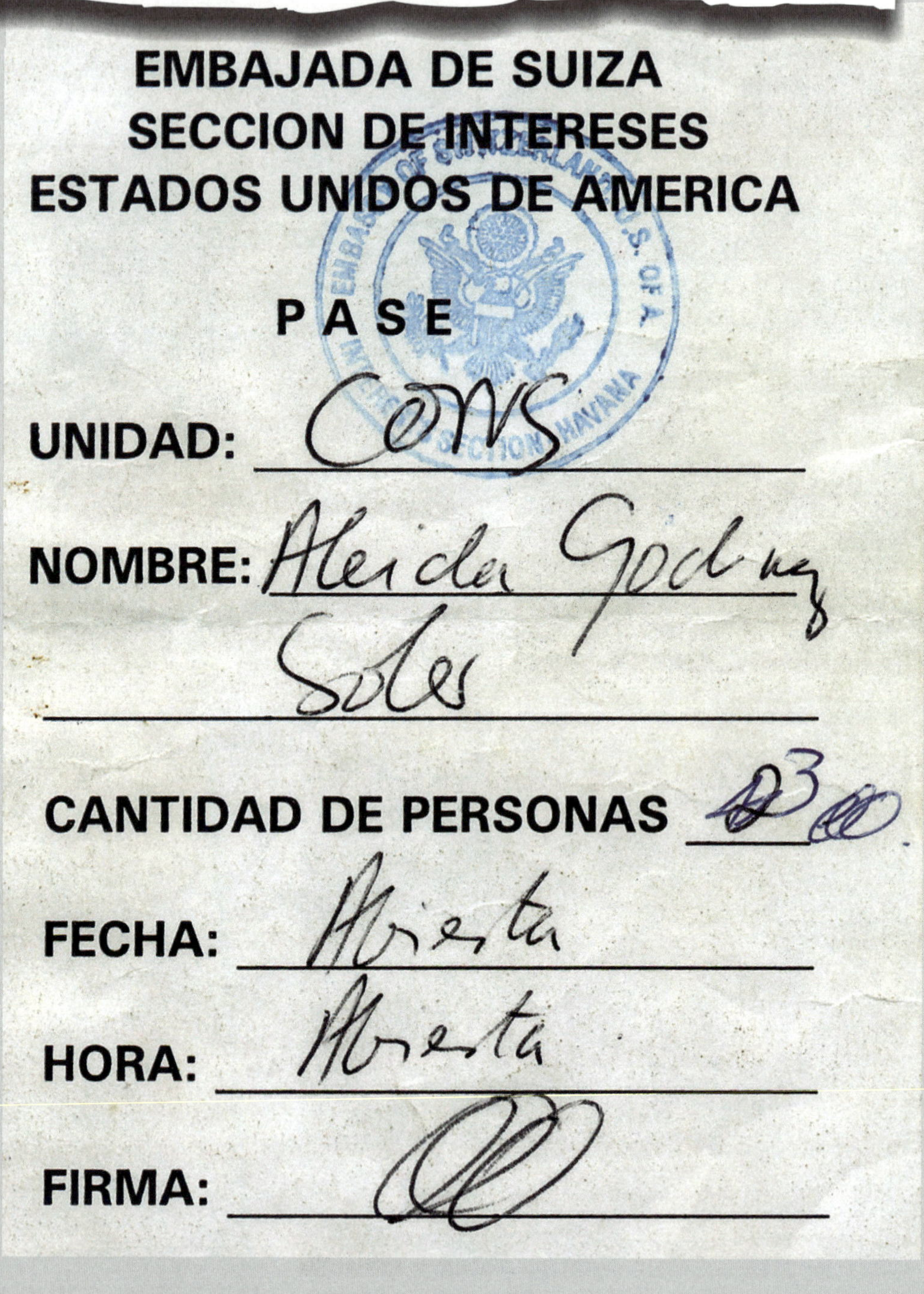

EMBAJADA DE SUIZA
SECCION DE INTERESES
ESTADOS UNIDOS DE AMERICA

PASE

UNIDAD: Cons

NOMBRE: Aleida Godínez Soler

CANTIDAD DE PERSONAS: 3

FECHA: Abierta

HORA: Abierta

FIRMA:

Aleida Godínez, Oswaldo Payá y Félix Bonne, en la residencia de James Cason, jefe de la SINA.

Bandeja de entrada Para aleida_godinez@yahoo.es Yahoo! - Mi Yahoo! Opciones - Salir - Ayuda

Correo Contactos Agenda Bloc de notas

Tendrías todo Yahoo! a mano, GRATIS: correo

Mi Yahoo! - Correo Yahoo! Compañion

Responder | Responder a todos | Reenviar | como archivo adjunto | Anterior |

Eliminar | - Elija carpeta - | Mover

Marcar este mensaje

Vista para

De:Joelbrito@aol.com | Bloquear dirección | Añadir a Libreta de direcciones
Fecha:Mon, 16 Sep 2002 20:47:04 EDT
Asunto:Re: Aclarame esto
Para:aleida_godinez@yahoo.es

YO VOY A UNA REUNION DE LA FUNDACION AMERICANA PARA LA DEMOCRACIA (NED),
DONDE VAN A ESTAR PRESENTES PERSONAS EU PUEDEN AYUDARNOS.
VOY A ENTREVISTARME CON FUNCIONARIOS DEL DEPARTAMENTO DE ESTADO, DE TRABAJO,
CON LA AFLCIO, CON ALGUNOS INTEGRANTES DEL SUB COMITE DE RELACIONES EXTERIORES DEL CONGRESO Y QUIZAS DEL SENADO.
EL DISCURSO TUYO DIRIGELO A LOS PARTICIPANTES EN LA REUNION DE ANALISIS SOBRE
EL TEMA CUBANO, CONVOCADO POR LA NED.

Haga clic en una para enviar un mensaje instantáneo a un amigo conectado = Conectado, = Sin conexión

Eliminar | - Elija carpeta - | Mover

Responder | Responder a todos | Reenviar | como archivo adjunto | Anterior |

Centro de privacidad - Condiciones del servicio - Directrices

E-mail del contrarrevolucionario radicado en Miami Joel Brito a Aleida Godínez. Le da instrucciones y comenta sobre sus estrechos vínculos con la Fundación Nacional Cubano Americana y con funcionarios del gobierno norteamericano.

MSN Hotmail - Mensaje

Página 1 de 1

"Archer, Susan K" <ArcherSK2@state.gov>

Para :	Aleida Godínez <agodinez24@hotmail.
CC :	"Giacobbe, Nicholas J" <GiacobbeNJ@
Asunto:	RE: Favor tuyo
Fecha :	Mon, 13 Jan 2003 12:00:15 -0500

Responder | Responder a todos | Reenviar | Eliminar | Colocar en carpeta... | Versión compatible con la impresora

Hola Aleida,

Como tu sabes, Nick Giacobbe es el hombre con los "suministros"; he enviado tu correo a el, para que el pueda ayudarte. Con respeto al Annuario Estadistico, todavia no hay los CDs - pero si tu quisieras una copie en papel, Nick puede hacer un copie para ti tambien. Si no quieres esperar el CD, habla con Nick. El AE es la unica fuente de datos sobre la educación que you tengo.

Saludos,

Susan

E-mail de la funcionaria norteamericana Susan K. Archer en el que le comenta a Aleida dónde puede encontrar al "hombre de los suministros": en la SINA. La computadora que le entregaría luego Nick Giacobbe a Aleida fue enviada desde Miami por Frank Hernández Trujillo, a través de la valija diplomática de la Sección de Intereses.

Víctor Rolando Arroyo, Vicky Huddleston y Aleida Godínez, agente Vilma.

El *staff* de las “bibliotecas independientes” en Miami. En el centro, de pie, Janisset Rivero.

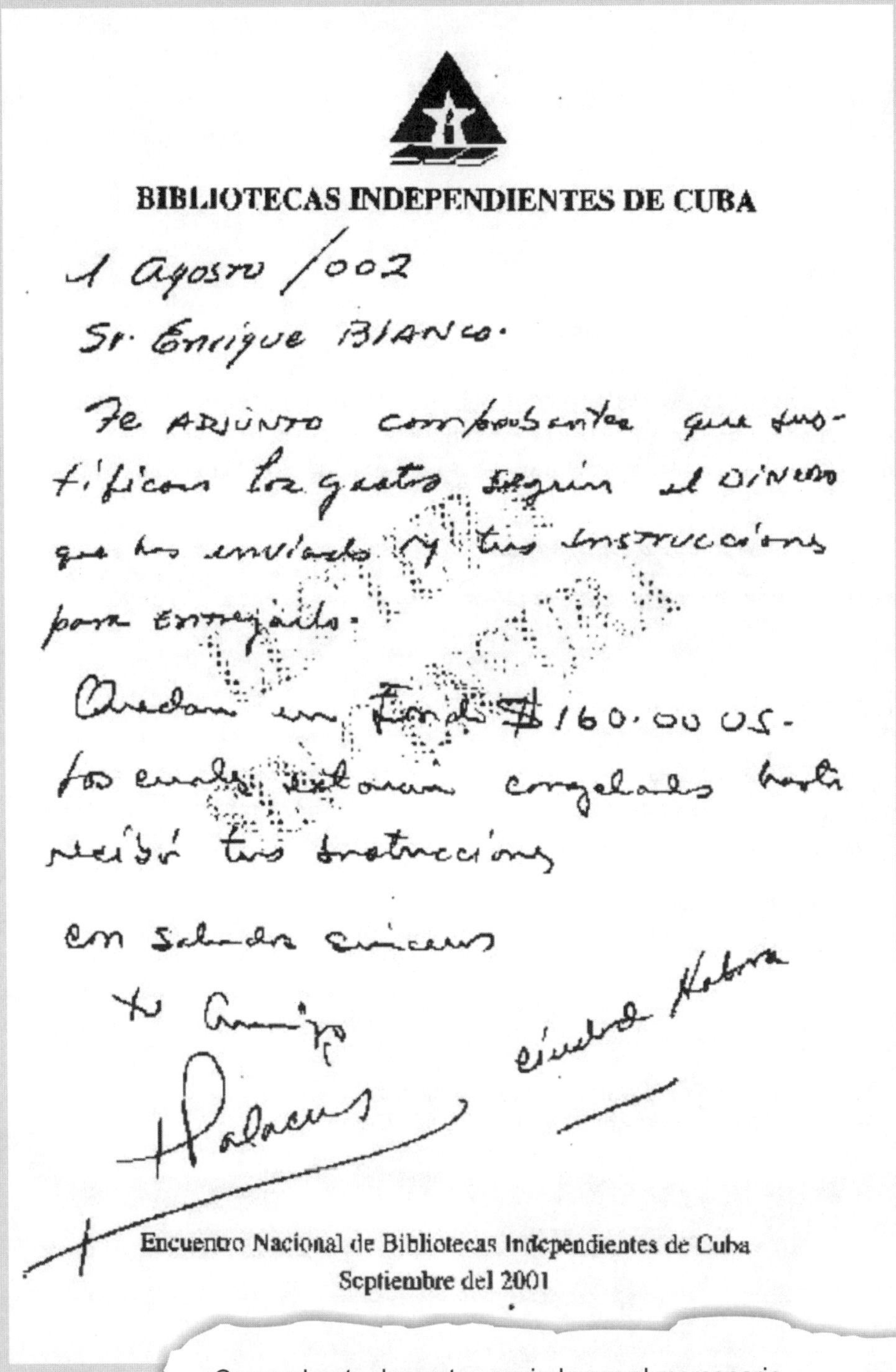

BIBLIOTECAS INDEPENDIENTES DE CUBA

1 Agosto /002

Sr. Enrique BLANCO.

Te ADJUNTO comprobantes que jus-
tifican los gastos según el DINERO
que nos enviaste y tus instrucciones
para entregarlo.

Quedan en fondo $160.00 US.
los cuales estarán congelados hasta
recibir tus instrucciones

con saludos sinceros

tu amigo

Palacios

Ciudad Habana

Encuentro Nacional de Bibliotecas Independientes de Cuba
Septiembre del 2001

Comprobante de gastos enviado por el mercenario Héctor Palacios a Enrique Blanco, contrarrevolucionario radicado en Miami.

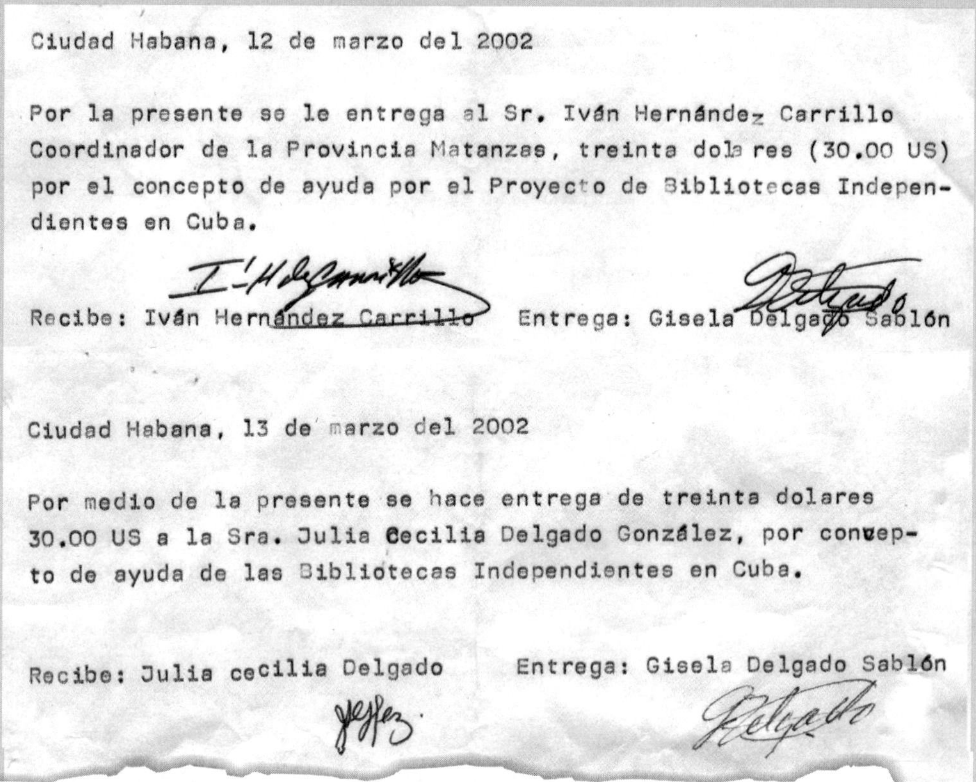

Ciudad Habana, 12 de marzo del 2002

Por la presente se le entrega al Sr. Iván Hernández Carrillo Coordinador de la Provincia Matanzas, treinta dolares (30.00 US) por el concepto de ayuda por el Proyecto de Bibliotecas Independientes en Cuba.

Recibe: Iván Hernández Carrillo   Entrega: Gisela Delgado Sablón

Ciudad Habana, 13 de marzo del 2002

Por medio de la presente se hace entrega de treinta dolares 30.00 US a la Sra. Julia Cecilia Delgado González, por concepto de ayuda de las Bibliotecas Independientes en Cuba.

Recibe: Julia cecilia Delgado   Entrega: Gisela Delgado Sablón

Constancia del dinero entregado en Cuba a los mercenarios Iván Hernández y Julia Cecilia Delgado.

Los "ayunantes":
1. Nelson Aguilar Ramírez
2. René Gómez Manzano
3. Martha Beatriz Roque
4. Félix Bonne
5. Elsa Morejón
6. Orlando Zapata Tamayo
7. Nelson Moliné Espino

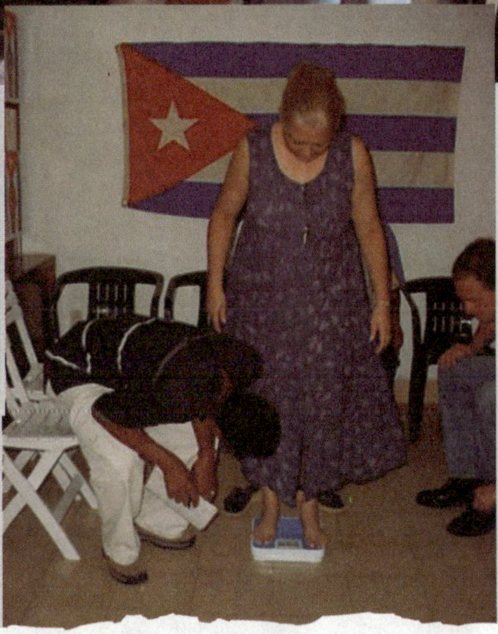

Martha Beatriz no baja de peso. Lo verifica Francisco Pijuán, el médico del "ayuno"

La "dieta" de los ayunantes: entre otras muchas cosas, "pavo en salsa de espárragos".

El "ayuno": un refrigerio de ¿pavo?

Louis Nigro, Gonzalo Gallegos y Martha Beatriz, en el “ayuno”.
Al fondo, un refrigerador donado por la SINA para la ocasión.

6.- Laura Álvarez Vargasç
Rafael Ferro No.486
Pinar del Río
CI 28031303853.. 100.00

7.- Tomás Pérez Morejón
Edificio No.81 ap. B9
Calle Los Pinos y Vial Colón
Reparto Hermanos Cruz
Pinar del Río.
CI 37091806349.. 100.00

8.- Diana Margarita Cantón Martínez
Calle Los Pinos Edificio 111 Ap. A4 segundo Piso
Reparto Hermanos Cruz. Pinar del Río
CI 53061004771.. 100.00

9.- René Oñate Sixto
Virtudes No.49 entre Recreo y Vélez Cabieles
Pinar del Río
CI 61042205188.. 100.00

10.- Juana Martínez Ramos

Martha Beatriz Roque Cabello recibió miles de dólares supuestamente para ayudar a los damnificados de los huracanes Lili e Isidore. Repartió a un pequeño grupo no más de 100 pesos cubanos.

11.- Jehanmys Medina Hernández
Emílio Núñez No.66 entre Cmdte.Pinares y
Celestino Pacheco. Rpto. Carlos Manuel
Pinar del Río.
CI 78032601319.. 100.00

12.- Miguel Álvarez Morales
Antonio Tarafa No.424
Pinar del Río
Giro Postal No.1324906145
Correo de 10 de Octubre y Princesa.. 100.00

13.- Josvany Castelló Blanco
Carretera La Coloma Km.6
Pinar del Río

Martha Beatriz,

Te oí tu respuesta a los alegatos de Payá Sardiña que Ninoska nos dejó oir en su programa hace un rato. Comprendemos que no era aconsejable contestarle a ese señor y como dijiste aquí en el exilio hay opiniones de algunos líderes con quienes tampoco estás de acuerdo pero eso no quiere decir que los tengas que atacar pero al mismo tiempo deben respetar tu opinión. Obviamente ese hombre no tiene nada de caballeroso y sí mucho de dictador porque claramente no acepta que dentro y fuera de Cuba habemos mucho que jamás aceptaremos su PV. Pero bueno, no tomes a mal la insistencia de Ninoska, sabes muy bien su opinión acerca de tí y la que tiene de ese hombre, y por el otro lado estaba haciendo su trabajo de periodista.

Perdona pero a mí cuando oigo la vocesita de ese hombre se me revuelve el estómago, no creo que sea sincero, es más lo he visto perder los estribos cuando le insisten que responda claramente a una pregunta y es que él es tremendo demagogo, responde pero en realidad no responde y eso demuestra que sus respuestas no son sinceras. Y te digo cuando se trata de la libertad de Cuba tenemos que estar muy claro en nuestras posiciones y no tenemos que aceptar ninguna posición que no sea la recta para un verdadero cambio a la libertad plena de todos nosotros.

Así que el jueguito de Payá Sardiña no engaña a nadie. Por el otro lado considero que la asamblea que ustedes han organizado debe ser muy útil para penetrar el pueblo y crearles conciencia de los derechos universalmente aceptados y eventualmente cuando ese pueblo abra los ojos exigirá sus derechos a como sea.

Bueno, cuídate mucho y recibe mi afecto.

Mari

Las opiniones de Martha Beatriz sobre Oswaldo Payá Sardiñas son comentadas por Mary Wetlago, del Grupo MAR por Cuba.

>From: "pedro corzo" <petercorzo@msn.com>
>To: "Martha Beatriz Roque Cabello" <mbroque17@hotmail.com>
>Subject: Re: Compressed
>Date: Sun, 9 Feb 2003 22:24:39 -0500
>
>Marta.
>Saludos, recibi lo que enviaste por el 24.
>Me alegra que te hayan llegado los calendarios de pared.
>Tratare de comunicarme con las oficinas de Diaz Balart y Ros lethinn. para
>las postales.
>Saludos Pedro.
>
>----- Original Message -----
>From: Martha Beatriz Roque Cabello
>Sent: Wednesday, February 05, 2003 2:19 am
>To: petercorzo@msn.com
>Subject: Re: Compressed
>
>Pedro:
>Si no resuelves habla con ileana Ross o Lincoln Díaz Balart para que te resuelvan. Hoy el esposo de Bertha Antúnez me trajo 4 almanaques de tu parte. Los usamos hoy mismo en la reunión de la Comisión de Historia. ¿recibiste lo que te envié del 24 de febrero?. Saludos mbrc.
>
>
> >From: "pedro corzo"
> >To: "Martha Beatriz Roque Cabello"
> >Subject: Re: Compressed
> >Date: Tue, 4 Feb 2003 22:11:08 -0500
> >
> >Marta.
> >Continua con las tarjetas. De no llamar la persona hablare con Ruano
> >para que busque otra via, si es posible. Tus calendarios grandes los tiene
> >Alpizar, la periodista de Placetas.
> >Un saludo Corzo.
> >

Las entrañables relaciones entre Martha Beatriz y los congresistas Ileana Ros-Lethinen (la loba feroz) y Lincoln Díaz-Balart.

FINCIMEX S.A.

Para recibir dinero
To receive money

WESTERN UNION | DINERO EN MINUTOS™

La manera más rápida de recibir dinero en todo el mundo.

Complete esta parte del formulario y presente una identificación válida (Complete this portion of form and present with valid I.D.)

Beneficiario (Receiver)

Nombre (First name(s))

Apellido (Last name) — Paterno (Paternal) — Materno o Casada (Maternal)

Dirección (Address)

Ciudad (City) — Departamento/País (Province/Country) — Código postal (Postal Code)

Teléfono (Telephone no.)

Remitente (Sender)

Nombre

Apellido (Last name) — Paterno (Paternal) — Materno o Casada (Maternal)

Dirección (Address)

Ciudad (City)

Teléfono (Telephone no.)

Monto anticipado (Amount expected) 300

Ciudad/Estado/Provincia/País de donde viene el dinero (City, state/province, country money sent from)

Número de control de transferencia (si disponible) (Money Transfer Control No. (if available))

Pregunta de identificación (Test Question)

NO ESCRIBA ABAJO (DO NOT WRITE BELOW)

Agencia (Agency) — Número de operador (Operator number)

Fecha (Date) — Hora (Time)

Identificación (Identification)

Tipo (Type) — Fecha de expiración (Expiration)

Número (Number)

Descripción física (Physical description) — Color de ojos (Eye color) — Sexo (Sex) — Altura (Height) — Color de pelo (Hair color)

Número de control de transferencia (Money Transfer Control Number)

2001/12/21 15:17	MARTA BEATRIZ ROQUE CABELLO	MARIA S\TORANO PRIETO	KEY BISCAYNE FL33149 15 12-21 0154P EST	300.00
2001/12/21 15:24	MARTA BEATRIZ ROQUE CABELLO	LUZ\GOUDIE GOUDIE	KEY BISCAYNE FL33149 15 12-21 0159P EST	300.00
2001/12/21 15:33	MARTA BEATRIZ ROQUE CABELLO	MARIA E\COSCULLUELA BARRUECO	KEY BISCAYNE FL33149 15 12-21 0214P EST	300.00
2001/12/21 17:08	MARTA BEATRIZ ROQUE CABELLO	ENRIQUETA\LARREA	MIAMI FL33173 15 12-21 0342P EST	300.00
2001/12/21 17:15	MARTA BEATRIZ ROQUE CABELLO	MERCEDES\HERNANDEZ	MIAMI FL33173 15 12-21 0348P EST	300.00
2001/12/22 12:32	MARTA BEATRIZ ROQUE CABELLO	GLADYS A\AGUILERA	KEY BISCAYNE FL33149 15 12-22 1109A EST	300.00
2001/12/22 15:01	MARTA BEATRIZ ROQUE CABELLO	ELIA\TARAFA	KEY BISCAYNE FL33149 15 12-22 0129P EST	300.00
2001/12/28 14:57	MARTA BEATRIZ ROQUE CABELLO	ELEADOR\GOUDIE MEDINA	KEY BISCAYNE FL33149 15 12-28 0251P EST	300.00
2002/03/11 22:56	MARTA BEATRIZ ROQUE CABELLO	ISELA\FITERRE	MIAMI FL33174 15 03-11 0654P EST	200.00
2002/03/29 15:40	MARTA BEATRIZ ROQUE CABELLO	MARIA\HORVATH	MIAMI FL33183 15 03-29 0311P EST	300.00
			CORAL	

Un pequeño listado de la "mesada" de Martha Beatriz y recibo que valida que ella efectuó el cobro.

CUBAN TRADE AND MANAGEMENT CORPORATION
CUTISA
GERENCIA COMERCIAL

Ciudad de La Habana, 15 de diciembre del 2001.
"AÑO DE LA REVOLUCION VICTORIOSA EN EL NUEVO MILENIO".

AL : Organo de Instrucción del Departamento de Seguridad del Estado.

Por medio de la presente, en respuesta a su solicitud, le certifico lo siguiente.

Que en nuestros puntos de venta la ciudadana **MARTHA BEATRIZ ROQUE**, con dirección particular Luis Estévez nro. 352, apto. 3, entre Cortina y Figueroa, Santos Suárez, Diez de Octubre, Ciudad de La Habana, con número telefónico 406821 y FAX 327636, ha realizado las siguientes compras, todas en moneda libremente convertible (USD):

1. Factura nro. 23:

- Fax Panasonic FP81 S/CONT	$ 167.00 usd
- Toner para fax KX-FA55	$ 30.50 usd
(aranceles)	$ 30.00 usd
Total	**$ 227.00 usd**

2. Factura nro. 25:

- 2 equipos Fax Panasonic FP81 S/CONT	$ 334.00 usd
- 2 Toner para fax KX-FA55	$ 61.00 usd
- Teléfono PANASONIC C/CONT	$ 45.00 usd
- 5 Casetes (microcintas) KX-T2390	$ 7.50 usd
(aranceles)	$ 67.00 usd
Total	**$ 514.50 usd**

3. Factura nro. 52:

- Computadora Personal GATE DISCOVERY PIII 850	$ 1010.00 usd
- Monitor SAMSUNG 550V	$ 210.00 usd
- Modem V90 56K	$ 25.00 usd.
Total	**$ 1245.00 usd**

Total de efectivo pagado por la cliente	**$ 1986.50 usd**

Se anexan fotocopias de las facturas antes descritas.

Saludos cordiales,

Félix Valladares
Vicepresidente Comercial
CUTISA

VICEPRESIDENCIA CUTISA COMERCIAL

Algunas de las compras de Martha Beatriz con el dinero "independiente".

En la residencia oficial del Jefe de la SINA, un almuerzo de trabajo.
En la mesa, junto a Vicky Huddleston, Martha Beatriz, Julio de la Nuez Pitaluga, Gustavo Arcos Bergnes, Vladimiro Roca...

La sede de la Sección de Intereses de Estados Unidos en La Habana: puesto de mando de la "disidencia" y el "periodismo independiente".

Vicky y Martha, a la sombra de su bandera.

SRE
SECRETARIA DE RELACIONES EXTERIORES

Oficina de la Embajadora Especial para los
Derechos Humanos y la Democracia

EEDHD/0045/01

Tlatelolco, D.F., a 21 de febrero de 2001

Marta Beatriz Roque,
Grupo de los Cuatro.

Con relación al 57º período de sesiones de la Comisión de Derechos Humanos de las Naciones Unidas y a fin de normar la posición del Gobierno de México en ese importante foro internacional respecto al tema de Cuba, mucho agradeceré a usted, de no mediar inconveniente, dar respuesta al cuestionario que se adjunta sobre la situación de los derechos humanos en ese país y hacerlo llegar a la Cancillería mexicana a través de la Embajada de México en Cuba.

Aprovecho la oportunidad para reiterar a usted las seguridades de mi más atenta y distinguida consideración.

ATENTAMENTE,
La Embajadora Especial

Mariclaire Acosta

CAF/*

La prueba de la intervención del gobierno mexicano en los asuntos internos de Cuba: Mariclaire Acosta, embajadora especial para los Derechos Humanos de la Secretaría de Relaciones Exteriores de México, le pide un informe a Martha Beatriz. Esta le responde con un pliego de 12 cuartillas.

CUESTIONARIO RESPECTO A LA SITUACION DE LOS DERECHOS HUMANOS EN CUBA

1. De acuerdo con los instrumentos internacionales de derechos humanos de los que Cuba es parte, ¿considera usted que se respetan los derechos humanos protegidos por dichos instrumentos? ¿Cuál es el grado de instrumentación de dichos instrumentos internacionales, cuáles derechos son respetados y en qué medida?

2. ¿Cuáles son los órganos encargados de la protección de los derechos humanos en Cuba? ¿Qué tan eficaces son éstos órganos en la tutela de los derechos humanos de los cubanos? ¿Cuál es su alcance y cuáles sus perspectivas en el corto y mediano plazos?

3. ¿Cómo se garantizan los derechos humanos en Cuba?

4. ¿Cuáles son los mecanismos jurídicos, administrativos y judiciales establecidos por el Estado para garantizar la protección de los derechos humanos?

5. ¿En que medida ha incorporado Cuba en su legislación nacional los estándares internacionales de protección a los derechos humanos?

6. ¿Considera usted que en el corto plazo el Estado cubano estaría en posibilidad de ser parte de algún otro instrumento internacional en materia de derechos humanos?

El cuestionario de Mariclaire.

Ciudad de La Habana, 28 de febrero de 2001

Excma. Sra. Mariclaire Acosta
Embajadora Especial para los
Derechos Humanos y la Democracia
Secretaría de Relaciones Exteriores
Estados Unidos Mexicanos.

Excelentísima señora:

Adjunto encontrará respuesta al cuestionario enviado por usted sobre la situación de los derechos humanos en Cuba.
Debo aclararle que en el marco del conocimiento general de la grave situación en nuestro país por el incumplimiento de lo establecido en la Declaración Universal de Derechos Humanos, ha sido muy difícil restringirme sólo a estas preguntas.
No obstante, estamos en la mejor disposición de mantener cualquier contacto que le permita tener un mejor conocimiento del tema Cuba.
Agradezco su deferencia y le transmito mi más alta consideración por su trabajo.

Atentamente,

Martha Beatriz Roque Cabello

El Jefe verifica que sus órdenes son cumplidas (declaración de Martha Beatriz ante la prensa extranjera y la SINA).

Martha Beatriz y Louis Nigro, segundo jefe de la SINA en Cuba.

TODAVÍA ESTOY EN LA PIEL DEL PERSONAJE

MANUEL DAVID ORRIO DEL ROSARIO 67

Padeció poliomielitis en su niñez y arrastra una pierna. Pero su dolencia no le impidió andar La Habana entera en una bicicleta, con su bastón envainado, visitando gente y armando mentalmente el tema que escribiría esa semana para Cubanet, *la agencia organizada en Miami para promover el "periodismo independiente". "Fui su periodista estrella", dice con malicia, dando a entender que conoce perfectamente todos los trucos que mueven esta empresa.*

Es un hombre apasionado y riguroso, pendiente de que las fechas y los datos estén correctos, alguien que lidia entre una maraña de apuntes que conducen a un mismo lugar: la dependencia de los "independientes" al dinero y a lo que sopla en sus oídos la Sección de Intereses. No hay que ser muy despierto para descubrirlo; él da fe del negocio de la noticia, de la rentabilidad de la crítica despiadada contra la Revolución, del juego sucio con las necesidades cotidianas del cubano, particularmente en los años más duros del llamado Período Especial.

Manuel David Orrio del Rosario, contador de 49 años, tuvo que imponer su iniciativa en ese complejo ambiente, para que no lo desplazaran los ambiciosos; ejecutar acciones que no siempre pudo conciliar con sus oficiales; estudiar, como nunca lo había hecho antes en su vida, con el objetivo de entender las corrientes internas que mueven a la llamada "oposición" cubana y, sobre todo, a sus "periodistas".

AGENTE MIGUEL

¿Cómo se pone usted en contacto con los elementos contrarrevolucionarios?
A finales del año 1991 una amiga me pide que la acompañe a casa de Elizardo Sánchez Santacruz, con quien mantenía relaciones. El tiempo probó que la amistad de ella fue el punto de apoyo para la visa hacia Estados Unidos, la que finalmente logró. Ahí conozco a este señor.

¿Algo más que saludos?
En ese momento, no; pero asistí el 31 de enero de 1992 a una fiesta en casa de unos amigos y sucedió algo interesante.

¿Qué?
Después de haberme tomado algunos tragos me puse a hablar con Enrique Patterson, un exprofesor de Historia de la Filosofía en la Universidad de La Habana. En el transcurso de la conversación me mostró un documento en el que estaba plasmado un programa social demócrata que habían dado a conocer días antes algunos elementos, entre los cuales se encontraba Elizardo.

¿Y por qué esa confianza en usted?
La amiga de él me acompañaba otra vez, y garantizó que yo era de fiar.

¿Leyó el documento?
Lo leí.

¿Qué le pareció?
Interesante.

¿Se volvieron a ver?
Sí. Además, me presentó a otras personas.

¿A quiénes?
Rolando Prats, presidente de la Corriente Socialista Democrática Cubana; Carlos Jesús Menéndez, y otros. Tiempo después Prats se fue definitivamente para Estados Unidos.

A partir de esos encuentros comenzó un proceso de captación por parte de estos elementos. Ellos estaban buscando incorporar a un grupo de personas con determinado nivel intelectual. Esto empezó a preocuparme. Se lo conté a un primo mío —oficial del Ministerio del Interior— y le pregunté qué debía hacer.

¿Qué le contestó?
Que preparara un informe para la Seguridad. Él se encargaría de tramitarlo.

¿Le dieron respuesta?
En febrero de 1992, mi primo me informó que me visitaría un oficial especializado en el tema. Así se produce la primera entrevista.

¿Qué le plantearon?
Solo me preguntaron si estaba en disposición de colaborar con ellos.

¿Qué le respondió?
Le contesté que en principio sí, pero que más tarde le daría la respuesta definitiva.

¿Por qué en principio?
En esos momentos estaba pasando por una situación personal muy difícil, y hasta había dejado de trabajar en mi profesión.

¿Cuál es su profesión?
Soy contador.

¿Por qué dejó el trabajo?
Por problemas laborales.

¿De qué vivía?
Trabajaba de sereno en un agromercado del Cerro. ¡Imagínate! De contador a sereno. Sin olvidar los otros problemas.

¿Cuáles eran esos otros problemas?

Mi padre había muerto y me encontraba, además, en un complicado y dilatado proceso judicial por la custodia de mi hijo. Mi vida era un tormento.

Finalmente, ¿qué decisión tomó?
En el mes de septiembre llamé al oficial y le comuniqué mi disposición de colaborar.

¿Qué lo llevó a tomar esa determinación?
Llegué a la conclusión de que si no me enrolaba en una buena causa, me iba a perder como ser humano en todo aquel berenjenal personal que tenía en mi vida.

¿Cuáles fueron las primeras tareas que le encomendaron?
Afiliarme a la Corriente Socialista Democrática Cubana. Con ese fin visité el 25 de octubre a Elizardo y este me comunicó días después que había sido admitido oficialmente en la organización. Jamás se me olvidará la fecha: 3 de noviembre de 1992.

En esa época, los jueves por la tarde se celebraban importantes reuniones en la casa de Vladimiro Roca. El 10 de diciembre ya estaba involucrado en las primeras operaciones.

¿En qué consistieron estas primeras operaciones?
La organización realizó diversas actividades propagandísticas, tras la deserción de las filas de la Revolución de Álvaro Prendes. Eso trae como respuesta una serie de actos de repudio frente a la casa de Vladimiro, lo que provoca que se cree una situación de desarticulación de la Corriente Socialista Democrática Cubana. Esa fue la oportunidad que aproveché para ganar espacio dentro de la organización.

Comencé a visitar a un conjunto de gente. Me empecé a ganar la confianza de muchos de estos elementos cuando vieron que, ante una situación difícil, no me acobardé.

Esto propició que el ejecutivo de Corriente Socialista se reúna en mi casa el 29 de marzo de 1993, bajo el amparo de la Seguridad del Estado, que montó un dispositivo de filmación.

Por esos días Prats viajó al exterior. Esto trajo dentro de la organización contrarrevolucionaria una serie de conflictos. Como es lógico Prats utilizó el viaje para sus intereses personales.

Explique mejor eso...

No se olviden que dentro de la Corriente Socialista Democrática Cubana existía una marcada lucha entre Vladimiro, Elizardo y Prats. Cada uno representaba una tendencia. Prats comenzó a hacer planteamientos en el exterior contra el bloqueo y a recibir una gran publicidad. Empezó a ganar influencia.

Incluso hace unas declaraciones en las que dice que prefiere hacer tratos con un partido comunista reformado, que con el exilio de la ultraderecha miamense.

Elizardo, que es un camaleón, no se pudo contener y preparó también un viaje al exterior. En La Habana se quedó Vladimiro "serruchándole el piso" a Elizardo y a Prats.

Fue un período muy convulso. Lleno de intrigas. Con el tiempo me percataría de que, en ese mundo, solo predominan la intriga, la deshonestidad y la traición.

¿Qué pasó al regreso de Elizardo?

Cuando Elizardo regresó de Estados Unidos, le preparó a Prats un expediente como peligroso social. Lo destituyó de la presidencia de la Organización. Se autodesignó presidente e implantó un control absoluto.

En todo este asunto me enfrenté a Elizardo, lo cual me marcó y fui marginado por él.

Fue un período difícil. En esta etapa, resolví finalmente el problema de la custodia de mi hijo, conflicto en que más de uno trató de arrastrarme hacia una manipulación política. Me encargué de buscarle solución por las vías legales, como un ciudadano común de la república, sin meter la política por medio, como me aconsejaba la contrarrevolución.

Pero estaba perdiendo capacidad de penetración dentro del grupo, por la situación con Elizardo. En esos momentos, descubrí otra posibilidad que ni yo mismo tenía idea del giro que daría a mi vida.

Carlos Alberto Montaner

Cubano, residente en Madrid, que se presenta como presidente de la Unión Liberal Cubana. Salió de Cuba el 24 de mayo de 1961 y en 1963 integró un grupo seleccionado por la CIA, que fue entrenado en Fort Benning, Estados Unidos.

En 1970 se radicó en España, donde fundó, con apoyo financiero de la Central de Inteligencia norteamericana, la editorial Playor y la agencia de noticias Firmas Press, a través de las cuales se ha dedicado a publicar libros anticubanos y brindar información tendenciosa contra Cuba a medios de prensa latinoamericanos, europeos y estadounidenses. Además, colabora en campañas de propaganda contra nuestro país en diversos medios internacionales.

En agosto de 1990 fundó, en Madrid, la Plataforma Democrática Cubana, coalición que integra la Unión Liberal Cubana y organizaciones contrarrevolucionarias como la Coordinadora Socialdemócrata y el Partido Demócrata Cristiano Cubano. Esta organización fue creada por la CIA para influir en sectores políticos europeos y latinoamericanos y promover presiones contra la isla.

Respalda la política de recrudecer el bloqueo contra Cuba, se opone a las inversiones extranjeras y promueve el aislamiento internacional de nuestro país.

En diciembre de 1991, organizó el seminario Presente y futuro de la economía cubana, para desalentar a empresarios extranjeros a negociar con nuestro país, y utilizó para ello veladas amenazas.

Apoya las actividades de los grupúsculos contrarrevolucionarios mediante el envío de materiales y medios técnicos de comunicación, así como financiamiento. Ha llegado a proponer que todo esto sea enviado al territorio nacional a través de la valija diplomática de la embajada de España en La Habana.

¿Cuál?
Escribir. Siempre me gustó escribir, pero no me había dedicado a eso. Tenía necesidad de expresar mis criterios. Como seguía trabajando de sereno, contaba con 12 horas cada noche para hacer lo que quisiera desde el punto de vista intelectual.

¿De qué temas escribía?
Economía e investigaciones históricas.

¿Cuándo comenzó sus actividades periodísticas?
Por orientaciones de la Seguridad, en el verano de 1995 ingresé en la Asociación de "Periodistas Independientes" de Cuba (APIC), con la responsabilidad de tratar de levantarla pues en esos momentos se encontraba en el piso. Empiezo a escribir sobre economía y tengo algunos éxitos iniciales.

¿Quiénes son sus primeros contactos?
Mis primeros trabajos se los llevé a Néstor Baguer.

Ya dentro de ese mundo, ¿qué se encontró?
Un mundo loco. Lleno de chismes e intrigas. Los que menos trabajaban eran quienes más cobraban. Las oficinas de la APIC se encontraban en casa de Yndamiro Restano —padre—, más conocido como Julio Suárez, quien en unión de Pablo Reyes, fundaron esta agencia en 1988. Incluso Robert Ménard, representante de Reporteros sin Fronteras, viajó a La Habana para reclamarle a Suárez un dinero que este debía repartir y se había quedado con él.

¿Tuvo usted algún contacto con Ménard?
Con él no, sino con un emisario suyo, el canadiense Gregory Barker con quien realicé un recorrido por la Ciudad de La Habana, para armar un reportaje. Este hombre me hizo una entrevista larguísima, en la que insistió en la situación de los llamados presos de conciencia. Me comentó que también había visitado a Raúl Rivero y a Jorge Olivera Castillo.

¿Qué ocurrió luego con Suárez?
En un momento determinado se produjo una conspiración con el

propósito de sacar a Baguer del Buró. Suárez continuamente lo acosaba y terminó convocando una reunión para liquidar a su rival.

Baguer se enteró y se apareció a la reunión con un ejemplar del *Diario de las Américas*, en el que se hacía un amplio relato de las actividades de Suárez como fiscal de los tribunales en la provincia de Matanzas, en los primeros meses del triunfo revolucionario. Según el diario, él había pedido la pena de muerte para varias personas. En ese mismo periódico también publicaron los antecedentes de Elizardo, quien había sido profesor de marxismo, diplomático cubano y sobre todo, un furioso extremista.

¿Llegaron a expulsar a Baguer?
¡Qué va! Cuando Baguer mostró el periódico ahí mismo se acabó la reunión.

Tenemos entendido que crearon un pool *de agencias.*
Ese *pool* se creó el 8 de septiembre de 1995, Día de la Caridad del Cobre. Se le puso como nombre Buró de Prensa Independiente de Cuba. Entre sus miembros estaba la APIC. Había muy contados periodistas que venían de medios de prensa, como Raúl Rivero, y un puñado de pseudoperiodistas. Por cierto, esa noche a Rivero le llegaron 100 dólares. Cogió una tremenda borrachera y fundó su propia agencia: Cuba Press.

¿Dónde publicó usted su primer trabajo en el exterior?
En el *Nuevo Herald.*

¿De qué trataba?
Una investigación histórica sobre Eduardo Chibás.

¿Cuándo comenzó su estabilidad financiera?
En enero de 1997 es que me empieza a pagar *Cubanet*. En ese mismo año, también me envía dinero Frank Calzón, a través de Carlos Gerb, un ciudadano norteamericano.

¿Cuánto?
Frank me envió 100 dólares. Empezó a aparecer mi nombre en *Cubanet* y ya en el mes de mayo me pagaban 100 dólares mensuales. También me enviaron una computadora y una cámara

digital. Tenía un pago diferente en relación con lo que le daban a los demás. Te hablo de *Cubanet*, que me consideraba su periodista estrella.

¿Cómo trasmitía la información?
Se la dictaba por teléfono a Rosa Berre, quien ejercía como directora de *Cubanet*. Contactábamos dos veces a la semana, y los miércoles trasmitía 3 ó 4 despachos de noticias que no precisamente tenían que ver con problemas de la oposición, sino también de la sociedad cubana. Les enviaba artículos, crónicas...

Hermanos Al Rescate (HAR)

Fundada el 15 de mayo de 1991, bajo el pretexto de ayudar a los balseros. Sus dirigentes activos son José Basulto León, William Schuss y Arnaldo Iglesias, todos exmiembros de *teams* de infiltración de la CIA y de la Brigada 2506.

Esta organización está compuesta por pilotos, en su mayoría de origen cubano, aunque en ella se encuentran aviadores de Argentina, Perú, Venezuela, México y Estados Unidos.

Su centro de operaciones radica en Opalocka, donde cuentan con un hangar alquilado por 5 000 dólares que pagan gracias a las donaciones de varias instituciones, entre ellas la FNCA.

Amparados en sus acciones de salvamento a balseros, realizaron un estudio de nuestras costas, el movimiento de los barcos y rastrearon las comunicaciones cubanas, a fin de dar apoyo a grupos paramilitares y terroristas cubanos y elaborar planes para sabotear torres de alta tensión dentro del país.

Han violado los límites territoriales y han realizado vuelos rasantes sobre nuestro territorio, regando propaganda en el sector noreste de la capital cubana. El objetivo ha sido realizar acciones de provocación que conlleven a un enfrentamiento directo Cuba-EE.UU., y de este modo lograr interrumpir cualquier avance en las relaciones entre ambos países. Reiteradas acciones de este tipo generaron el derribo de dos avionetas de HAR, el 24 de febrero de 1996, después de múltiples advertencias del gobierno cubano.

¿De dónde provienen los fondos de Cubanet*?*
De la National Endowment for Democracy (Agencia Internacional para el Desarrollo).

Además de Cubanet, *¿a quién más le enviaba sus trabajos?*
A *Radio "Martí"*.

¿Cómo se conectó con esta emisora?
A través de Carlos Quintela, el esposo de Rosa Berre. Les escribía de economía, agricultura, zafra.

¿Llegó a tener posiciones importantes dentro de la disidencia?
Sí. Fui presidente de la "Cooperativa Independiente" de Cuba y de la Federación de Periodistas de Cuba. Soy una persona que empecé desde abajo y me impuse con la calidad del trabajo, con una obra sistemática y una serie de hitos que llamaron la atención.

Por ejemplo...
En este medio es tabú criticar a la oposición. Rompí esa norma y me busqué problemas.

¿Cuáles problemas?
Me amenazaron con darme una paliza.

¿Quiénes?
Diversos elementos ligados a la disidencia. Hubo listas de gente que firmaron para que no ejerciera como "periodista independiente". Fue algo simpático. Por un lado era atacado por el gobierno y, por el otro, por la "disidencia", que de ningún modo aceptaba que tuviera una posición independiente, de crítica a lo que estaba pasando.

¿Dónde quedaba la libertad de expresión?
Los grupos no la conciben, aunque hablan continuamente de ella. Rompí esa valla. Realicé un reportaje de investigación sobre el llamado Concilio Cubano, donde desenmascaro todas las falsedades de ese grupo y publico un trabajo con el siguiente título: "¿Agoniza Concilio Cubano?", aquello fue el acabose. Igualmente denuncié la corrupción de gente como Héctor Palacios.

¿Qué fue Concilio Cubano?
La concertación de varios de los grupúsculos —140 organizaciones "opositoras" decían—, por indicación de la Fundación Nacional Cubano Americana. Y estuvo conectado, desde sus comienzos, con Hermanos al Rescate y su jefe José Basulto; con el Centro para una Cuba Libre, Freedom House, el Instituto para la Democracia en Cuba y otros. También, con Carlos Alberto Montaner y Hubert Matos. En realidad fue un concilio de adentro y de afuera, bajo la batuta de la Sección de Intereses, que llegó a organizar un evento paralelo a la Cumbre Iberoamericana de La Habana, en 1999.

Otra organización que dio un gran apoyo a Concilio Cubano fue Reporteros sin Fronteras. Y, claro, fundamentalmente el gobierno norteamericano. Sin embargo, aquello era una olla de grillos.

Las relaciones entre ustedes, los "periodistas independientes", ¿cómo eran?
Con sus altas y bajas. No era fácil mantener buenas relaciones, porque estaban detrás del dólar. Había gente que nada más ganaba 20 dólares mensuales y había un mal de fondo entre los llamados "periodistas independientes". La mayoría no cumplía los requisitos mínimos para ejercer la profesión. Ese era el caso de Gilberto Figueredo, que tenía aproximadamente una falta de ortografía por línea. Esto me llevó a organizar una reunión en el Barrio Chino, en la que participan periodistas fundadores y que estuve preparando durante un mes.

¿En qué lugar del Barrio Chino?
En la casa de Estrella García, ubicada en el mismísimo cuchillo de Zanja, en los altos de una "paladar" (pequeño restaurante privado).

¿Cuál era el objetivo fundamental?
Existía un gran disgusto con Raúl Rivero. Este no había sabido aplicar aquello de que "tiburón se baña pero salpica". Se volvió más *gandío* de lo permisible. Todo lo quería para él. Tampoco había sabido canalizar las inquietudes, los problemas que se le

presentaban "al gremio". Se sentía por encima de los demás e, incluso, estaba convencido de que no había quien le pusiera una mano encima. No tuvo valor de asistir a esa reunión.

Aprovechamos el encuentro para elaborar un documento que fue firmado por la mayoría de los asistentes, en el que le dábamos a conocer las enormes dificultades que teníamos que enfrentar con las instituciones que, en el exterior, manejaban nuestros recursos. Cuando la información llegó a Miami se formó el escándalo. Empezaron a llegar las presiones y la gente a dar marcha atrás. Me acusaron en la Oficina de Intereses, donde fui citado e interrogado por un funcionario.

¿Cómo fue eso?
Me presenté así, tranquilamente, y le dije al funcionario que me atendió: "Mire, aquí tiene el original y la copia de los que firmaron el documento y la copia de la grabación de la discusión." Antes de marcharme tuve que responder un cuestionario, al parecer de comprobación. Ahí quedó el asunto. Este problema generó pugnas entre los grupos, fue un momento de crisis. Desde ese instante los funcionarios de la SINA estrecharon sus contactos conmigo. Recibí instrucciones de mis oficiales de evitar conflictos. El objetivo era ganar espacio.

¿Se reunió con alguna personalidad de la política norteamericana?
Uno de los más importantes en términos de injerencismo fue Charles Shapiro, entonces jefe del Buró Cuba en el Departamento de Estado. Durante su visita impartió las instrucciones de hacer una Cumbre Paralela a la Cumbre Iberoamericana que se celebraría en La Habana. También sostuve encuentros con congresistas, economistas y otras personalidades.

¿En qué fecha se produjo su primer contacto con la SINA?
En mayo de 1997.

¿Con quién?
Judith Bryan, segunda secretaria. Ya en esos momentos tenía un nombre, era conocido en la prensa independiente. En la conver-

sación me hizo un *test* para tratar de conocerme bien. Llegó a preguntarme si quería irme del país. A lo que le respondí que no, pues quería ver crecer a mi hijo y económicamente me iba bien.

José Basulto León

Enviado por su padre a estudiar en Estados Unidos, fue reclutado por la CIA entre los años 1959-1960.

En mayo de 1960 recibió entrenamiento de la CIA en radio, criptografía y otras materias especiales en la isla Useppa y en las bases de Fort Peary, en Virginia y Camps Trax en Guatemala. Esta preparación la concluyó en febrero de 1961, en Panamá. Integró como radista un *team* de infiltración.

Como agente CIA viajó por vía legal a Cuba con falsa identidad, utilizando el nombre de Ernestino Martínez. Operó en Santiago de Cuba en el fomento y organización de grupos contrarrevolucionarios encargados de apoyar la invasión a Playa Girón. Al fracasar la agresión, salió ilegalmente por la Base Naval de Estados Unidos en Guantánamo, en junio de 1961.

El 24 de agosto de 1962 participó como artillero de una lancha que tiroteó el antiguo Teatro Blanquita (Karl Marx) y al entonces hotel Rosita de Hornedo.

El 21 de noviembre de 1963 integró un grupo armado que se infiltró por Santa Cruz del Norte. En los años 70 estuvo activamente vinculado a la agrupación católica universitaria de EE.UU., e integró la junta directiva de la Brigada 2506, que promueve acciones contrarrevolucionarias en Miami.

Concibió múltiples planes subversivos contra Cuba, incentivaron las salidas ilegales del país, proyectaron sabotajes contra torres de alta tensión en San Nicolás de Bari, y la introducción de armas para atentar contra el Presidente cubano.

Se destaca por su actividad de apoyo material y financiero a los grupúsculos contrarrevolucionarios internos, fundamentalmente a los "disidentes" Martha Beatriz Roque y Diosdado González Marrero.

¿Esos contactos se mantuvieron?

Sí. Recibí orientaciones precisas y abastecimientos para realizar mi trabajo. Para que tengan una idea de cuán intensa era esa relación: desde principios de 2002 y hasta el 28 de marzo de 2003, en que se dio a conocer mi verdadera identidad, estuve en la SINA en 21 ocasiones.

¿Tenía alguna dificultad para entrar en las oficinas de la SINA?
Ninguna. Me dieron un pase de libre acceso. En su interior podía usar sus computadoras para conectarme con Internet, mandar y recibir correos.

¿Qué le solicitaban?
Información sobre la economía, datos de la vida de nuestros dirigentes, situación sociopolítica. Recibíamos instrucciones para atacar al gobierno, indicaciones de los filones informativos más vulnerables al país y entrenamiento para el ejercicio de la profesión (cursos de periodismo), así como medios para cumplir nuestras misiones (computadoras, impresoras, grabadoras, cámaras fotográficas y de películas, etcétera).

Ya en estos momentos, a finales de 2000, la SINA tenía mayor interés en mí, sobre todo después que se produjo otro conflicto, cuando *Cubanet* expulsó alrededor de 20 personas sin dar ninguna explicación. Poco antes de este hecho, yo había creado la Federación de Periodistas Cubanos, y con este grupo traté de unir a la gente dispersa ante esta bronca. Amparándome en esa especie de sindicato, di tremenda pelea en la Sección de Intereses.

Esto motivó la atención de Vicky Huddleston, quien llegó a visitar mi casa. Logré tener con ella una relación bastante fluida. Le hice saber lo que estaba pasando: la gente quería dinero, *Cubanet* tenía que cambiar su sistema de pago... Eso fue en febrero o marzo de 2001. Después de eso fue a Miami, se reunió con los de *Cubanet* y algo pasó que cambió el sistema de pago, aproximadamente hacia mayo de ese año. Es decir, ella dio instrucciones sobre el tema que le había pedido en nombre de los demás "periodistas". A partir de ahí mis visitas a la SINA se tornan más regulares.

¿Pudiera relatarme algunos de esos encuentros?
Por ejemplo, durante unas tres horas, en la tarde del 12 de febre-

ro de 2002, se celebró en la residencia de la jefa de la SINA, Vicky Huddleston, un encuentro en el cual ella nos orientó que mantuviéramos contactos con las sedes diplomáticas de Bélgica, Alemania y España.

Durante el almuerzo estábamos sentados a la mesa, entre otros, Elsa Morejón Hernández, Magalys de Armas Chaviano, René Gómez Manzano, Isabel del Pino Sotolongo, Osvaldo Alfonso Valdés, Odilia Collazo Valdés, Luis Osvaldo Manzaneira Cucalo, Julio Luis Pitaluga y yo. Vicky se sentó con nosotros y se interesó por obtener el listado de presos contrarrevolucionarios. Nos llegó a preguntar si estábamos de acuerdo con la cantidad de 200. Por supuesto, la gente puso una cifra por encima: 250.

Sobre las tres, cuando concluía el almuerzo, la funcionaria diplomática agarró un micrófono y dio la bienvenida a su domicilio a los presentes, quienes, según ella, representaban verdaderamente al pueblo cubano, que nuestro país tendrá que reconocer a los "disidentes", liberar a los presos, permitir la libertad de prensa y hacer otros cambios democráticos.

Jeffrey de Laurentis indagó por la represión a los "disidentes", mientras que Louis Nigro planteó haber visitado varias "bibliotecas independientes" en Camagüey, donde apreció falta de literatura. Al finalizar, los presentes fueron obsequiados con radios pequeños marca Tecsun.

Tiene buena memoria.
No es que tenga buena memoria, sino que mi condición de periodista me permitía anotar.

¿Los diplomáticos norteamericanos visitaban su domicilio?
Sí, cómo no. Recuerdo que el 11 de abril de este año [2002], entre las 11:30 y las 3:00 p.m., fui visitado en mi domicilio por Mary Ann Mckay, segunda secretaria de prensa y cultura, quien también me pidió información sobre la situación de la economía informal cubana.

Antes de retirarse, la diplomática me manifestó que había quedado muy satisfecha, y valoró la posibilidad de que en una próxima visita tal vez participara Vicky.

Y usted, ¿visitaba en su casa a los diplomáticos?
Sí. El 15 de abril visité la residencia de Gonzalo Gallegos, primer secretario de prensa y cultura de la SINA, en compañía de Raúl Rivero, Ricardo González Alfonso, Oscar Espinosa Chepe, Carmelo Díaz Fernández, Pedro Pablo Álvarez Ramos, Edel José García Díaz y Luis García.

En esta ocasión, Mary Ann Mckay explicó que el encuentro tenía dos objetivos: conocer las opiniones sobre las posibilidades de inversión en Cuba y si estas ayudaban al proceso de transición hacia la democracia. Allí los "disidentes" manifestaron su desacuerdo con realizar estas acciones.

¿Guarda sus anotaciones de estos encuentros?
El 6 de junio participé en un almuerzo ofrecido por Vicky, junto a otros 7 funcionarios de la SINA y 21 miembros de la denominada "prensa independiente". Fuimos a despedir a Mary Ann Mckay, quien concluía su misión en Cuba.

Junto a la Jefa de la SINA se sentaron Raúl Rivero, de Cuba Press; Mario Enrique Mayo, de la Agencia de Prensa "Félix Varela", con sede en Camagüey; Luis García Vega, de la Cooperativa de "Periodistas Independientes"; Julio César Gálvez, de la Agencia de "Prensa Cívica Cubana", y Pedro Pablo Álvarez Ramos, del Consejo Unitario de Trabajadores de Cuba.

Vicky leyó un mensaje para los presentes, donde refirió la "importancia que había que brindarle a los discursos del presidente de EE.UU., George W. Bush el 20 de mayo". Por último agradeció el trabajo desplegado en el período de su mandato como Jefa de la SINA. Nos dijo que los asistentes éramos personas muy valiosas.

Gonzalo Gallegos, primer secretario de cultura y prensa de esta sede, señaló que dentro de la iniciativa de su gobierno en relación con Cuba existía un programa de escolarización de dos años para cubanos entre 17 y 25 años, que tenía como propósito establecer la superación académica en EE.UU., en las temáticas gerencia de pequeñas empresas y administración, para lo cual distribuyó los formularios, y nunca supe si finalmente este proyecto se ejecutó.

Antes de salir, los diplomáticos de la SINA nos entregaron a cada uno de los participantes un maletín. Tenía materiales para facilitar el trabajo como periodistas, tres radios portátiles marca Tecsun —nos brindaron la posibilidad de otros más, si lo deseábamos—, una linterna acuática con batería solar y ejemplares de los formularios para las becas que otorgaría esa sede, insistiendo en que los aspirantes debían ser personas desafectas al gobierno.

Aquí tengo otros apuntes: el 1ro de julio estuve en un desayuno de trabajo en la residencia de Vicky. Me acompañaron Manuel Vázquez Portales, Oscar Espinosa Chepe y su esposa. Por la parte norteamericana, además de la anfitriona, estaban presentes los diplomáticos Louis Nigro, Gonzalo Gallegos y Ryan Dooley.

¿También los invitaban a desayunar?
¡Y buenos desayunos!

En esta ocasión, ¿qué buscaban?
Se interesaron en conocer nuestras opiniones sobre la modificación constitucional. Los asistentes manifestaron su preocupación por el posible rompimiento de relaciones entre Cuba y Estados Unidos, los acuerdos migratorios y la retirada de la Sección de Intereses en La Habana.

Los funcionarios de la SINA comentaron los estados de opinión relacionados con un posible éxodo masivo hacia su país, personas en busca de cigarretas que vendrían a la isla para favorecer la emigración. Vicky comentó la presencia de numerosos efectivos de la policía en las playas y Vázquez Portal, de forma jocosa, manifestó "que había que tener cuidado no se fueran también de Cuba los policías".

Espinosa Chepe y Vázquez Portal aseguraron que el discurso de Carter en la Universidad de La Habana fue el que más daño le ocasionó a Fidel, y no el del presidente norteamericano George W. Bush. Su argumento fue que el expresidente había sido inteligente, moderado y valiente, mientras que Bush era demasiado agresivo.

Movimiento Democracia

La organización se creó a principios del año 1995, y la integraron miembros de la organización terrorista Comisión Nacional Cubana (CNC).

Su principal cabecilla es Ramón Saúl Sánchez Rizo. Nació en Colón, provincia de Matanzas. Es técnico en electrónica. Su dirección: 7105 SW 8 TH Street Suite 101. Piso 2. Miami, FL 33144 (2000), Brickelave. Miami.

Desde muy joven se destacó como connotado terrorista y un furioso anticomunista. En 1978 fue señalado como presunto participante en un atentado contra cuatro norteamericanos que venían a Cuba en una avioneta que se dio por desaparecida. Fue el jefe de la organización Jóvenes de la Estrella.

En 1979 las autoridades de Estados Unidos lo señalaron como el segundo al mando del CORU, que presidía el terrorista de origen cubano Orlando Bosch. En ese mismo año aparece vinculado en el asesinato de Carlos Muñiz Varela en Puerto Rico.

Participó en ataques a pescadores cubanos en Bahamas y contra la embajada de México. También, en planes de secuestros de personalidades de la Florida, New York, Venezuela y México para recaudar fondos mediante chantajes.

Desde el 2002 ha comenzado a apoyar públicamente a los grupúsculos contrarrevolucionarios dentro de Cuba, fundamentalmente al denominado Proyecto "Varela", al cual brindó apoyo público durante la reciente visita de Oswaldo Payá a Miami.

Finalmente, fuimos invitados a participar en la recepción del 4 de Julio para conmemorar el aniversario de la independencia de Estados Unidos. Y otra vez el abastecimiento: además de documentos con recetas sobre democracia, bolsas de nylon con 4 radios per cápita. Los "opositores" fueron devueltos en un carro de la SINA, salvo yo, que había venido en bicicleta, y en ella regresé a mi casa.

¿Asistió a la recepción por el 4 de Julio?
Por supuesto.

¿Cómo se desarrolló?
La fiesta tuvo lugar en la residencia de Vicky. Asistimos unos 35 "disidentes". También estaban presentes diplomáticos de otros países, corresponsales extranjeros y algunos invitados del mundo cultural cubano.

Se lanzaron globos de colores desde un balcón de la residencia que colinda con el patio, lugar donde se efectuó el acto, y los asistentes recibieron broches con banderas estadounidenses y algún que otro *souvenir* alegórico. Vicky nos dedicó una poesía —especial para los "activistas de derechos humanos", algo así dijo—, y casi sin transición leyó el discurso del presidente de Estados Unidos George W. Bush por el Día de la Independencia. Todo muy patriótico.

Ya fuera del protocolo, el asistente de Vicky, Peter Corsell, se interesó en conocer la posible sucesión de Fidel y las consecuencias que representaría para la sociedad cubana. En el diálogo se mostró como "enemigo de la extrema derecha de Miami y de La Habana", momento en que recalcó la necesidad de proteger los acuerdos migratorios entre ambos países.

Ryan Dooley, encargado de la atención a nosotros, expresó en un círculo cerrado las pretensiones migratorias de muchos de los presentes. Se mostró molesto por el acoso del que fue objeto durante aquel mismo encuentro por Jorge Olivera Castillo y su esposa y por el hijo de Magalys de Armas Chaviano. Para amenizar la actividad, actuó un pianista norteamericano y Fernando Sánchez López, del Partido Solidaridad Democrática, quien muy "patrióticamente" cantó para acompañarlo.

Las jabas —bolsas plásticas— no podían faltar: un radio, un cargador de baterías, un plegable con varios tópicos de carácter político, jurídicos y la Constitución de Estados Unidos, otro de la Bacardí y dos folleticos pequeños, uno con el discurso del expresidente James Carter, en La Habana —se tomaron en serio lo de la otra reunión— y otro con las palabras de Bush sobre la política hacia Cuba.

Pocas semanas después, el 14 de agosto, volví a asistir a un almuerzo en la casa de Gonzalo Gallegos.

Al parecer, ustedes tenían asegurada la alimentación.
Es parte del pago.

En esta oportunidad, ¿cuál fue el motivo?
Presentar a Nicholas J. Giacobbe y Richard Cason, nuevos diplomáticos de la SINA.

¿Cómo se desarrolló el almuerzo?
Cason nos exhortó a exponer nuestros criterios y opiniones sobre la situación del país. En este sentido, iniciaron sus intervenciones Manuel Vázquez Portal, Julio César Gálvez Rodríguez y Oscar Espinosa Chepe, quienes comentaron la existencia de un panorama pesimista después de las firmas del pueblo cubano en apoyo al proyecto de Reforma Constitucional; que a Fidel solo le importaba perpetuarse en el poder y que para nuestro gobierno el bloqueo económico norteamericano no era importante. Hizo énfasis en que en el Comité Central del Partido Comunista de Cuba todos los funcionarios tenían máscaras.

Al entrar en el tema de la "prensa independiente", apareció la necesidad de aumentar el abastecimiento de recursos para realizar nuestros "trabajos con mayor calidad". Este fue un reclamo unánime. Hubo sugerencias para mejorar nuestro trabajo. Vázquez Portal dijo que la prensa, radio y televisión "Martí", debían concentrarse en los valores del cubano: patria, familia, religión y libertad.

Menos de 15 días después, exactamente el 26 de este propio mes, acudía a una nueva actividad en la residencia de la Jefa de la SINA.

¿Qué iban a celebrar?
La despedida de Vicky Huddleston. Aquí hubo regalos para la anfitriona. Me acuerdo que Elsa Morejón Hernández, esposa de Oscar Elías Biscet, después de deshacerse en elogios para Vicky, declamó un poema en su honor y le obsequió un cuadro con paisajes de los campos cubanos. Martha Beatriz Roque, emocionada, destacó lo mucho que había ayudado Vicky a la "oposición". Y, así, otros entregaron una imagen religiosa y una carta dirigida

al Departamento de Estado, en la que se alababa el trabajo de la Jefa. Vladimiro Roca, del Partido Social Demócrata, pronosticó que en dos años ya tendríamos la democracia que añorábamos y sugirió que el sustituto de Vicky "debía seguir la misma línea de ella u otra más dura".

Posteriormente, comentamos los temas que se trataron en las diferentes mesas.

¿Como cuáles?

Louis Nigro se interesó en Alcibíades Hidalgo, quien tuvo cargos importantes en el gobierno. Le preguntó a Miriam Leyva Viamontes, de la Comisión Cubana de Derechos Humanos y Reconciliación Nacional, qué opinión tenía ella de este hombre, de quien se comentaba que se había ido ilegalmente hacia Estados Unidos de una manera muy fácil.

Oswaldo Payá Sardiñas, del Movimiento Cristiano de Liberación, ocupó su tiempo tratando de convencer a sus interlocutores de lo necesario que era aumentar las presiones al gobierno cubano para que tuvieran en cuenta al Proyecto "Varela".

Baguer se enredó en una discusión con el diplomático Ryan Dooley, cuando el "decano" dijo que Payá era un fracasado y un perdedor, lo que provocó la respuesta airada del funcionario.

¿Cómo era su relación con Payá?

Distante. La de un periodista, observador político, que de paso es crítico con su proyecto. Hay una conducta en Payá muy interesante: no invitaba a sus conferencias de prensa a los "periodistas independientes". Solo a la prensa extranjera.

¿Cómo terminó la despedida de Vicky?

Al finalizar el almuerzo, ella llamó la atención de los presentes tocando su copa. Expresó que al comenzar su trabajo en Cuba coincidió con la visita a nuestro país del gobernador George Ryan y que era un placer tenerlos como invitados en su despedida.

Manifestó que en esos momentos había opositores divididos en dos bandos, los de izquierda y los de derecha. Dijo que eso no importaba, pues se trataba de luchar por la democracia. Como es habitual, a la salida del recinto nos entregaron radios y ejemplares del libro titulado *Outside Cuba*, editado con la colaboración de la Universidad de Nueva Jersey y que reproduce pinturas de artistas plásticos cubanos.

¿Mantuvo contactos con James Cason?
Desde que llegó.

¿Cuándo se entrevistó con él por primera vez?
El 17 de septiembre en la casa de Ignacio Gallegos. Nos reunimos en la biblioteca. El encuentro tuvo como objetivo central presentarnos como los principales dirigentes de la "disidencia".

¿Le llamó algo la atención?
No. Fue más de lo mismo. La gente pidió dinero —"apoyo"— y otra vez escuchamos hablar de las "bibliotecas independientes", y los proyectos de la prensa. Con excepción de Carmelo Díaz Fernández, de la Agencia de Prensa Sindical Independiente, quien elogió la emisora, los participantes fueron muy críticos con *Radio "Martí"*. Se habló de la mala calidad de la programación, de su falta de objetividad, catalogándola de ser esquemática, lo que provocaba que no fuera del interés del pueblo. En este sentido manifesté que se observaba una "derechización de la emisora y problemas de programación", criterios que en general fueron respaldados por varios de los presentes.

¿Participaba en actividades de los diversos grupos?
Mi condición de periodista me servía para que me invitaran a sus actividades. El 10 de octubre estuve presente en la casa de Martha Beatriz Roque, en la constitución de la Comisión de Relaciones Públicas del llamado proyecto Asamblea para Promover la Sociedad Civil en Cuba.

En ese encuentro, entre otras cuestiones, acordaron: entregar documentos alusivos a su proyecto en las embajadas de Italia, Alemania y Suecia. Elaborar una comunicación de solicitud de ayuda internacional para los "disidentes" damnificados de los ciclones Isidore y Lili. Felicitar a Vladimiro Roca y a Gustavo

Arcos por los premios al Coraje Cívico, equivalentes a 50 000 y 5 000 dólares, respectivamente.

¿Los acompañó en las visitas a las embajadas?
En la embajada italiana Martha Beatriz y otros "disidentes" fuimos recibidos por la consejera Raffaela Pavani, a quien le expusimos las líneas de trabajo fundamentales en función de potenciar este proyecto.

También, visitamos la sede inglesa donde nos atendió la segunda secretaria, Sussannah Payne. Después de haberle explicado los motivos de la visita, esta funcionaria se interesó en conocer el fundamento de las discrepancias entre Martha Beatriz y Oswaldo Payá.

Ante las interrogantes de la diplomática, Martha le explicó que estas tenían su origen en la actitud de desprecio que mostraba Payá hacia el resto de los opositores, que escudaba en acusaciones sobre supuestos vínculos de estos a los órganos de la Seguridad del Estado cubano.

¿Volvió a verse con Cason?
Esa era una constante. El 30 de octubre nos reunimos en su residencia con el fin de participar en un encuentro de trabajo del proyecto de Martha Beatriz y nos anunció la visita para el mes de diciembre de Kevin Witaker, jefe del Buró Cuba del Departamento de Estado.

¿Finalmente vino...
Sí.

¿Llegó a entrevistarse con él?
El 18 de diciembre —entre la una y las tres de la tarde—, en unión de otros 12 dirigentes de la "disidencia". Nos reunimos en la casa de Gonzalo Gallegos.

¿Con qué objetivo?
Nos felicitó por el trabajo que estábamos realizando y planteó que este tipo de contacto era muy beneficioso y debía repetirse en el futuro.

Susan Archer, segunda secretaria político económica de la SINA, aprovechó la ocasión para presentarle a Witaker a Aleida Godínez Soler, dirigente de los "sindicatos independientes", con la cual el alto funcionario norteamericano conversó animadamente.

En el nuevo año, ¿mantuvo sus contactos con la SINA?
En el 2003 no solamente se mantuvieron, sino que se incrementaron y se estrecharon. En ocasiones, los visitábamos a ellos y en otras nos reuníamos en nuestras casas.

La actividad de Cason se hizo más activa y mucho más provocativa. Nos llegó a decir que no estábamos solos y que contábamos con el apoyo de su gobierno. Recuerdo que al preguntarle un corresponsal extranjero sobre la posibilidad de que el gobierno cubano interpretara su participación en esas actividades como un acto inamistoso, este respondió que "no tenía miedo".

¿Cómo surgió la idea de realizar un taller de ética periodística?
Esa era una idea que teníamos hacía mucho tiempo. Acordamos realizarlo el 14 de marzo en la residencia de Cason.

¿Quién le avisó a los corresponsales extranjeros?
Yo. Los números telefónicos me los dio Giacobbe.

Exactamente, ¿cómo se gestó el taller?
Cuando entré en la Asamblea encabezada por Martha, ella me designó para la comisión de prensa, en la cual fui inmediatamente electo presidente. Me entrevisté con Ricardo Zuniga dos o tres días después, porque había nuevos conflictos andando, y él casi me imploró que trabajara para que esas peleas se acabaran.

Hubo una segunda reunión de la comisión de prensa, en la que se discutió la solicitud de salida de la Asamblea de una agencia de Camagüey. Esta gente hablaron de conflictos de intereses, de excesiva politización y que ellos no estaban para eso.

Martha trató de que hubiera una condena a ese grupo por haberse ido de la Asamblea y que surgiera de los mismos periodistas, pero ellos se negaron. Aproveché esa oportunidad frente a esta gente —que eran Miami puro—, y propuse la idea de hacer una reflexión sobre la ética y realizar un taller.

Resultado: Martha se levantó, fue al teléfono, llamó a la SINA y después de hablar con Gonzalo Gallegos, regresó con la orientación de realizar la reunión en la casa del funcionario norteamericano, supuestamente porque en la suya no iba a caber la gente. Hablaron de 60 "periodistas independientes", y entonces los norteamericanos, que seguramente sabían desde el principio que era imposible reunir a 60 "opositores", sacaron una carta maestra: el taller se efectuaría en la residencia de Cason, lo suficientemente amplia como para alojar también a la prensa internacional acreditada en Cuba.

¿Cuántos "periodistas independientes" asistieron finalmente?
Éramos 35, más 5 norteamericanos.

¿Cómo se desarrolló el taller?
Lo organizamos en cinco comisiones: fotorreporteros; entrevistas; análisis, conflictos e intereses; relaciones entre periodistas y editores de los medios de comunicación, y lenguaje periodístico. Concluido el debate, los asistentes recibieron un diploma acreditativo como constancia de haber participado en el "evento".

El diploma, ¿qué firma llevaba?
La del dirigente disidente Manuel David Orrio del Rosario, en realidad el agente Miguel de los Órganos de Seguridad del Estado.

¿Por qué Miguel?
El nombre de mi hijo.

¿Cuándo publicó su último artículo en el exterior?
A finales de marzo, fue una crónica divertida que titulé "Vivir del susto". Describía el miedo que existía entre los "opositores", digo, contrarrevolucionarios.

¿Por qué rectifica la palabra?
Todavía tengo al contrarrevolucionario metido dentro. Tuve que prepararme para asumir todo el lenguaje que se utiliza en el medio, hasta el punto que un día mi oficial me habló del bloqueo y lo regañé: "oye, tienes que decirme embargo, que si me confundo allá estoy frito".

Ahora tiene que sacarse el personaje de la piel...
Sí, ahora tengo que rehacer mi vida, mi familia. Quiero trabajar como periodista y escribir un libro, quizás una novela.

Al principio dudó, ¿se arrepiente ahora?

No dudé, lo que no sabía era si podía con esa tarea en medio de los problemas personales y, finalmente, logré sobreponerme a estos conflictos. No me arrepiento para nada. Todo lo contrario. Cuando me informaron que se iba a revelar mi verdadera identidad, no estuve de acuerdo, porque me sentía en mi mejor momento: bien posicionado, con toda la confianza del Jefe de la Sección de Intereses, con ascendencia sobre los "periodistas independientes". Creía que todavía podía hacer mucho más, pero soy disciplinado y entendí las razones. Por supuesto, en el orden personal siento un gran alivio.

¿Por qué?
¿Se imaginan cuánto uno puede desear ser uno mismo?

LAS PRUEBAS FUERON UNA BOMBA

PEDRO SERRANO URRA

Fue difícil la entrevista al principio. Nos costaba trabajo romper el hielo inicial, para que el agente Saúl nos contara sin presiones, sin tener que extraer las palabras como quien saca muelas.

Poco a poco la conversación comenzó a fluir y descubrimos a un hombre con una memoria prodigiosa, que puede reseñar situaciones con los detalles esenciales y los adjetivos precisos, de tal manera que nos parecía estar mirando las escenas que contaba.

¿Quién es Pedro Serrano Urra? ¿Por qué eligió Saúl como nombre de guerra? La respuesta pudiera ser la sinopsis de un libro: "Saúl es el protagonista de una novela policiaca cubana de los años 80. Me gustó el libro y convertí a ese personaje en el abogado de los 'disidentes' de Pinar del Río." Aquí está la nueva historia.

AGENTE SAÚL

¿Cuándo se inicia como agente?
En 1999. Soy abogado, y por pro-

blemas administrativos, me fui de la actividad de Bufetes Colectivos. Algunos "opositores" habían hecho contacto conmigo, necesitados de ayuda legal. Conocí a casi todos los que se dedicaban a la contrarrevolución en Pinar del Río, incluyendo a algunos que luego se fueron del país.

Exactamente, ¿cómo comienza a conspirar?
Me fueron a ver a mi casa para que denunciara mi caso en el exterior. Conversé con un oficial de la Seguridad del Estado y la orientación fue que me incorporara al grupo. Casi de inmediato los que me habían ido a visitar, me presentaron a Víctor Rolando Arroyo Carmona, era colaborador de la agencia de prensa Unión de Periodistas y Escritores Cubanos "Independientes" (UPECI), y el principal cabecilla de estos grupos en Pinar de Río. Necesitaba con urgencia un asesor legal de su confianza. Empecé a ser "el abogado de Víctor".

¿Lo presentaban así, solo como abogado?
No. Mi fachada era de director del Centro de Estudios Sindicales, que formaba parte del Consejo Unitario de Trabajadores de Cuba. Tuve contactos con René Laureano Díaz, Joel Brito y Víctor Manuel Domínguez, de la Federación Sindical de Plantas Eléctricas, en Miami.

¿Qué tareas le daban como abogado de la contrarrevolución?
Asesorar en todos los procesos legales o en cualquier otra situación que necesitara un litigio en los tribunales. Además, presentaba informaciones sobre violaciones procesales. Debía participar en juicios, ver cómo estaba el funcionamiento de los órganos judiciales y de administración de justicia, si se cometían atropellos...

Daba conferencias para preparar a la contrarrevolución acerca de estos temas. Estudiábamos los elementos que justifican un delito de desacato, atentado, resistencia, injuria hacia la figura del presidente Fidel Castro, a los funcionarios de la Asamblea Nacional, del Consejo de Ministros; sobre la violación de domicilios y la correspondencia... El Centro de Estudios que yo dirigía convocaba todos los sábados esas conferencias.

¿Sostuvo contacto con la SINA?
Nunca visité la SINA. Estuvimos programando visitas, pero por una razón u otra siempre se interrumpieron. Pero sí participé en reuniones con los representantes de la SINA.

¿Dónde?
En la casa de Víctor Rolando. Allí fueron dos jefes de la SINA, Vicky Huddleston y James Cason.

¿Cómo fueron estos encuentros?
Ellos eran bastante directos. No se iban por las ramas. Se interesaban por todas las actividades que estaba haciendo "la disidencia" en Pinar del Río. Pedían detalles, y nos advertían que necesitábamos crecer en membresía, organizarnos, unir todos los grupos "opositores". Usaban, incluso, algunas ideas tomadas de la Revolución: "En la unión está la fuerza", "Todos Unidos", etcétera...

La parte que más le entusiasmaba a la gente era cuando preguntaban qué medios teníamos y qué necesitábamos. Siempre nos prometían ayuda.

¿Cuándo los visitó James Cason?
En marzo de este año [2003], en los días en que el Comandante en Jefe estaba de visita por los países asiáticos. Tenía mucho interés en conocer qué criterios teníamos nosotros sobre esa visita, si habría alguna repercusión en la sociedad cubana, si Fidel a su regreso traería algunos elementos nuevos en su política para ajustarla en el país. Estaba obsesionado con esos detalles, que para los allí presentes resultaban muy lejos de nuestra información e intereses.

También, preguntó si teníamos vínculos con otros miembros del cuerpo diplomático...

Sobre esto, ¿les sugirió algo en particular?
Era muy importante, a su criterio, hacerles llegar nuestras denuncias. Él estaba interesado en conocer si en Pinar del Río se había recibido la visita de algún otro diplomático, si contábamos con ayuda de otros países... Dijo que había disposición de otras sedes en colaborar con la "disidencia". Habló de España, Panamá, la República Checa, Canadá, México... Mencionó cinco o seis.

Consejo Nacional del Presidio Político Cubano

Creado en agosto de 2002. Se autodefine como "la máxima representación de los presos políticos en el orden nacional e internacional".

Está integrado por: la Coordinadora Internacional de ex-prisioneros Políticos Cubanos; Cumbre Patriótica Presidio Político; Asociación de ex-Prisioneros y Combatientes Políticos Cubanos (Ex Club); Ex-Confinados Políticos de la UMAP; el Frente Nacional del Presidio Político Cubano; Presidio Político Histórico (Casa del Preso); y los Presos y Presas Independientes.

Se han destacado en su directiva los terroristas Roberto Martín Pérez Rodríguez y Sixto Reynaldo Aquit Manrique (*El Chino Aquit*), quienes han mantenido una línea de acción violenta en el enfrentamiento contra nuestro país.

¿Y qué otra cosa les dijo?
Prometió poner a nuestra disposición cursos de educación a distancia con posgrados, maestrías, doctorados, dirigidos a personas de nivel superior que estuvieran en la "disidencia". Se dirigió a mí y a otro abogado que participó en la reunión cuando habló de esto. Prometió enviarnos bibliografía para que nos preparáramos y que él después nos enviaba el examen, en coordinación con universidades de los países latinoamericanos. Era en un tono envolvente, conciliador.

¿Por qué conciliador?
Se refería mucho a los cubanos de aquí y de allá, que somos una misma familia, que Miami no es tan terrible como la pintan. Lo más urgente era que, con la ayuda de los cubanos del exilio, nosotros ganáramos todo el espacio posible porque solo así podía venir en Cuba la transición.

¿Qué tiempo duró la reunión?
Alrededor de dos horas.

¿En qué dirección se encuentra la casa de Víctor Rolando?
La reunión fue en el Reparto Jacinto, en la casa de la mamá de

Víctor. Allí nos reunimos unas 10 personas, el grueso de la "oposición" pinareña. Víctor desarrollaba sus actividades fundamentales en casa de su mamá, en la suya hacía solo algunos escritos.

¿Hicieron una selección de los participantes o son 10 los que integran la "oposición" en Pinar del Río?

No, son mucho menos. En realidad los grupos "opositores" no llegan ni a grupo. Imagínate que yo era el coordinador del municipio de Pinar del Río del Consejo Unitario de Trabajadores y, a la vez, el delegado de la provincia. Éramos cinco o seis personas en el Consejo Unitario. Siempre decíamos que estaba integrado por 300 personas de todos los municipios. En realidad eran fantasmas.

¿Y Cason aceptó aquel globo?

Por suerte para los jefes de la disidencia a Cason nunca se le ocurrió preguntar por el número de personas que integrábamos sus filas. Siempre tuve la sospecha de que él no preguntó porque sabía muy bien la respuesta, y no estaba para oír más mentiras.

¿Los otros funcionarios preguntaron?

No. Traían un discurso único: crecer y unirse. Siempre recomendaban lo mismo. Ellos deben conocer mejor que nosotros a los "disidentes", porque lidian permanentemente con ellos. Ese cuento de dos millones de opositores entre los 11 millones de cubanos, como le encantaba decir a Víctor, es para que se lo crean los ignorantes de la realidad cubana, fuera de la isla. No para los americanos, que conocen muy bien el paño de la disidencia.

¿El Jefe de la SINA defendió algún grupo en particular?

Al Proyecto "Varela". Pidió que lo apoyáramos, que tenía un gran respaldo internacional y que lo iba a seguir teniendo. Era la pasarela hacia "la democracia". Algo así dijo, sin detenerse siquiera en los enormes escollos legales que tiene ese proyecto.

¿Cuáles eran las expectativas de los 10 "disidentes" pinareños con la visita de Cason?

Antes de llegar Cason hablamos de preguntar si se iban a mantener las remesas familiares, los vuelos Miami-Cuba, y si se mantendría el bloqueo o lo levantarían. En particular, queríamos saber cómo se estaba repartiendo el dinero, los famosos 8 099 181 dólares de la USAID de 2002, de los que había llegado bastante poco a la provincia.

Grupo de Apoyo a la Disidencia Interna

Surge a principios de la década del 90. Forma parte del Instituto para la Democracia en Cuba (IDC), entidad compuesta por 10 organizaciones contrarrevolucionarias radicadas en Miami y a las cuales el gobierno norteamericano ha destinado un presupuesto millonario para "promover la democracia en Cuba".

Su director, Frank Hernández Trujillo, tiene vínculos estrechos con figuras de la vida política norteamericana. La misión fundamental del GAD consiste en el abastecimiento financiero y material de los "disidentes", como instrumento del gobierno de Estados Unidos en la aplicación del llamado Carril II de la Ley Torricelli.

En la actualidad es la organización que mayor abastecimiento material y financiero está suministrando a la contrarrevolución interna, y la que mayor contacto telefónico sostiene con esta, al extremo que también se le asignan fondos por el concepto de llamadas telefónicas.

Sus abastecimientos van dirigidos a cualquier grupúsculo interno, fundamentalmente a familias de expresos "políticos", masones, miembros de la religión yoruba, etc., dirigidos a fomentar la subversión interna.

Desde 1997 se aprobó un alto presupuesto para el funcionamiento del IDC en el que sus dirigentes reciben salarios fijos.

Como integrante del Instituto para la Democracia en Cuba (IDC), utiliza el espacio radial de esta organización en *Radio Miami Internacional.*

Poseen un boletín impreso por el IDC, denominado *Somos Uno*, que por diversas vías tratan de diseminar en el territorio nacional.

¿Los "opositores" estaban interesados en mantener las remesas y los vuelos?
Algunos estábamos a favor, otros en contra. Víctor era de los que quería que se suspendieran las remesas y los vuelos. Él era de línea dura. Cason mantuvo silencio sobre estos temas.

¿Habló del dinero que recibirían ustedes?
No hizo comentarios sobre esto. Todos nos quedamos ansiosos esperando que nos tocara el tema económico. Creíamos que, a partir de esta visita, iban a llover los dólares.

Nos hablaron además de las "bibliotecas independientes". En Pinar del Río había tres proyectos fundamentales en ese momento, que eran la esperanza de una "oposición" más solvente. Uno era el mío, el Centro de Estudios —que por cierto, a Cason le interesó muchísimo. Otro era el de la galería de arte "Espacio Interior", donde se exponían cuadros de pintores "disidentes" —la mayoría de las pinturas daban deseos de salir corriendo. Eran de tan mala calidad, que el promotor de la galería decidió darles algunas clases a los "artistas independientes".

El tercer proyecto de los consultorios y farmacias "independientes", era tal vez el más nocivo.

¿En qué sentido?
Porque estaba dirigido a subvertir el programa de salud cubano, creando un sistema paralelo. Era muy agresivo y tenía muchísimo apoyo desde el exterior.

¿Sabe cómo surgió?
A principios de 2002 este proyecto cobró cierta connotación en el municipio de Guane. Parece que fue idea del doctor Jesús Manuel Cruz Santovenia, del Partido Pro Derechos Humanos afiliado a la fundación Andrei Sajarov. Como al doctor le llegó la visa, convenció a otro médico, Hanoi Hernández Piñero para que lo desarrollara. Este hombre estaba loco por tener la visa, y se montó en esa guagua. Eso es lo que se decía, sin embargo, todo el mundo sabía que la inspiración había llegado de otro lado.

¿De dónde?
En el 2001, Marcelo Cano Rodríguez, miembro de la Comisión Cubana de Derechos Humanos y Reconciliación Nacional y fiel colaborador de Elizardo Sánchez Santacruz, había estado pergeñando esa idea, en principio para que la "oposición" tuviera su clínica particular. Querían adquirir equipos y tener un amplio y surtido almacén, que les permitiera incluso hacer servicios "humanitarios" a la población en general. Es decir, empezaron a aparecer por aquí y por allá signos de interés por el mismo proyecto.

¿Conocieron de otras ideas similares?
Caridad Pérez Gaínza, del Movimiento 24 de Febrero, también quería su consultorio médico "independiente". Quería empezar utilizando su equipo de aerosol para el uso de sus vecinos, en Lawton, Diez de Octubre. Por ahí empezó la cosa, hasta convertirse en un proyecto sostenido por la contrarrevolución en Miami.

René Laureano Díaz González

Dirigente principal de la organización Federación Sindical de Plantas Eléctricas, Gas y Agua de Cuba en el Exilio (FSPEGA), con sede en Miami.

En 1959 comenzó a desarrollar actividades contrarrevolucionarias y un año después participó en un atentado dinamitero contra la termoeléctrica de Tallapiedra. Se asiló en la embajada de Brasil y salió para Estados Unidos el 6 de marzo de 1961.

En este país perteneció a las organizaciones terroristas Comandos Eléctricos 9 de Diciembre y Movimiento de Recuperación Revolucionaria (MRR).

Creó FSPEGA para disponer de una organización de apoyo a los grupúsculos contrarrevolucionarios de corte sindical, a los que mostró su total apoyo en la revista de su agrupación, *Lux*, y mediante el envío de ayuda financiera. Proyectó la ejecución de acciones terroristas que realizarían células clandestinas internas.

¿Cómo sabe tantos detalles?

Lo escribían todos los días en la "prensa independiente". Este fue un movimiento con una difusión internacional tremenda. Por supuesto, todo lo que les dije anteriormente pueden encontrarlo aderezado con todos los adjetivos que puedan imaginarse: "las hordas castristas impidieron la acción humanitaria de la señora Caridad Pérez Gaínza"; "violenta reacción contra el doctor Hanoi...", etcétera, etcétera. La realidad fue que vieron aquí un tremendo filón para desmoralizar y confundir a la población.

¿Quién lo apoyaba en Miami?

Frank Hernández Trujillo, del Grupo de Apoyo a la Disidencia. Envió medicamentos por todas las vías posibles a sus asalariados en Cuba. Y, por supuesto, dándole una enorme publicidad en las emisoras contrarrevolucionarias.

Víctor Manuel Domínguez

Estuvo relacionado al medio cultural a partir de su inclinación por la coreografía.

Es productor de radio, cine y televisión.

Comenzó sus actividades contrarrevolucionarias en 1996 como miembro del comité organizador del denominado Proyecto Alternativo de Arte Cubano, grupo que pretendió agrupar a artistas contrarrevolucionarios dentro del país.

Es miembro actualmente de la Confederación Obrera Nacional Independiente de Cuba (CONIC), y uno de sus principales dirigentes.

Dirige el proyecto Centro Nacional de Capacitación Sindical, el que es patrocinado desde el exterior por la organización contrarrevolucionaria de carácter terrorista, FSPEGA. Está vinculado a René Laureano Díaz y Joel Brito, contrarrevolucionarios que le envían abastecimientos.

Recuerdo que en febrero de este año *Radio "Martí"* y *La Poderosa* divulgaron la creación del Consultorio Médico "Independiente" de Guane, atendido por Hanoi, en su casa. Alguna gente se presentó buscando las medicinas. Después conocimos que este engendro en realidad había surgido en Estados Unidos, se le llama Proyecto Piloto, y era coordinado por el doctor Manuel Alzugaray Pérez, del Miami Medical Team Foundation, en comunicación con miembros del Colegio Médico "Independiente" de Cuba.

¿Quién es Manuel Alzugaray?
Es amigo personal de Otto Reich, subsecretario de Estado para asuntos latinoamericanos, quien está mediando para que a Alzugaray le sea otorgado el GRANP (beca de solicitud de dinero al gobierno de Estados Unidos para actividades de apoyo a la contrarrevolución externa e interna).

¿Llegaron medicinas a la cabecera de Pinar del Río?
A través de la agencia Cubapacks International, Víctor Rolando recibió medicinas muchas veces y las compartió con algunos de sus socios quienes siguieron las mismas indicaciones de los demás distribuidores de medicinas.

¿Solo medicinas, o también, equipos?
Frank Hernández Trujillo le envió al doctor Hanoi un equipo de electrocardiogramas, medios para conocer la presión arterial, instrumentos de análisis clínico, aerosoles. Este hombre se había hecho casi de un hospital.

Dices que los consultorios independientes tuvieron una gran difusión internacional...
Sí, y no solo en la prensa de Miami. Jesús Melgar, un cubanoamericano radicado en Estados Unidos, hasta intentó realizar un congreso internacional en ese país, con la representación de todos los consultorios médicos "independientes", incluyendo médicos de España y América Latina.

¿Nada más que consultorios?
No, también farmacias "independientes", que se pretendía abastecer con los medicamentos que no existen en la red estatal o

son deficitarios. Lázaro Lemus González y Alberto Hernández Suárez, de la Unión de Jóvenes Democráticos de Cuba, de Pinar del Río, intentaron crear una farmacia "independiente", con el apoyo de Enrique Blanco y Frank Hernández Trujillo. Lázaro contaba en confianza que entregarían las medicinas por receta médica y hasta dijeron a *Radio "Martí"* que habían inaugurado una farmacia en Candelaria. Todo era mentira.

Era conocido el sueño de Maritza Lugo, expresidenta del Partido Democrático 30 de Noviembre "Frank País", que se encuentra en Estados Unidos. Ella quería crear una farmacia en todas las provincias, para hacer campaña política a favor de los grupos contrarrevolucionarios. En un correo contaba que Frank Hernández Trujillo posee abundantes medicamentos en su domicilio en Miami para ser enviados hacia Cuba, y que había dado instrucciones para realizar un estudio de las zonas donde hubiera mejores condiciones para el proyecto.

El propio Víctor me comentó que había participado en una fiesta en casa del doctor Hanoi, en Guane, el primero de febrero de 2003, para celebrar el primer aniversario del Consultorio Médico "Independiente".

¿Supo qué había ocurrido allí?
Hablaron de crear dos consultorios "independientes" en el municipio de Sandino. El doctor Hanoi prácticamente tenía un almacén de medicinas en su casa, y entregó un paquete de medicamentos.

¿Han funcionado estos consultorios?
No. Solo son un lugar donde se reparten medicinas. Que yo sepa en Pinar del Río solo funcionaba la farmacia radicada en Candelaria, dirigida por Alberto Hernández Suárez, quien ha distribuido medicamentos por recetas médicas, previa presentación del Carné de Identidad de las personas que han sido abastecidas. Este hombre no sabe absolutamente nada de farmacología.

De las llamadas vacas sagradas de la "disidencia", ¿quién apoyó directamente este proyecto?
Martha Beatriz Roque, y para eso también recibía dinero de Miami. Ella misma ha hablado de eso. Dijo haber recibido un considerable financiamiento para adquirir el equipamiento necesario y que había inscrito las farmacias como Comisión de Asistencia a la Salud (COMAS).

Víctor es uno de los que está preso. ¿Tuvo acceso a las pruebas testificales?
Sí. Lo sancionaron a 26 años. Las principales pruebas fueron documentales. Se le ocuparon documentos de todo tipo: el dinero recibido, algunos envíos directamente de la Fundación Nacional Cubano Americana.

Es un hombre sin escrúpulos, que ni siquiera era bien mirado por los contrarrevolucionarios, por su egoísmo y su carácter violento. Tuvo varias reclamaciones de dinero y se dedicaba, sin ningún pudor, a vender los radios de la SINA y cualquier cosa a la que pudiera sacarle provecho.

Por ejemplo, si mandaban una cámara para alguien Víctor decidía dársela a otra persona. Los "disidentes" no lo querían, pero lo toleraban porque era el hombre de las relaciones en la SINA. No era una persona muy suelta para dar avales.

¿Le entregó dinero a usted?
No. Un radio y un pitusa. Una vez me dio 100 pesos en moneda nacional y se lo entregué a la Seguridad. Sé que eso provenía de un dinero enviado de Estados Unidos, que alguien aquí lo cambió y me dio solo los 100 pesos, pero no sé quién fue. Todas estas cosas pasaban a menudo.

¿Y su familia?
Estuve infiltrado desde 1999 hasta el día 3 de abril de 2003. Yo tengo dos hijas de un primer matrimonio, las dos son militantes de la juventud. Una de ellas estudia el tercer año de Derecho, aquí en la Universidad de La Habana, y la otra el tercero de música, en la Escuela de Instructores de Arte, de Pinar del Río.

Desde que nacieron siempre fui un ejemplo para ellas. Hemos tenido tanta confianza que me senté y les dije que no hicieran mucho caso a lo que les dijeran de mí.

¿Y su esposa?

No sabía nada. Es profesora en un IPUEC, licenciada en Matemáticas y militante de la Juventud. Tenemos un niño de dos años. Vivimos con mi suegra y su esposo, que es revolucionario y mis vínculos con la contrarrevolución me creaban todo tipo de dificultades en el matrimonio, en las relaciones de familia. Tenía que estar jugando cabeza. No trabajaba y eso era otro problema. Les dio mucha alegría saber que era un agente de la Seguridad. Fue como un acto de magia, donde todo cambia en un minuto.

¿Los contrarrevolucionarios nunca dudaron de usted?

Nunca tuvieron ni un ápice de duda. Tal es así que cuando me vieron en el juicio pensaron que yo iba como un testigo contrarrevolucionario. Allí se presentaron testigos que eran de los grupos “disidentes”, pero desde el primer momento de mi declaración, cuando el fiscal me pregunta por qué iba a declarar, dije que era de la Seguridad.

¿Por qué?

Me presentaron fuera del trámite de la proposición de prueba. Cuando el fiscal realiza sus conclusiones acusatorias, generalmente presenta las pruebas que sostienen su base acusatoria. Claro, el abogado las recibe y conoce cuáles son, y sobre esa base, él también presenta sus pruebas.

La Ley de Procedimiento Penal permite, a través del artículo 340, apartado uno, que en el acto de juicio oral se presenten pruebas importantes, trascendentales que quizás se han logrado obtener en el último momento. El tribunal valora la necesidad o no de esa prueba. Fui presentado por esa vía.

Por eso, cuando el fiscal me preguntó “¿Por qué usted vino a declarar?”, le respondí: “Porque soy el agente Saúl, de los Órganos de la Seguridad del Estado.”

¿Qué pasó con los acusados?
Quedaron tan sorprendidos y desmoralizados que Víctor Rolando Arroyo, una persona que no había dejado de manifestarse de modo prepotente en todo el juicio, no pudo recuperarse de ese golpe. A partir de ahí se sembró en la silla y no levantó más la cabeza.

¿Hizo comentarios ante el tribunal?
Nada. Ni siquiera cuando se le preguntó si quería decir algo más. Él sabía que yo sabía. Las pruebas fueron una bomba.

Manuel David Orrio del Rosario.

Pedro Serrano Urra.

El jefe de la SINA,
James Cason,
da instrucciones a los agentes
Vilma y Miguel para realizar
acciones de desestabilización
"no violentas". El mercenario
Luis García Vega, a la derecha
(de espaldas), es testigo
de la conversación.

Héctor Palacios escucha atentamente -y algo incómodo- a James Cason durante la presentación del libro *Ojos abiertos.*

CURSO BASICO DE DERECHOS HUMANOS

Se acredita que Héctor Palacios Ruiz ha recibido una formación básica que le capacita para trabajar como Observador y Promotor no gubernamental en el campo de los DERECHOS HUMANOS.

La Habana, 2 de marzo del 2000

CCDHRN
LA HABANA
CUBA

E. Sánchez
Coordinador

Asesor

CERTIFICACIÓN NO.1

*Por este medio certificamos que el ciudadano **Héctor Palacios Ruiz**, ha recibido siete remesas de dinero por un valor de $1550.00USD (mil quinientos cincuenta dólares) a través de la Agencia AMERICAN INTERNATIONAL SERVICE S.A. en el período comprendido desde el 19 de octubre de 1995 hasta el 3 de febrero del 2000, las cuales detallamos a continuación:*

1. *Referencia 95010302*
   Fecha: 13/02/96
   Remitente: Sin remitente
   Importe: $200.00USD

2. *Referencia 95032602*
   Fecha: 09/11/95
   Remitente: Sin remitente
   Importe: $200.00USD

3. *Referencia 95081702*
   Fecha: 21/12/95
   Remitente: Sin remitente
   Importe: $250.00USD

4. *Referencia 96005002*
   Fecha: 08/01/96
   Remitente: Sin remitente
   Importe: $300.00

5. *Referencia 96044503*
   Fecha: 19/10/95
   Remitente: Sin remitente
   Importe: $200.00USD

6. *Referencia 96085301*
   Fecha: 15/03/96
   Remitente: Sin remitente
   Importe: $300.00USD

7. *Referencia 0004861*
   Fecha: 03/02/2000
   Remitente: Gladis Pérez
   Importe: $100.00USD

Algunas de las mensualidades del mercenario Héctor Palacios.

Despidiendo a Vicky Huddleston: Caridad González, Magalis de Armas, Elsa Morejón, Isabel del Pino, Reynaldo Cozano y los agentes Vilma y Miguel.

Publicaciones "independientes" que distribuye la SINA.

Algunos de los equipos entregados por la Sección de Intereses a los agentes.

Los mercenarios y su jefe.
Cason escucha atentamente a Julio César Gálvez.
Al fondo, Ricardo González Alfonso.

Carta del "periodista independiente" Ricardo González al Director de Reporteros Sin Fronteras.

Ciudad de La Habana, febrero 27 del 2003

Sr. Regis Bourgeat
Reporteros sin Fronteras, París, Francia.

Estimado Regis:

El día 22 la policía detuvo e impuso una multa a Juan Carlos Garcel, de la APLO, mientras trataba de dar cobertura informativa a un registro que practicaban los agentes en una casa en Puerto Padre, provincia de Las Tunas.

El día 24 los periodistas Ramón de Armas Guerrero y Omar Darío Hernández, de la agencia de prensa independiente El Mayor, de la cual el primero es el director, fueron detenidos por la Seguridad del Estado en la ciudad de Camagüey para evitar que informaran sobre los actos de la oposición local para conmemorar el séptimo aniversario del derribo de las dos avionetas de Hermanos al Rescate.

Con ese mismo propósito, en Santa Clara, también el 24 de febrero, la policía política impidió durante varias horas a la periodista de la agencia Cuba Press, Isabel Rey, abandonar la casa de un opositor, en donde pernotó esa noche para poder cubrir como reportera actos de la disidencia con relación a la misma esfeméride.

No deseo concluir este informe sin reiterar que Orlando Fondevila me envío el dinero. Está en el banco; pero por seguridad, no he extrído el efectivo debido a que no tengo la relación a cuales agencias o personas debo entregarlo las diferentes cantidades. No esa quiero tener en mi casa esa cantida de dinero por razones obvias. Por lo que me indispensable que me envíen esa relación. La última vez que pude hablar con su asistente me dijo que usted no se encontraba, y que llamaría al día siguiente para que yo les enviara los informes, y para que RSF me diera la relación, y entonces yo poder realizar las entregas correspondientes.

Deseo precisar que Fondevila me explicó que en el momento en que él realizó la transación bancaria, el euro estaba por debajo del dólar, por lo que llegó algo menos. Si lo tiene a bien, comuníquese con Fondevila.

Por último, me complace comunicarle que hoy comenzamos a distribuir el segundo número de la Revista de Cuba, correspondiente al mes de febrero, pues, como anunciamos, la publicaremos cada dos meses. Espero que ya haya recibido el CD con el primer número.

Saludos,

Ricardo.

Ciudad de La Habana, 20 de diciembre del 2002.

Estimado Fondevila:

Ayer por la mañana cuando hablé con usted por discreción tuve que omitir una información importante. En la noche del 19, durante una recepción en la casa del Jefe de de la Oficina de Intereses de Estados Unidos en La Habana, presentamos la Revista de Cuba, de la Sociedad de Periodistas Manuel Márquez Sterling. Le envío por este medio el CD con el contenidos de esta publicación.

Le ruego que dentro de sus posibilidades la imprima y reproduzca, y que la envíe a Reporteros Sin Fronteras. Además, en Suecia a la revista Cuba Nuestra. Consideramos muy importante que los cubanos residentes en Europa la conozcan.

Sé que en estas festividades navideñas y de año nuevo esta labor se dificulta y que, además, usted se encuentra de vacaciones. Pero conozco también su dedicación a nuestra causa, y que por la misma haría un "trabajo voluntario". Naturalmente, es muy probable que reciba esta carta y el CD en enero; en este caso pienso que la urgencia del encargo que le pido sería mayor.

Sólo me queda desearle, a nombre de la Sociedad Márquez Sterling, y en el mío propio una feliz Navidad y un 2003 con la dicha que usted se merece.

Su amigo.

La tarjeta de crédito de Ricardo González, quien da pruebas en esta otra carta de que ha realizado el trabajo que le pidieron sus patrones.

REPORTERS
SANS FRONTIERES

Secrétariat International - *International Secretariat*

CERTIFICADO

El abajo firmante, Robert Ménard, secretario general de Reporteros sin fronteras, certifica que nuestra asociación apoya financieramente a la agencia de prensa independiente *Cuba Press*. El pasado 30 de agosto, Reporteros sin fronteras entregó la suma de 900 dólares a Raúl Rivero, director de *Cuba Press*, para que dicha suma fuera repartida entre los periodistas de esa agencia.

Paris, el 2 de agosto de 1996

Robert Ménard
Secrétaire général

Sin comentarios.

Vicky, Oscar Espinosa Chepe y Vladimiro Roca.

La Habana, 25 de julio del 2002

Hago constar que se recibió la cantidad de 1750 dólares (US) de CUBANET, provenientes de Reporteros Sin Fronteras, a través de TRANSCARD a nombre de Oscar Espinosa Chepe.

Cubanet informó que hubo un descuento de 90 dólares (según lo recibido 83 dólares por concepto de pago de trámites).

De los 1750 dólares, 100 dolares quedaron en poder de Oscar Espinosa Chepe, de acuerdo con la orientación de Reporteros Sin Fronteras.

Se le entregó a Ricardo González Alfonso, corresponsal de RSF la cantidad de 1650 dólares.

Ricardo González Alfonso
Recibe

Oscar Espinosa Chepe
Entrega

Más dinero para Oscar Espinosa Chepe y Ricardo González Alfonso.

Carta del contrarrevolucionario Jesús Díaz, director de *Encuentro*, a Oscar Espinosa Chepe.

REVISTA
encuentro
DE LA CULTURA CUBANA

Miércoles, 17 de agosto del 2000

Estimado Oscar Espinosa Chepe;

ante todo queremos agradecerte, de parte de la dirección de la revista Encuentro de la Cultura Cubana, por la perseverancia con que has estado enviándonos tus artículos, los cuales nos parecen de una agudeza y calidad más que relevante.

La principal razón de esta carta es, sin embargo, la de comunicarte que en el mes de octubre vamos a comenzar una edición de Encuentro en la Red. Un periódico diario que saldrá exclusivamente a través de Internet, con un estilo más conciso y ágil que el de la revista en papel, un estilo en el que tus artículos encajarían de forma ideal. De más está decir que en el periódico intentaremos mantener el mismo rigor y la misma filosofía que hasta ahora hemos llevado a cabo en la revista en papel. Contamos con el apoyo de muchos colaboradores y nuestro norte seguirá siendo el mismo: crear un espacio de debate entre todos los cubanos, residan en el lugar donde residan.

Entre las diferentes secciones de las que contará el periódico habrá una titulada "La mirada" en la que no sólo nos gustaría publicar algunos de los trabajos que nos has enviado, sino también contar con tu colaboración para el futuro. Vamos a iniciar el número cero con tu artículo titulado Un perfeccionamiento singular.

Recibirás noticias nuestras en cuanto al pago. También estableceremos contacto contigo para ponernos de acuerdo sobre la forma más adecuada de hacerte llegar el dinero. Así, esperamos seguir recibiendo tus trabajos y te mantendremos al corriente de todo. Por ahora te enviamos un saludo cargado de agradecimiento y admiración. Hasta pronto,

Jesús Díaz
Encuentro de la Cultura Cubana.

Ps: Nuestra nueva dirección es...

c/ Luchana 20, 1° Interior A • 28010 Madrid • Tel.: 91 593 89 74 • Fax: 91 593 89 36 • CIF: G-81320020

A la sombra del águila imperial de bronce, en los jardines de la residencia de James Cason en La Habana: Osvaldo Alfonso, Manuel Vázquez Portal, Héctor Palacios, María de los Ángeles Menéndez Villalta y Claudia Márquez Linares.

CARLOS ALBERTO MONTANER
AV. MENÉNDEZ PELAYO 83, BAJO DCHA. - 28007 MADRID
TEL: 91 - 434 0201 FAX: 91 - 501 1342
E-mail: camontaner@attglobal.net

11 de mayo del 2000

Sr. Osvaldo Alfonso Valdés
La Habana

Mi querido Osvaldo:

Aprovecho el viaje de este amigo para hacerte llegar algunos recortes. En el periódico polaco te mencionan, pero mi conocimiento de esa lengua se limita a reconocer el nombre de Chopin, aunque no su música, pues carezco totalmente de oído, algo que mi tía abuela Rita jamás me hubiera perdonado. Supongo que te tratan muy bien, pues mi amigo periodista quedó impresionado con la disidencia, pero muy triste con la situación general del país. Va también copia de la carta enviada a Canadá por medio de un courier. En un par de días llamaré a la ~~persona para conocer su reacción.~~

En todo caso, me parece que la respuesta del gobierno cubano va a ser negativa. Creo que la condena en Ginebra y la creciente demencia senil de Fidel se conjugan para «apretar» más a la disidencia. Su reacción frente a los adversarios y frente a la adversidad es el desplante y el ataque. El reciente endurecimiento del tratamiento dado a los tres prisioneros de «la Patria es de todos» –al cuarto, a Vladimiro, no ha dejado de maltratarlo– es señal de su creciente falta de paciencia. Huye hacia adelante. Se dice que Fidel tiene un serio problema de irrigación sanguínea en la corteza cerebral, lo que en un plazo no muy lejano se traducirá en la muerte como complicación de esa dolencia, pero mientras eso llega aumentarán los signos externos de la decrepitud del Líder y seguramente de la represión policiaca.

Creo que el grado de control sobre la sociedad es de tal naturaleza que hace impensable cualquier tipo de resistencia convencional frente al gobierno, obligando a la oposición a aguardar a que el tiempo, la biología y el continuo desgaste del sistema abra una brecha por la que comience a surgir la democracia. Lo que observo es que la infinita mayoría de los cubanos comparte el criterio de que el sistema es despreciable, pero que nada se puede hacer por cambiarlo. Esto incluye a los comunistas de todos los niveles. He tenido la oportunidad de reunirme con algunos y la reacción es muy curiosa: si se les trata cordialmente (lo que siempre hago) inmediatamente cambian de *role*. Ni son ni se sienten parte del aparato. Por el contrario: se perciben como un tipo de víctimas secretas, atrapadas en una situación aún peor que la de los que no forman parte de la *nomenklatura*, pues cualquier desviación del discurso oficial los convierte en unos traidores. Tú eres un disidente, dueño de tus opiniones. Ellos están obligados a una peligrosa farsa.

¿Qué podemos hacer? Mi impresión es que estamos obligados a trabajar para el futuro. Fue lo que hicieron los socialistas españoles en los últimos tiempos del franquismo: se limitaron a formar cuadros y a esperar pacientemente a que la muerte del Caudillo despejara el camino. Pero la España de los años 73-75 era una sociedad considerablemente más abierta que Cuba. Es decir, lo que se haga tiene que ser con gran cautela y dentro de esa confusa zona de tolerancia dictada por el *Minint*, pues de lo contrario sólo se conseguirá asustar a la sociedad y llenar la cárcel de disidentes.

Las instrucciones de Carlos Alberto Montaner a los liberales "independientes".

YAHOO! Correo

Cerrar ventana

De: "Carlos A Montaner" <camontaner@attglobal.net>
A: "Claudia Marquez" <claudiadecuba2002@yahoo.com>
Asunto: respuesta tardia
Fecha: Wed, 30 Oct 2002 15:08:25 -0800

Queridos Osvaldo y Claudia:

Perdonen la demora en responder este e-mail. Tengo cientos de mensajes sin contestar y este se fue quedando atras hasta casi perderlo de vista. Le mandare un articulo al amigo de ustedes. /// Para todos los democratas dentro de Cuba es muy importante lo que acaba de suceder con el Premio Sajarov. Los dos Oswaldos tienen razones para estar muy satisfechos. El gobierno cubano intento intrigar para que no se lo dieran, pero actuaron muy torpemente. La insolente carta del embajador Rene Mujica a Cecilia Malstrom sirvio para galvanizar a los liberales, sin los cuales hubiera sido imposible el triunfo de la candidatura de Paya. Este episodio da otra medida de la "globalizacion". Es importante cultivar las relaciones internacionales e integrarse en las familias politicas afines. Tu partido ha actuado muy bien en esa direccion. /// Espero que les haya llegado mi ultimo libro. Se titula "Cuba: un siglo de doloroso aprendizaje". Esta dedicado a cuatro amigos: los dos Osvaldos que luchan dentro de Cuba, y a Calzon y a Roberto Fontanillas, que no han dejado de hacerlo fuera del pais. Un gran abrazo, Carlos Alberto.

----- Original Message -----
From: Claudia Marquez
To: camontaner@attglobal.net
Sent: Wednesday, October 09, 2002 7:09 AM
Subject: claudia y osvaldo de Cuba

Estimado Carlos, aqui le transcribo una carta de Osvaldo.

Querido Carlos Alberto:

Espero estes excelentemente bien de salud. Un amigo colaborador del Partido me ha dicho que te envio un e mail pidiendote colaboracion para un proyecto que tienen. Se trata de un grupo de jovenes escritores, identificados con nuestras ideas y que tienen muchos deseos de aportar a nuestra causa. Ellos son muy talentosos, algunos, entre ellos el propio jorge, tiene libros publicados. Sin embargo, no quieren aceptar las condiciones que impone el regimen para publicar y mucho menos la censura. Es asi que han decidido publicar una revista, mas o menos algo asi como Vitral pero con un estilo mas literario. Nosotros, con la computer que tenemos, gracias a nuestros amigos, vamos a ayudarlos a hacerla. Tambien quieren, si es posible, tener un espacio para la publicacion en la pagina de internet de la Union Liberal. Pineso que es una buena idea todo esto de la revista y con ello nos acercamos a la joven intelectualidad. Te recuerdeo que quieren una colaboracion tuya, una resena de un libro u otra casa y que contactes con otros amigos escritores cubanos en el exilio y tambien, incluso, con otros de cualquier nacionalidad, para que les envien una colaboracion. Todo esto es complicado aqui en Cuba pero el futuro lo hacen aquellos que se atreven a hacer lo que no se puede.

Espero ansioso tu ultimo libro, en una proxima carta te abordare otras cuestiones sobre como nos van las cosas con el Partido. Un abrazo, Osvaldo.

El agente de la CIA Carlos Alberto Montaner no solo se preocupa por pagar a la "militancia liberal", sino por financiar al "periodismo independiente".

CARLOS ALBERTO MONTANER
AV. MENÉNDEZ PELAYO 83, BAJO DCHA. - 28007 MADRID
TEL: 91 - 434 0201 FAX: 91 - 501 1342
E-mail: camontaner@attglobal.net

¿Pueden tú y el PLDC desarrollar un plan para crear metódicamente *Grupos de Estudios Martianos* que difundan las *«Lecciones»* e ir generando núcleos de diez personas, que, a su vez, se vayan duplicando? La idea es poder tener en todo el territorio nacional, pero fundamentalmente en las ciudades grandes, unas personas persuadidas de las ideas básicas del pensamiento liberal, y que crean en que Cuba puede transitar hacia la democracia y la economía de mercado sin violencia, sin represalias contra nadie, con una «ley de punto final», en un esquema político en el que todos los que se sometan a las reglas del juego, incluidos los dogmáticos del estalinismo, tengan cabida.

Esta estructura primaria que se iría creando en la Isla a propósito de los *Grupos de Estudios Martianos* sería el embrión de una gran fuerza liberal, moderna, semejante a las que han traído la prosperidad y el sosiego a los veinte países más felices del planeta, en la que englobaríamos los distintos grupos que dentro y fuera del país comparte esta visión de los problemas de la sociedad. Nuestro trabajo desde el exterior consistiría en buscar fondos para sostener al equipo de operadores políticos dentro del país, de manera que puedan moverse libremente y dedicar todo su tiempo a estas labores pacíficas de organizar a los ciudadanos para estudiar, comprender y planear las acciones cívicas que habrá que llevar a cabo cuando llegue el inicio de la transición.

Nosotros disponemos de muy pocos recursos porque, contrario a la propaganda del gobierno cubano, nada recibimos, pedimos o aceptamos de ningún gobierno, y los pocos fondos de que disponemos son las aportaciones de algunos cubanos que se identifican con nuestra causa, y, en primer lugar, las nuestras. Mi pregunta concreta es: ¿es posible que el PLDC comprometa progresivamente a estos cabezas de núcleos, a los que se les puede hacer llegar por tu conducto unos veinte dólares mensuales (400 pesos al cambio actual) para que se dediquen diaria y sistemáticamente a multiplicar la organización? En caso de que eso sea posible es muy importante que ese «cuadro profesional» sea una persona honesta e idealista y no un simple cubano que desea ver aliviados un poco sus problemas económicos. Gentes con patriotismo, que crean en el futuro, y que cuando llegue el momento estén dispuestas a dar la batalla política. Podemos comenzar con cinco personas, al mes siguiente aumentar otros cinco, y así sucesivamente, en la medida en que tú compruebas que, efectivamente, se van extendiendo los GEM.

Creo que no hay que precipitarse, sino escoger muy bien a la gente, explicándoles con claridad los objetivos y los límites. Personas que no provoquen innecesariamente, y que con toda serenidad se dispongan a trabajar por el bien del país con generosidad y espíritu de sacrificio.

Por último, ya pasó por mi oficina el joven premiado por la Naumann. Está bien y provisionalmente trabaja como camarero. Al cura lo he llamado varias veces y nunca contestan el teléfono.

Van unas medicinas para tus padres. Quedo a la espera de tus noticias, un fuerte abrazo,

Carlos Alberto Montaner le propone a Osvaldo Alfonso pagar 20 dólares mensuales.
La respuesta del mercenario no se hizo esperar...

(1)

Mi querido Carlos.

Ya tengo en mis manos la laptop que me enviastes. Gracias a ti y a Frank Calson. Ahora ya podemos hacer muchas cosas que no podíamos por no tener este equipo. Comenzaremos de nuevo a editar un boletín que nombramos "El Liberal". En el varios miembros de nuestro partido escribimos artículos, ensayos, y reproducimos algunos textos de publicaciones que nos llegan. Luego de tener un original con ayuda de varias embajadas sacamos unas 200 copias y las distribuimos, esa cantidad puede ser mayor ya que algunos de nuestros activistas tienen posibilidades para que le saquen mas copias.

En cuanto al estado del partido debo decirte que marcha bien. Calculamos que en estos momentos tendremos cerca de 500 activistas públicos en todas las delegaciones. Trabajamos por fortalecernos en las grandes ciudades del país. Ahora bien contamos ademas con mas de 1000 colaboradores y simpatizantes. Estas son persona a las cuales atienden los activistas, se forman como liberales en las cuestiones básicas y que en la hora cero no tienen ningún inconveniente de afiliarse públicamente al partido. Estas personas a su vez sirven de portadores para llegar a otras personas ~~que~~ a las cuales ~~se~~ no tenemos contabilizadas.

En la actualidad y gracias a que el ejecutivo nacional del P.L.D.C cuenta con un buen equipo de personas instruidas ~~tenemos~~ estamos preparando un "Curso de formación de cuadros" en este curso impartiremos 6 asignaturas que son:

1. "Historia del Pensamiento Liberal (Universal y Cuba)
2. Tendencias políticas actuales: democristiana, socialdemócrata, ¿comunismo?, neoconservadurismo.
3. Conceptos económicos básicos.
4. Historia socio-económica y política de Cuba.
5. Globalización y ~~sus~~ las diferentes posturas ante este fenómeno.
6. Estudio del Programa del P.L.D.C.

Dice Alfonso: tenemos más de mil "simpatizantes".
Debe haber sacado la cuenta: 20 dólares por mil.
"No está mal", pensaría.

Ciudad de La Habana, 23 de enero de 1998

Sr. Carlos Alberto Montaner
Presidente
Unión Liberal Cubana

Querido amigo Carlos Alberto:

Recibí con mucha alegría la llegada de tus cartas y los libros que enviastes, ya tenía impaciencia por recibirlos. Compartí ambas cartas con Leonel Morejón como me lo pedistes, y también con los demás miembros de nuestro Ejecutivo, quienes la acogieron con mucho agrado.

Ya he leído más de una vez ambos documentos aprobados por la Internacional Liberal en el 48 Congreso, igualmente lo han hecho otros miembros del Partido, en uno de ellos la referencia a Cuba nos parece muy objetiva y aprobamos totalmente lo que se plantea. En general nos proponemos reproducir éstos documentos para que puedan ser leídos por el mayor número posible de personas y para los activistas y simpatizantes del PLDC será un material de estudio muy provechoso.

Te pudo decir que aunque tenemos un programa económico-político y social, pensamos revisarlo y actualizarlo en los próximos días; esto lo haremos el Lic. Leonel Morejón Almagro, el Ingeniero Héctor Fernando Maseda Gutiérrez, Secretario de Relaciones Internacionales del Partido y yo, luego me ocuparé de hacerte llegar una copia.

En cuanto al documento que tellegó por fax, realmente es falso, conocemos al Sr. Fernández Martínez como periodista independiente pero jamás ha tenido ningún vínculo de trabajo con nuestro partido, afortunadamente gracias a las relaciones que tenemos en la Embajada Británica enseguida se nos comunicó de la solicitud hecha por este Señor para viajar al Congreso y logramos neutralizar sus propósitos.

La propuesta de colaboración que nos haces me parece magnífica, en el PLDC estamos también muy satisfechos de poder colaborar con ustedes, pues nos une además del deseo de lograr la democracia y el fin del castrismo en Cuba una identidad de ideales. Considero que los liberales tenemos un gran desafío en el futuro de Cuba y las mejores propuestas, las más viables y los mejores métodos para alcanzar la sociedad de libertad y prosperidad que queremos están en el Liberalismo.

Nosotros desde siempre hemos trabajado en la difusión de estos ideales dentro de Cuba, está en nuestro plan de trabajo para nuestras delegaciones provinciales y municipales como tarea permanente. Ahora la propuesta tuya de organizar círculos de estudios martianos independientes nos parece muy buena y la aprobamos, como me dices dejo en tus manos la elaboración de las lecciones y de hacérmelas llegar.

De antemano te digo que llevaremos la propuesta al Secretariado de Concilio Cubano del que también formo parte, para así poder extender éste trabajo, en un futuro dentro de los objetivos de Concilio para lograr la unidad está el estudio de diferentes aspectos sociales, económicos políticos de la juventud y otros. Tenemos en el Partido un modesto boletín que circulamos entre la oposición, los simpatizantes y el cuerpo diplomático, en el que hemos divulgado documentos de la Internacional Liberal, te señalo esto para que comprendas que estamos en sintonía en cuanto a los propósitos de divulgar los ideales del Liberalismo.

Quisiera saber qué se hizo con los documentos que enviamos al Congreso, sobre esto no he tenido noticias aún, todavía no he logrado hablar con Chumy Montaner; quisiera que me contaras más sobre las posibilidades que tiene el PLDC de ingresar como miembro observador en la Internacional Liberal, para nosotros es muy importante pues con ello no solamente nuestro partido, sino toda la oposición recibiría un gran apoyo político que como comprenderás necesitamos mucho, puedo asegurarte además que no pretendemos conseguir apoyo económico de la IL, recibimos muchos documentos que envió el Sr. Julius Maaten y sabemos que eso no es posible, te reitero que para nosotros lo más importante es contar con ese apoyo político, académico y las relaciones que pudiéramos alcanzar. Esperamos tu apoyo en este propósito.

Aquí seguimos trabajando mucho para fortalecernos, tenemos como ya sabes delegaciones en varias provincias, en algunas ya los miembros del PLDC son numerosos, como son: Las Tunas y Pinar del Río, además de la Ciudad de La Habana.

La situación política del país parece estable, pero en realidad el descontento entre la población crece y el descrédito del Gobierno es cada vez mayor, es cierto que la mayoría no quiere comprometerse contra el régimen, el pueblo sabe lo que eso cuesta y ve en gran medida la solución en emigrar, eso es un gran problema y necesitamos despertar valores cívicos en el pueblo, hacerle comprender que puede haber una alternativa y que es posible cambiar la realidad cubana.

Ahora cuando te escribo tenemos aquí como sabrás la visita del Papa, hay muchas espectativas en la población, muchos creen que el Papa influirá en el cambio político, pienso que sin duda políticamente ésta visita tendrá repercusión, pero creo será a mediano plazo. Quizá a partir de ahora el pueblo después de escuchar otro discurso diferente al del régimen crea en otros valores y sobre todo la juventud adquiera un compromiso con el futuro del país.

Con mucho gusto aceptamos el ofrecimiento de imprimir los documentos fundacionales del PLDC, como comprenderás los recursos con que contamos son muy modestos. Preferentemente puedes hacerlo con la "Síntesis Histórica", la "Síntesis de Programa" y el "Plan de Trabajo". Si te es posible identifícalos también en la parte superior con un logotipo, es suficiente que nos mandes una copia, aquí podemos reproducirlos.

Bueno, querido amigo, tal vez sea un tanto larga la carta pero deseé tratar todos los aspectos de la que me enviastes.

Puedes considerar que ya está abierta nuestra colaboración, todos los miembros de nuestro Ejecutivo te envían un saludo afectuoso y esperamos noticias tuyas.

Un abrazo,

Osvaldo Alfonso Valdés

El mercenario Osvaldo Alfonso informa a su jefe en España y pide instrucciones que, sin dudas, coincidirán con las de Washington.

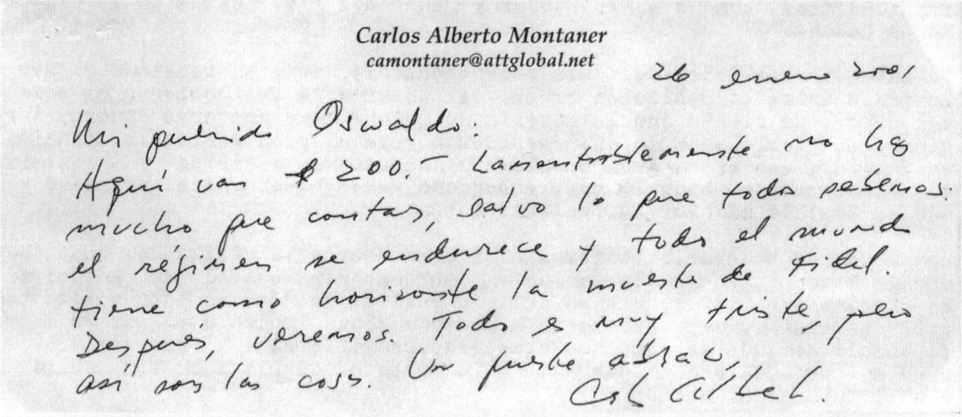

Carlos Alberto Montaner
camontaner@attglobal.net

26 enero 2001

Mi querido Oswaldo:
Aquí van $ 200.– Lamentablemente no hay mucho que contar, salvo lo que todos sabemos: el régimen se endurece y todo el mundo tiene como horizonte la muerte de Fidel. Después, veremos. Todo es muy triste, pero así son las cosas. Un fuerte abrazo,
Carlos Alberto.

Mensajes de Carlos Alberto Montaner a Osvaldo Alfonso: dinero, mucho dinero... Nótese que Montaner advierte que pronto lo llamarán “amigos españoles de alto nivel”.

Sr. Osvaldo Alfonso

Carlos Alberto Montaner
camontaner@attglobal.net

22 MAYO 2001

Mi querido Osvaldo:

Un amigo, a quien conoces, tiene la bondad de hacerte llegar 30.000 pesetas.

Muy pronto te llamarán unos amigos españoles de alto nivel para hablar del Proyecto Varela. Sugerí cinco nombres: Payá, Alfonso, Arcos, Raúl Rivero y Tania Quintero.

Va un fuerte abrazo y una revista Encuentro.

Carlos Alberto Montaner

Sr. Osvaldo Alfonso

Carlos Alberto Montaner
camontaner@attglobal.net

24 de mayo 2001

Mi querido Osvaldo,

Un amigo común tiene la bondad de hacerte llegar estos $ 200.— y un recado personal que te dará Raúl.

Llámame a España cuando veas esta nota. Un fuerte abrazo,

Carlos Albert.

22 de febrero del 2003

Por la presente se le entrega al Sr. Osvaldo Alfonso Valdés Miembro de la Comisión de Relatoría de TODOS UNIDOS de 40.00 U.S. (Dólares, que envian como ayuda humanitaria, los hermanos de A.C.D.)

Recibe Osvaldo Alfonso Valdés

La Asociación Cubana Democrática de Miami envía el dinero.También, llueven las invitaciones.

CANADA

El Segundo Secretario (Político) de la Embajada de Canadá,
Christopher Burton,
tiene el honor de invitar al

Sr. Osvaldo Alfonso

a una cena
en honor de Kimberly Cowan, especialista de Cuba,
área de América Latina y el Caribe (LCR),
Ministerio de Astos. Exteriores y Comercio Int'l de Canadá.

Día: Jueves 20 de junio de 2002
Lugar: Calle 220 #717 e/7ma-A y 9na,
Siboney
Hora: 19:30 hrs.

R.S.V.P.
204-2516 y 17

Ciudad de La Habana, 10-3-03

Estimado señor James Cason
Jefe de la Sección de Intereses de
EE UU en La Habana.

Señor embajador,

En días recientes escuchamos las ofensas que recibió por parte del presidente cubano. Junto a ello se nos acusó, como es habitual de ser pagados por su gobierno.

Es por ello que deseamos reiterarles nuestra gratitud por el apoyo moral que ustedes nos han dado en nuestra legítima y pacífica lucha por los derechos de los cubanos.

Nuestras casas siempre estarán abiertas para acogerles siempre que lo deseen.

Estamos seguros de la justeza de nuestros propósitos y no tenemos motivos para renegar de unas relaciones con ustedes que no escondemos.

Osvaldo Alfonso Valdés
Presidente PLDC

Francisco Morales Aquino
Sec. de Rel. Internacionales JLC

Una carta miserable: prueba hasta qué punto se venden estos “independientes”.

James Cason funda el Partido Juventud Liberal Cubana, en la casa del mercenario Osvaldo Alfonso, presidente del Partido Liberal.

En la presidencia de la "actividad": James Cason (1), Nicholas J. Giacobbe (2) y Ricardo Zuniga (3), representantes de la SINA en Cuba.

ESE INFORME DE GINEBRA LO ESCRIBÍ YO

Liborio Noval les hace bromas para lograr la fotografía que acompaña esta entrevista. "Relájate, médico, no te pongas tenso, que te ves de madre en la pantalla de la cámara", y Pedro Luis Véliz se ríe, "no estoy tenso, te lo juro."

Cuando Ana Rosa Jorna se acerca, la imagen que finalmente ganó el voto de todos aparece solita, sin buscarla. Liborio aprieta el obturador un par de veces y se lanza: "¿Ustedes se quieren más ahora que antes, verdad?"

AGENTES ERNESTO Y GABRIELA

¿Cuándo empiezan sus actividades conspirativas?

Pedro: En el año 1996. Frente a mi casa vivía Rafael Santiago Montes. Él tenía cierto protagonismo en *Radio "Martí"*, donde hacía denuncias sobre violaciones de derechos humanos. Trabajaba conmigo en el hospital "Comandante Piti Fajardo", en el Vedado.

¿Como médico?

Pedro: No, como ingeniero, con una buena calificación porque había estudiado en la Unión Soviética. Tenía un turno de trabajo de 24 horas y luego descansaba tres días seguidos, por lo que tenía bastante tiempo para realizar sus actividades contrarrevolucionarias y era un hombre muy agresivo.

¿En qué sentido?

Pedro: Haciendo proselitismo a favor del Partido Liberal Democrático Cubano, en el cual era uno de sus directivos. Había estado detenido unas horas y había tratado de ganar para "la causa" a algunos delincuentes que coincidieron con él, en la estación de policía. Por tanto, dado que era mi vecino y mi compañero de trabajo, la Seguridad vino a hablar conmigo.

¿Qué le pidieron?

Pedro: Que me le acercara para ver si el hombre mordía el anzuelo, cosa que hizo en la primera oportunidad en que nos encontramos.

¿Le habló inmediatamente del Partido Liberal?

Pedro: No solo eso, sino que me contó que los dirigentes de ese partido se rotaban la presidencia para no ser detectados por la Seguridad. No querían que identificaran a un jefe y desmantelaran el grupo. Muy orgulloso me dijo que en ese momento él era el presidente. No me dio tiempo a nada. Me citó para una reunión en su casa, que se realizaría al día siguiente por la noche. Así, de un día para otro prácticamente, me vi con varias tareas en un grupo bastante bien compartimentado.

¿Qué tareas le dieron?

Pedro: Crear algunas células contrarrevolucionarias en el hospital, atender desde el punto de vista médico a los dirigentes de la "oposición" —de hecho ingresé a varios jefes de los grupúsculos—, desestimular a personas que ocupaban cargos de dirección para que pertenecieran a mi célula. Si lograba atraer a otras personas, dejaba de ser un miembro más y me convertía en jefe de ese grupo.

También, recibí orientaciones de escribir denuncias sobre la Salud Pública cubana para transmitirlas por *Radio "Martí"*.

¿Qué tipo de denuncias?

Pedro: Los problemas epidemiológicos, por ejemplo. En esos días había un brote de conjuntivitis hemorrágica y a eso le enfilaron los cañones. Siempre buscábamos algún punto crítico de la realidad y lo sobredimensionábamos.

¿Salían por Radio "Martí", *en su voz?*

Pedro: No. Yo las redactaba y Santiago Montes u otro de los jefes las leía a nombre suyo. Luego conciliaron entre ellos buscarme un seudónimo para no quemarme, y ahí aparecen mis varios nombres de "guerra": Arturo Pérez, Pedro Arturo, Arturo Pérez Medina, Pedro Arturo Véliz Pérez.

Precisamente una de estas denuncias me permitió conocer a quien se presentaba como el presidente del Colegio Médico de Cuba.

¿Quién era?

Pedro: Augusto Madrigal Izaguirre, un médico sancionado por corrupción. Cuando salió de prisión, contactó con los grupos contrarrevolucionarios. Él conocía a Rafael Santiago, a Héctor Maceda Gutiérrez y a Osvaldo Alfonso Valdés, los otros "presidentes" del Partido Liberal.

¿Cuál era el objetivo del Partido Liberal?

Pedro: Esta gente no era ni mucho menos lo patriota que decía ser. Su verdadera línea política estaba orientada a salir del país y a tener protagonismo para obtener dinero de Estados Unidos, que luego se embolsillaban. Justo por eso el Partido Liberal terminó como la fiesta del Guatao. El dinero separó a Maceda y a Osvaldo Alfonso de Rafael Santiago.

¿Y usted qué hizo?

Pedro: Seguir a Rafael Santiago, que se fue para la Corriente Liberal. Ni se imaginan cuánto tuve que estudiar en aquella etapa para estar al día en torno al liberalismo europeo, la socialdemocracia y otros temas por el estilo.

Fundación Hispano Cubana (FHC)

Surge en noviembre del 1996 por iniciativa de Guillermo Gortázar diputado del Partido Popular (PP), Jorge Mas Canosa y Carlos Alberto Montaner. Se presenta públicamente como una organización vinculada a la promoción de la cultura hispano cubana, pero en realidad en armonía con la política de Aznar, el PP y la FNCA promueve y realiza eventos y actividades culturales donde participan intelectuales y artistas con posiciones hostiles hacia la Revolución.

Han trabajado en la búsqueda de información sobre empresarios españoles y sus negocios en Cuba, sobre supuestas violaciones de los derechos humanos y para desestimular posibles inversiones.

La organización ha recibido recursos financieros del gobierno español y utiliza la Casa América, perteneciente al gobierno, para promover y fomentar posiciones anticubanas en Iberoamérica.

La organización ha entregado premios a algunos de los principales dirigentes contrarrevolucionarios y ha intentado emitir programaciones radiales contra Cuba.

Gortázar Recheverrua en la actualidad trabaja como profesor universitario. Es el promotor del proyecto Comité de Ayuda a la Instauración de la Democracia en Cuba (PDC). Ha dirigido la revista *Hispano Cubana*. En diversas oportunidades ha gestionado el asilo político para grupos de cubanos que viajan a Rusia y hacen escala en Madrid. Con el apoyo del Wilfredo Pérez Quevedo ha estado promoviendo la creación de una filial de la FHC en Rusia.

Luego, Corriente Liberal también se dividió por rencillas dentro del grupo, y me trasladé de nuevo hacia otra organización; esta vez al lado del doctor Madrigal. Así me incorporé como coordinador nacional al Colegio Médico "Independiente" de Cuba.

¿Quiénes fueron los jefes de este Colegio Médico?

Ana Rosa: En el cargo de presidente había estado la neurocirujana Hilda Molina, pero no dio la talla porque sufre de una paranoides extrema: ve en todo el que se le para delante a un agente de la Seguridad. La sustituyó la doctora Iraida de León, que tenía un corte muy provocativo, como el de Oscar Elías Biscet. Luego, Augusto Madrigal, algo más moderado. Y finalmente, estuvo Pedro, aún más moderado que el anterior.

¿Cuándo lo nombran presidente del Colegio Médico?
Pedro: Madrigal fue enviado a Chile por Timothy Brown, un agente de la CIA confeso, con fachada de diplomático de la SINA. Brown creó las condiciones para que el presidente del Colegio contactara con el hermano de Brown, que era diplomático en ese país. La misión era reunirse con profesionales chilenos para que respaldaran a los médicos cubanos "disidentes", y exigieran elecciones libres en Cuba y respeto a los derechos humanos.

Cuando a Madrigal se le presentó el viaje a Chile, ya había sacado a casi toda su familia del país. Me dejó a mí —supuestamente de manera provisional— al frente del Colegio Médico. Esta organización contrarrevolucionaria tenía un presidente, un coordinador nacional y tres vicepresidentes.

¿En qué momento usted asume la dirección del Colegio?
Pedro: Cuando él se va, se crea un vacío de poder. El segundo al mando era yo y estuve cerca de un año diciendo que Madrigal era el presidente y yo el coordinador, hasta que me dijeron: "Oye, este hombre no va a regresar; asume tú."

¿Quién se lo dijo?
Pedro: Todo el mundo, la Seguridad y los otros miembros del consejo nacional de la organización. En enero de 1998 aparecí como presidente y en ese momento, Manuel Alzugaray Pérez, del Miami Medical Team Foundation, me propuso el Proyecto Despertando Sonrisas.

¿Qué es?
Ana Rosa: Tal vez uno de los planes más siniestros de todos estos años.

¿Quién lo sostiene?
Pedro: Es una larga historia.

Leopoldo Francisco Fernández Pujals

El 18 de julio del 1960 emigró hacia Estados Unidos junto a su familia, y se radicó en Miami. Trabajó para la firma Johnson and Johnson como gerente de venta para América Latina, denunciada por vincularse a operaciones de la CIA. Allí donde ejecutó tareas en nombre de ese servicio de inteligencia

En 1981 se radicó en España. En 1987 creó Telepizzas, una empresa que tuvo un gran éxito económico y que se convirtió en una importante fuente de financiamiento para varios proyectos contrarrevolucionarios.

En diciembre de 1997 aportó dinero para la constitución de la organización contrarrevolucionaria Sociedad de Ayuda a los Cubanos (SAC), en Madrid, donde fue incluido en su directiva, de la cual se retiró unos meses después.

Creó el 4 de septiembre de 1999 la Fundación Elena Mederos, en homenaje a su tía abuela, con el objetivo de formar un movimiento internacional de condena a Cuba.

Ha financiado a varios expresos contrarrevolucionarios radicados en Miami, entre ellos René Cruz Cruz, Eusebio Peñalver Mazorra ambos involucrados con Luis Posada Carriles en planes agresivos contra Cuba.

Ha dado importantes ayudas económicas a la organización contrarrevolucionaria Centro Cubano, para costear los gastos de los cubanos que desertan en España.

También ha brindado apoyo financiero a la ONG contrarrevolucionaria Reporteros sin Fronteras, con el fin de apoyar a supuestos "periodistas independientes".

¿Puede sintetizarla?

Ana Rosa: ¿Recuerdan al hombre que llegó a España y vendiendo pizzas a domicilio se hizo rico?

¡Telepizzas...!

Ana Rosa: Se llama Leopoldo Fernández Pujals. Nació en Cuba y a los 13 años emigró a Estados Unidos. Vivió allí aproximadamente 20 años y tuvo vínculos con la Fundación Nacional Cubano Americana. Después se fue para España, pero siguió bajo la sombra de la FNCA, lo que explica el éxito de sus "pizzas".

Cuando empezó a tener éxito, vendió todas sus acciones por un valor millonario y dedicó parte de sus ganancias "a la lucha por los derechos humanos y a difundir las supuestas maldades del régimen de Cuba".

Creó la Fundación "Elena Mederos", que lleva el nombre de una exministra de Bienestar Social al triunfo de la Revolución. El proyecto estrella de esta institución "humanitaria" era Despertando Sonrisas.

¿Manuel Alzugaray lo llama desde Miami para proponérselo?
Pedro: Sí, e inmediatamente me llama la esposa de Leopoldo.

¿En qué consistió?
Pedro: Pretendía sacar a niños enfermos del país, con un acompañante, madre o padre, y darles tratamiento quirúrgico en el exterior.

¿Qué tenía de malo?
Ana Rosa: Fíjense qué idea más "humanitaria". Dice aquí: "Objetivo principal del proyecto: Realizar intervenciones quirúrgicas a niños cubanos entre 0 y 15 años, que no puedan realizarse en su país y que no requieran tratamiento posterior o, si este fuera necesario, se pueda realizar en Cuba." Y más adelante: "No nos hacemos cargo de los casos crónicos. No se admitirán casos de oncología ni trasplantes." ¿Se dan cuentan? Pondrían curitas y harían de eso una enorme publicidad. Por otra parte, no solo estaba lejos de ser un proyecto "humanitario", sino que escondía fines de lucro y una evidente maniobra política.

¿Por qué dice eso?
Ana Rosa: En este proyecto interactúan varias cosas. En primer lugar, es un evidente juego político. Leopoldo vendió sus acciones de Telepizzas en la bolsa y no enmascaró que esta fundación tenía como objetivo principal ayudar a aniquilar la Revolución Cubana.

Pero además, entre los objetivos explícitos de la "Elena Mederos" está autofinanciarse. Aquí tenemos, las conferencias que promueven, el número de los participantes, los costos de desplazamiento, costo de material informativo, objetivos a trazarse, las páginas web que realizarían.

Miren las listas de las conferencias: "Derechos humanos. Qué defendemos. Documentos básicos de las leyes internacionales de derechos humanos y laborales. Qué aborrecemos: Las leyes cubanas, el Código Penal, la Constitución, la Ley 88, Ley 77 y discursos de Fidel. Documentos de referencias de Derechos Humanos en Cuba. Amnistía Internacional. Human Right Watch, Reporteros sin Fronteras, ONU."

Todo esto se cobra. ¿Hace falta argumentar más para demostrar que el tal Leopoldo no es ni patriota ni altruista?

¿Qué otras organizaciones gravitan en torno a la Fundación "Elena Mederos"?

Pedro: La Fundación Hispano Cubana, la Fundación Nacional Cubano Americana, el Miami Medical Team Foundation (MMTF), Physician's Association Clinicals, Hospitals and Annexs (PACHA), también de Miami. Tuve contacto con directivos de todas estas organizaciones y con muchos de ellos participé en varios programas de *Radio "Martí"*, donde también estuvieron Lincoln Díaz-Balart, el cura Francisco Santana, Manuel Alzugaray y otros. Toda la camada sentada a la misma mesa.

¿Cómo llegó Despertando Sonrisas a Cuba?

Pedro: En dos ocasiones enviaron emisarios. La idea original era habilitar un número telefónico en una iglesia, con una persona las 24 horas del día, de manera que el que llamara pudiera recibir también consejos espirituales. Dejaron dinero para que pudiera realizarse un puente telefónico con España o Estados Unidos, cada cierto tiempo.

¿Pudo concretarse?

Pedro: No así, y cuando me presentaron el plan para que lo ejecutara, como proyecto del Colegio Médico "Independiente", también le di bastante de largo.

¿Qué hizo?

Pedro: Le dijimos que no lo comprendíamos bien, que nosotros éramos los que estábamos aquí en Cuba, y no ellos, y, por ejemplo, no estaba de acuerdo con abrir oficinas en las 14 provincias, sino por regiones. Discutía por el salario que me asignarían y cuando llegamos a un acuerdo, empezamos a pedir los equipos de oficina y todos los utensilios que nos pasó por la cabeza y que considerábamos útiles para armar la representación.

¿Los compraron?

Ana Rosa: Inmediatamente: se pidió un fax y compraron tres; también máquinas de escribir, papel, sellos, de todo.

¿Vino alguien a chequearle la tarea?

Pedro: Dos españoles. Visitamos varias provincias.

¿Cuánto le pagaban?

Ana Rosa: La Fundación "Elena Mederos" nos pagaba 100 dólares mensuales a cada uno de los que trabajábamos en el proyecto.

¿En qué consistió exactamente su trabajo?

Pedro: Hicimos varios viajes por el país para contactar algunos niños. Luego fuimos a la embajada para tramitar las visas de ellos y de sus familiares. Desde España y desde Miami nos exigían detalles de todo lo que hacíamos.

¿Quién era el que se encargaba de eso en la embajada española?

Pedro: Últimamente fue Pedro Martínez-Avial Martín, consejero de la embajada. Nos dijo que no había ningún tipo de problema para los trámites, e incluso nos ofreció la valija diplomática, si necesitábamos enviar documentos que no se podían pasar por fax. Nunca lo hicimos, nunca.

¿Por qué?

Pedro: Teníamos el deber de desestimular aquel engendro. ¡Imagínate otro Peter Pan y con niños enfermos! En el tiempo que estuvimos en el Proyecto Despertando Sonrisas, hacíamos los recorridos, las historias clínicas —casos reales—, pero con características que sabíamos que ellos no iban a aceptar, los que necesitarían una atención post-operatoria.

¿De dónde salían los casos?
Ana Rosa: *Radio "Martí"* hizo una campaña brutal, y había personas que escribían al programa o directamente a la Fundación.

Ellos nos mandaban las cartas y nos exigían un seguimiento. Teníamos que buscar a los niños, ver si realmente tenían la patología que decían, examinarlos desde el punto de vista médico, llenarles una encuesta de demanda de admisión para el tratamiento en el extranjero, y enviársela al hospital de San Rafael y a una Organización No Gubernamental perteneciente al Opus Dei, todo esto en España. Ellos decían: "Pero están mandando casos no elegibles", y nosotros respondíamos: "Son los que tenemos."

Pedro: Entonces, me exigían: "Busca otros casos." Y les contestaba: "Óigame, yo no puedo poner un cartel en la puerta de mi casa que diga: Aquí funciona el Colegio Médico 'Independiente' de Cuba, con un proyecto que se llama Despertando Sonrisas y saca niños del país."

¿Y cómo terminó?
Pedro: Nos botaron y nosotros felices: el Colegio Médico "Independiente" no envió ningún niño al extranjero.

¿Qué pasó con los casos cuyos familiares habían escrito a España o a Estados Unidos?
Ana Rosa: Fueron atendidos en Cuba. Recuerdo a una niñita de Santiago de Cuba, muy linda, que se había quedado sorda y tenía un nivel cultural muy alto. Estaba en quinto o sexto grado, en una escuela normal. Inteligentísima. Leía en los labios del maestro y la amiguita que se sentaba a su lado en el aula, cuando él se viraba de espaldas, le decía lo que el maestro hablaba.

Pedro: Le mostré a nuestro oficial la historia clínica de la niña, y fue atendida en el hospital "Hermanos Ameijeiras". Se le hizo un implante coclear —nervio de la audición—, con una rehabilitación muy buena. Está perfectamente.

Francisco José Hernández Calvo

Nacido en La Habana, de profesión ingeniero. Perteneció a la Marina norteamericana donde alcanzó el grado de Capitán.

En 1981, junto a Jorge Mas Canosa, fundó la FNCA.

En 1984 era el presidente de la Corporación de Inversiones por la Cuenca del Caribe (CBI).

Integró el grupo paramilitar de la FNCA desde su creación y en diferentes etapas lo ha dirigido.

Controla personalmente los recursos financieros millonarios que la FNCA ha destinado para acciones de eliminación física del presidente Fidel Castro.

Estuvo implicado en el escándalo público que vincula a la FNCA en el plan de atentado a Fidel Castro durante la celebración de la VII Cumbre Iberoamericana en isla Margarita. Uno de los fusiles de asalto semiautomático Barret, calibre 50, ocupado al grupo terrorista detenido en Puerto Rico en octubre de 1997, era de su propiedad.

Ha mantenido estrechos vínculos con Luis Posada Carriles y el dispositivo centroamericano que este dirigía. En comunicación con el dirigente contrarrevolucionario Víctor Rolando Arroyo Carmona propone insertar los grupúsculos en el sistema de las Naciones Unidas, solicitar reconocimientos y participar en eventos para presionar al gobierno revolucionario.

¿Cuándo se incorporó Ana Rosa a trabajar como agente a su lado?

Pedro: Cuando nuestra relación se iba a pique, hablé con mi oficial y le pedí ayuda. Ellos investigaron y confiaron en nosotros. Nació la agente Gabriela. A partir de ahí el trabajo se hizo más sólido y se salvó mi matrimonio. A su lado me sentía más tranquilo.

¿Estaba al tanto de todo?

Pedro: De lo esencial sí. Por su propia seguridad hubo que compartimentar algunos detalles.

¿Cuántos hijos tienen ustedes?
Ana Rosa: Dos: Luis Ernesto y Ana Laura.

¿Por qué dice que se salvó su matrimonio?
Pedro: Llegaba a las 11 de la noche a la casa y no sabía qué cuento inventarle. Ana ya estaba trabajando en el policlínico Héroes del Moncada, atendiendo a pacientes igual que yo y regresaba temprano a la casa. No podía explicarse mis ausencias y veía fantasmas de mujeres por todas partes.

Cuando le explicaron qué había en realidad, tuve la certeza de que cuando llegara no tenía que ponerme a hacer comida ni arreglármelas como pudiera... Porque todas esas variantes de guerra fría me las aplicó antes.

¿Cuánto tiempo duró eso?
Ana Rosa: Cinco años. Me incorporé en el trabajo con la Fundación "Elena Mederos".

¿Cuándo comenzaron sus vínculos con la Sección de Intereses?
Pedro: Cuando comencé a colaborar con el doctor Augusto Madrigal. En junio de 1998, la Sección de Intereses nos convocó para que nos entrevistáramos con tres periodistas del diario *Dallas Morning News*, interesados en la realidad cubana. Timothy Brown fue quien sugirió nuestros nombres, y el encuentro con ese medio transcurrió durante un desayuno de trabajo en el Hotel Nacional.

El 5 de diciembre de ese mismo año, nos invitaron a la residencia del jefe de la SINA, Michael Kozak, donde se produjo un encuentro con el senador Christopher Dodd para tratar el tema del "embargo" de EE.UU. a Cuba. Dodd se había entrevistado con Fidel, y los diplomáticos le hicieron una emboscada y lo sentaron a la cañona con los "disidentes", en nombre del socorrido "balance" político que tanto defiende Estados Unidos cuando le conviene.

¿Cómo transcurrió ese encuentro?
Pedro: La mayoría de los "disidentes" plantearon que no se levantara el bloqueo. Otros pidieron que se levantara, pero con

condicionamientos de supuesta democracia y cambios políticos en la isla, y un tercer grupito, que se eliminara solo el bloqueo de alimentos y medicamentos.

En medio de aquella controversia, pedí que levantaran el bloqueo completamente. Y dije: "Se me aprietan las coronarias cada vez que hay que tratar a un enfermo grave y no están los medicamentos para salvarlo. O encuentro personas desnutridas por falta de alimentación. Además, todos los que estamos aquí vivimos en Cuba y es un mito que el embargo sea en contra del gobierno. Los que vivimos mal somos nosotros."

Aquello se vino abajo y Christopher Dodd me abrazó. Por supuesto, para guardar la forma le comenté: "Vengo a esta actividad como invitado y no sé si el lunes, cuando entre de nuevo a mi centro de trabajo, termine de patitas en la calle." Y él me contestó: "Si a usted le pasa algo, me llama."

¿Lo botaron del trabajo?

Pedro: No, claro que no. Déjenme explicarles algo, a mí trabajar con los niños me llevaba mucho tiempo y no podía dedicarme a relaciones más intensas con la SINA.

En algún momento, los compañeros de la Seguridad me propusieron dejar el hospital para atenuar la carga. Dense cuenta que yo también tenía múltiples conflictos laborales, porque necesitaba cuidar mi fachada de contrarrevolucionario, también entre revolucionarios. Aquello era un infierno.

Pero les pedí que me dejaran seguir como médico. Mis oficiales respetaron mi deseo, pero eso significó que tenía que simultanear las consultas y las guardias en el hospital, con largos recorridos, a pie o en bicicleta, para preparar la documentación, recoger los fax y enviarlos.

No obstante, la relación con la SINA se mantuvo, particularmente con Nicholas J. Giacobbe.

¿Visitaron su casa?

Pedro: Sí. Y no solo la mía, sino la de Odilia Collazo, la de María de los Ángeles Menéndez, la de Moisés Rodríguez... Sobre esto tengo una anécdota simpática.

El 10 de diciembre de 2001 se había convocado una reunión en casa de Odilia, la presidenta del Partido Pro Derechos Humanos. Ella invitó a todo el mundo —no sé cómo podía porque la casa es pequeñita.

La Seguridad había puesto un dispositivo que impedía parquear los carros frente a la casa y dificultaba la llegada de la gente. Cuando ya iba a salir, me llamó por teléfono un contrarrevolucionario y me alertó: "Arturo, la Seguridad está frente a la casa de Odilia y no están dejando entrar a nadie." Llamé a mi oficial y le dije: "¿Qué hago?" "Tú tienes que ir para allá." Y yo: "Oye, ¿y el operativo?" "Trata de entrar como sea. Déjame coordinar." Lo volví a llamar: "Arturo, no pude hablar con nadie. Todo el mundo está en el operativo. Cuélate, tienes que estar ahí."

Cogí el carro y lo llené de personas y salí para casa de Odilia. Entré por otra calle y avancé con la marcha atrás, a toda velocidad. Frené en seco y le grité a mis acompañantes que salieran disparados. Dejé el carro en medio de la calle, con las puertas abiertas. Los que estaban dentro de la casa aplaudieron con alegría y gritaron: "¡Otro más!"

Al rato, llegó Víctor Vockerodt y me mandó un recado: "Díganle al médico loco ese que parquee bien, que dejó el carro con las puertas abiertas. Yo lo voy a proteger." Se me acercó: "Mire, cuando me vaya a ir, usted me sigue en el carro suyo para que no tenga problemas." Le zumba el mango: ¡El agente Ernesto salió de allí custodiado por un carro de chapa diplomática de la Sección de Intereses de los Estados Unidos de Norteamérica!

¿Qué miembro del cuerpo diplomático norteamericano visitó su casa?

Pedro: Ricardo Zuniga. Me visitó y me contó una serie de anécdotas del recorrido que hizo con James Cason por las provincias del país. Me dijo, por ejemplo, que se encontró con un médico en medio de una montaña, en un lugar intrincado de Oriente. Cuando le preguntaron qué medicamentos tenía, si necesitaba dinero y empezaron a sonsacar al médico, este le dijo en tono bastante rudo que ahí se contaba con el equipamiento y con medicamentos para tratar las enfermedades. Que con lo único que tenía dificultades era con la transportación, por lo intrincado del lugar. Pero que allí nadie se le moría, porque en mulo o en carretas él se encargaba de que sus pacientes fueran atendidos.

Ricardo Bofill

Exrecluso contrarrevolucionario, asilado en la embajada de Francia durante unos seis meses. Salió de la sede diplomática por su propia voluntad en enero de 1987.

A principios del 60 fue miembro de la organización contrarrevolucionaria Asociación Popular Cristiana, y luego a finales de ese decenio fue sancionado por sus actividades dentro de la microfracción.

En 1983 inició una campaña para llamar atención internacional. Se presentaba ante diferentes organismos y sedes diplomáticas como un supuesto “prisionero de conciencia”.

Los periodistas franceses Renaud Delourme y Dominique Lous Nasplezes contactaron con él por encargo de Armando Valladares y de otros exreclusos contrarrevolucionarios, para concertar acciones de desprestigio internacional contra Cuba.

En la prisión mantuvo una conducta recalcitrante y creó la organización contrarrevolucionaria Comité Cubano Pro Derechos Humanos. Hizo una carta donde manifestó su arrepentimiento y solicitó prisión domiciliaria o libertad condicional, por padecer de hipertensión. Pidió al gobierno revolucionario “hacer borrón y cuenta nueva”.

En 1985 fue puesto en libertad, después de cumplir solo dos años de sanción. Rechazó todos los trabajos que se le propusieron y comenzó nuevamente a conspirar contra el país.

En marzo de 1988, se publicó en Cuba un reportaje informativo del periodista Félix Pita Astudillo, donde se prueban las relaciones de Bofill con la SINA. La televisión nacional lo mostró recibiendo dinero de diplomáticos norteamericanos y traicionando a otros contrarrevolucionarios. Salió de Cuba en octubre de ese mismo año.

Se encontró con médicos revolucionarios. Zuniga me preguntó si decían la verdad y qué yo creía. Lo miré de frente, tratando de que no se notara la emoción por la actitud de mi colega, y le dije: "Mire, no le haga caso. El gobierno manda a los revolucionarios, a los mejores graduados, a los peores lugares. ¿Qué quiere que le digan?"

¿Los norteamericanos le pedían informaciones sobre la salud pública?
Pedro: Querían saberlo todo, como la situación de los hospitales, de los consultorios, de los cuerpos de guardia. Estaban obsesionados con la salud del Comandante, qué enfermedades padecía, si sabía qué medicamentos necesitaba, qué alimentos le hacían daño.

Giacobbe me llegó a decir —eso lo dije en el juicio contra los mercenarios— que él aspiraba a ver la muerte del Presidente cubano en los años que le tocaran estar aquí.

Escribí en una libreta todos los temas de los cuales ellos me pidieron información.

¿Cuáles más?
Pedro: Efectos de la visita de Juan Pablo II y de la visita de James Carter; posición del pueblo y de los grupos opositores ante el bloqueo de EE.UU.; efectos económicos y sociales en la salud pública; posición del pueblo ante la posibilidad de un capitalismo duro como en los países exsocialistas; posibilidades de explosiones sociales.

En el sector de la salud: estudiantes de medicina y posible desestimulación para continuar estudios; programa de estudios que se sigue en la Escuela Latinoamericana de Medicina; si los patrones son norteamericanos, franceses o rusos; si los programas allí únicamente están destinados a la formación de médicos de familia o si tendrían otro nivel. Todo lo concerniente a las escuelas emergentes de enfermería; los efectos de los proyectos y programas de salud en la población; plan del médico de la familia; resultado y satisfacción de los médicos y de la población; si el pueblo podía atenderse con otros médicos o en otras instituciones; situación de los centros de salud, entre ellos policlínicos, hospitales, consultorios; equipamientos, material de laboratorio, reactivos, imagenología, etcétera.

¿Más?

Pedro: Grado de satisfacción de la población con relación a las farmacias y la escasez de medicamentos; situación epidemiológica nacional; epidemias, fundamentalmente cólera, dengue, paludismo, tuberculosis, SIDA; difusión por parte del gobierno cubano y las autoridades sanitarias de brotes epidémicos o epidemias masivas; si los medios de comunicación difundían medidas contra brotes epidémicos; situación de salud de los niños, embarazadas y preocupación sobre el bajo peso al nacer. Índice de mortalidad infantil, esperanza de vida al nacer y parámetros que miden el grado de bienestar social de la población.

¿Le pidieron esa información de una sola vez, o por partes?

Pedro: En distintas ocasiones, aunque a veces se repetían las mismas preguntas. El tema de la salud en Cuba era lo primero, después todo lo demás. Querían saber también si eran ciertas las estadísticas que daba el gobierno. Les respondí que en La Habana estaban los representantes de organismos internacionales muy serios como la OMS, OPS, y que si ellos no eran capaces de decir que esos indicadores e índices eran inciertos, yo no era una voz autorizada para cuestionarlos.

Les sugerí que les exigieran a ellos las preguntas. No obstante, les dije: "Yo dudo mucho de esas cifras." Es decir, siempre trataba de ponerlos en tres y dos.

¿Qué relación tenían con el Colegio Médico que dirigía?

Pedro: Muchas veces se interesaron por saber cuántos asociados teníamos. Querían utilizar este dato como medidor de la situación. Les asegurábamos que teníamos 800 miembros y que aquí no solo estaban los médicos, sino el personal paramédico.

¿Tenían esa membresía?

Pedro: Por supuesto que no. No llegábamos a 20, e incluso los cargos de la dirección nacional eran inventados y, en la práctica, lo asumíamos mi esposa y yo.

¿Les dieron instrucciones para crear una "biblioteca independiente"?

Ana Rosa: Las instrucciones vinieron por varias vías: la SINA, el Miami Medical Team Foundation y la Acción Democrática Cubana. Los tres casi al mismo tiempo.

Manuel Alzugaray ha sido durante años amigo personal de Otto Reich. Alzugaray coincidió con Reich en Venezuela, cuando este era embajador de Estados Unidos allá y coincidió también en Nicaragua cuando la contra nicaragüense, ellos hicieron incluso programas de televisión juntos. Alzugaray decía que cenaban juntos en restaurantes de Miami.

Pedro: Otto Reich, por ser del Departamento de Estado para asuntos hemisféricos y uno de los que avalaba las licencias para importar medicamentos a los grupos contrarrevolucionarios, quería saber cómo era posible hacerlo, evadiendo todo contacto con el gobierno. En una conversación un día con Alzugaray, me dijo que él recibía órdenes para que nosotros las ejecutemos y que lo más importante sería levantar los consultorios y "farmacias independientes". Ellos nos abastecerían de todo lo necesario. Solo teníamos que llevarle a Giacobbe la relación de los medicamentos y demás cosas que recibíamos para que la presentara en el Departamento de Estado. O sea, que Acción Democrática necesitaba justificar ante sus verdaderos jefes el dinero entregado por la USAID.

¿Le contó cómo pensaban utilizar ese dinero para destruir la Revolución Cubana?

Pedro: Tengo una grabación con Manuel Alzugaray en el 2002, donde me dice que la creación de las farmacias y los consultorios independientes siguen el mismo principio utilizado en Nicaragua, Polonia, Rusia para acabar con el comunismo. Me pidió que, cuando entregara los medicamentos, no discriminara a los militantes del partido. "Te tienes que concentrar en ganar adeptos para la causa en el momento de la transición en Cuba. Después ya veremos..."

¿Podemos escucharla?
Pedro: Sí, aquí está. Ahora habla Alzugaray: "Tú se lo entregas a cualquiera, no importa que sea comunista, o que hayan sido del partido o de lo que sea. Que no te importe. Eso a la larga te va a beneficiar. Aquí no podemos ponernos partidistas, porque tenemos que decir que somos médicos, una organización humanitaria. No discriminamos color, ni tipo de religión, ni nada. Tú no sabes la clase de beneficio que le va a dar eso al grupo de ustedes, y a ustedes personalmente. Fue lo que hicimos en Nicaragua, en Polonia, en Rusia, en todos esos países que han caído de la esfera comunista, y así es como se ha ganado esto..."

Aquí también reconoce que Otto Reich era la persona que daba el visto bueno y aprobaba el Programa Piloto, y quien hacía la propuesta para que el gobierno norteamericano le aprobara el dinero que le iban a entregar a las organizaciones contrarrevolucionarias.

¿Qué es el programa Piloto?
Ana Rosa: Un proyecto multilateral de entrega de medicamentos e instrumental médico, dirigido a ejercer influencia negativa en la población y en el sector médico científico. La entrega de estos materiales se realizaría, fundamentalmente, en asilos de ancianos y barrios marginales por parte de los contrarrevolucionarios que operábamos en el sector de manera independiente y paralela a la actividad del Ministerio de Salud Pública (MINSAP).

¿Alzugaray les enviaba dinero?
Pedro: Cien dólares mensuales, a nombre del Miami Medical Team Foundation, que está adscrito al Instituto para la Democracia, que a su vez es subvencionado por la USAID. El dinero venía a nombre de mi esposa. Llegaba con regularidad, hasta que dejaron de mandárnoslo cuando empezamos a trabajar con Acción Democrática y organizamos la Oficina Nacional de Recepción de Violación de Derechos Humanos.

Decía antes que también tuvieron contactos con PACHA...
Pedro: El Physician's Association Clinicals, Hospitals And Annexs, a través de su presidente Vicente Lago. Este hombre apoyaba al

Colegio Médico, básicamente a los miembros de las provincias orientales. Era el mismo esquema: Informaciones, pasquines, revistas, medicinas. También con el doctor Marcelo Cano Rodríguez, quien fue presidente del Colegio Médico de Cuba, un grupo paralelo al Colegio Médico Independiente de Cuba, y luego, en Miami, se une a Acción Democrática.

Ana Rosa: Vean el carácter terrorista de estas organizaciones:

El 9 de agosto de 1998, dos de los integrantes del Miami Medical Team Foundation, Enrique Basas y Luis Orlando Rodríguez, participaron junto con Luis Posada Carriles en los planes de atentado para asesinar a Fidel Castro durante la visita del presidente cubano a República Dominicana.

Con el Colegio Cubano Libre en el Exilio, otra agrupación "de profesionales de la salud", son tres las organizaciones de este tipo que nos "atendieron" en estos años.

¿Qué pasó con el otro Colegio Médico?

Pedro: Elizardo Sánchez Santacruz, jefe de la Comisión Cubana de Derechos Humanos y Reconciliación Nacional, ha sido quien ha dirigido y orientado todas las tareas de Marcelo Cano Rodríguez, presidente del Colegio Médico, que surgió a partir de la decisión de los grupos de Miami de abrir otro frente más agresivo aún que el que yo presidía, para desmantelar el sistema de salud cubano.

Esta gente ha reclutado médicos, con el apoyo material y financiero de Frank Hernández Trujillo, del Grupo de Apoyo a la Disidencia.

Tenían una línea de trabajo muy concreta, que consistía en contactar con profesionales del sector con intenciones de emigrar a EE.UU. Los incitan a firmar un documento contrarrevolucionario opuesto a las indicaciones del MINSAP que regula las salidas al exterior. Les proponen que realicen actividades provocadoras.

¿A que no adivinan a cambio de qué? El arreglo de una visa para viajar a Estados Unidos y el apoyo de la SINA para resolver su salida al exterior.

¿Quién es Alzugaray?

Ana Rosa: Un hombre que se fue al principio de la Revolución y tiene un largo currículum terrorista desde entonces. Recibía y daba atención médica a desertores de países exsocialistas, estuvo en la Base Naval de Estados Unidos en Guantánamo cuando la crisis de los balseros. Por ahí hay revistas y pasquines que él nos mandó.

¿Qué tipo de medicamentos llegaban de Miami? ¿Cómo los introducían en el país?

Ana Rosa: Ellos mandaban medicamentos que no fueran expedidos por recetas médicas, porque se les complicaban las cosas. No eran de urgencia. No le salvaban la vida a nadie, aunque siempre hacen falta, fundamentalmente los analgésicos antipiréticos, antinflamatorios, vitaminas, minerales... Ahora, medicamentos deficitarios como antiagregantes plaquetarios, medicamentos endovenosos, o para usos parentenales, esos no los mandaban.

Llegaban por "mulas", y tuvimos una muy particular.

¿Quién?

Pedro: El senador estatal de Carolina del Norte, Henry William Barker, supuestamente portador de un envío humanitario del Love Valley Presbyterian Church. En realidad había viajado siguiendo instrucciones de Lincoln Díaz-Balart y del Miami Team Foundation. Tenemos fotocopias de todos los documentos que traía.

¿Qué dicen?

Ana Rosa: Por ejemplo, esta es una carta remitida por Ana Carbonell, la jefa de la oficina de Lincoln Díaz-Balart, en la que le explica cómo contactar a Pedro, el teléfono de nuestra casa, y que Alzugaray puede darle referencias de médicos "opositores" que viven en áreas rurales del país. También, una carta que había enviado a la Oficina de Control del Departamento del Tesoro, donde explicaba que traería medicinas a la isla, donadas por el pueblo de Carolina del Norte, en particular de sus iglesias, y que los nombres de los médicos a quienes visitarían han sido recomendados por el congresista Díaz-Balart, algo que puede confirmar su asistente Ana Carbonell.

¿Informa ahí quién es él?

Ana Rosa: Se presentó como un abogado de 56 años, licenciado de la marina y que ha servido al gobierno norteamericano como asistente legal y en el senado de Carolina durante dos mandatos consecutivos. En realidad, este hombre se comportó como un clásico agente CIA.

¿Por qué dice eso?

Pedro: Hay muchos elementos, desde su comportamiento, hasta la documentación que traía. Por ejemplo, la carta donde relaciona los medicamentos que debía entregarnos dice en español:

"Operación USA está satisfecha por donar los productos enumerados abajo a la gente cubana para el uso en los hospitales pediátricos para el cuidado de los niños y los pobres..." La palabra Operación USA está tachada, y encima, con una flecha se indica que en realidad es la Love Valley Presbyterian Church, un membrete superpuesto a la carta oficial. Algo hecho con bastante chapucería y apuro.

Este hombre volvió a venir a Cuba con más medicinas, regalos y dinero. Siempre se quedaba en nuestra casa. Ya en confianza, la última vez trajo un catálogo de armas, y nos preguntó cuál era la que preferíamos. Recuerdo que era como un plegable. Nosotros nos horrorizamos; le dijimos que nuestra oposición al gobierno era pacífica, que estábamos en contra del derramamiento de sangre, y que, cómo se iba a olvidar que éramos médicos.

¿Trabajaba usted ya en esa fecha para la Oficina Nacional de Recepción de Información de Violaciones de Derechos Humanos, con Odilia Collazo?

Pedro: Después. Ahí comencé a trabajar con ella en la elaboración de los informes que luego presentaría el gobierno de Estados Unidos como una prueba de la violación de los derechos humanos en Cuba.

¿Falseaban la realidad?
Pedro: Exagerábamos los hechos y muchos casos llegaban a nosotros por gente cuyo único fin era emigrar —tenían la familia en Estados Unidos o querían mejorar económicamente—, y habían sido rechazados una y otra vez en la Sección de Intereses. No te olvides que la entrega de visa fue cayendo en picada, hasta el punto de que este año se han dado muy pocas.

¿Cómo realizaban este trabajo?
Pedro: Me encargó reelaborar todo lo que nos caía en la mano, más lo que poníamos de nuestra propia cosecha. Toda la parte vinculada al tema de la salud la escribíamos entre Ana Rosa y yo.

¿Qué hacían con este informe?
Pedro: Se enviaba a la Sección de Intereses y ellos la reenviaban, sin cambiarle ni un punto, al Departamento de Estado. En realidad, como saben, la conciliación de los contenidos se hacía antes.

¿Este año entregaron el informe de 2002?
Pedro: Sí, antes de la discusión en la Comisión de Derechos Humanos de Ginebra.

¿El documento que ustedes hacían era el que servía de base para las maniobras políticas contra Cuba en Ginebra?
Pedro: El mismo, sin quitarles un punto. Es también el que ha estado circulando todos estos días en la campaña difamatoria contra Cuba. Si uno lo lee bien, se da cuenta que los puntos esenciales están muy claros: "En Cuba no se tortura en las cárceles, no hubo informes de muertes por motivos políticos, no se informó desapariciones por motivos políticos" —lo cual es totalmente cierto.

Por supuesto, está ahí lo que quería escuchar el gobierno norteamericano, todo por lo cual han trabajado con enorme esfuerzo en estos años —esto hay que reconocérselo y, en particular, a Cason.

Mira qué ironía, escuché en la televisión al representante de Costa Rica, leyendo en inglés una enmienda donde estaban los datos que nosotros mismos redactamos para ese informe. Y para colmo, luego el representante de Estados Unidos no tuvo ningún escrúpulo de reconocer públicamente que lo que aquel hombre despreciable había leído allí, era autoría norteamericana. En eso tuvo toda la razón, salvo por un detalle.

¿Cuál?

Pedro: Que la redacción fue mía. Ese informe lo escribí yo, el agente Ernesto de los Órganos de la Seguridad Cubana.

DEL MAMEY A LA ALCALDÍA DE GÜINES

YAMILA PÉREZ REYES Y NOEL ASCANIO MONTERO

Dos caracteres distintos, un dúo ideal para sobrellevar las tensiones dentro de los grupos "disidentes". Yamila es sanguínea, emocional, no se está quieta. Noel reposa las palabras e ironiza, con un humor reflexivo y cortante. Se conocen desde niños y jugaban juntos en el Mamey, el barrio de Güines que los vio crecer, enamorarse y donde les nació un hijo.

La relación estuvo a punto de disolverse. Yamila no dijo que era agente de la Seguridad y Noel sospechaba de las salidas y amistades de su esposa, hasta que fue citado en secreto y conoció la verdad. Esta otra vida en común, que empezó silenciosamente en el Mamey, se cerró el día en que a los delirantes socios de la "disidencia" de la provincia La Habana se les ocurrió fundar la Alcadía de Güines.

AGENTES CELIA Y ABEL

¿Ustedes son un agente y un apoyo?
Yamila: No, somos dos agentes.

¿Cuándo comienza usted y por qué?
Yamila: Comienzo en la Seguridad del Estado en el año 1993. Me asignaron esta tarea porque entendieron que tenía posibilidades para penetrar los grupos contrarrevolucionarios que operaban en Güines.

¿En qué trabajaba en ese momento?
Yamila: Era técnica de laboratorio.

¿De cuál laboratorio?
Yamila: Del hospital "Piti Fajardo", del municipio Güines, en la provincia de La Habana. Allí fue donde empecé en estos trajines.

¿Con qué organizaciones comenzó a relacionarse?
Yamila: Con el Partido Pro Derechos Humanos, como delegada municipal. La presidenta era Odilia Collazo. A mediados de 1996 pasé al Buró de Prensa Independiente. También formé parte de la Corriente Liberal Cubana, del Partido por los Derechos Humanos, de Tania Díaz Castro, de la Federación Médica Independiente, miembro del Centro Nacional de Estudios Agrícolas Independientes (CENAIC), delegada provincial de la Federación Latinoamericana de Mujeres Rurales (FLAMUR) y secretaria de la "biblioteca independiente 'Francisco Riverón Hernández'..."

¿No eran demasiados cargos para una sola persona?
Yamila: No en la "disidencia".

¿Ustedes fueron los que le escribieron una carta al director de la Biblioteca Nacional, Eliades Acosta, cuando publicó un artículo en Juventud Rebelde *sobre las "bibliotecas independientes"?*
Yamila: Fue en marzo de 2002. Lo elaboró Jadir Hernández y Noel, mi esposo, estuvo entre los firmantes. La única biblioteca que había en ese momento funcionando en el municipio Güines era la que estaba en mi casa.

¿Cómo se abastecía?
Yamila: Esta biblioteca se surtió siempre, desde el inicio, gracias a lo que nos daba la SINA. Recogíamos libros allí y otros los mandaban. Traían de todo, desde las revistas *Disidente* y la *Hispano-Cubana*, hasta alguna literatura universal.

¿Quién fue su primer jefe contrarrevolucionario?
Yamila: Rolando González Yánez, que era el delegado provincial del Partido Pro Derechos Humanos.

¿Adónde iban? ¿Qué hacían?
Yamila: Viajaba con él a San José de las Lajas, donde radicaba el segundo de Odilia Collazo, José Manuel de la Paz. También iba cada 15 días a la casa de Odilia Collazo a entregar denuncias y a buscar instrucciones. Hacíamos visitas a las prisiones, recogíamos alimentos y medicamentos con los mismos grupos contrarrevolucionarios, para hacérselos llegar a los llamados presos políticos.

¿Podían visitar las prisiones?
Yamila: Sí, por supuesto.

¿En qué año fue?
Yamila: Eso que les cuento transcurrió durante los primeros años en este trabajo. Después, a mediados de 1996, me incorporé al Buró de Prensa Independiente, con Luis López Prendes.

¿Qué se hizo de López Prendes?
Yamila: Se fue de Cuba. Yo lo fui a despedir antes de tomar el avión hacia Estados Unidos.

¿Y después?
Yamila: Seguimos trabajando con Gilberto Figueredo, del Buró de Prensa Independiente (BPIC) con quien me pasé noches enteras dando vueltas por toda Ciudad de La Habana, por diferentes municipios. Fundamentalmente, por el Vedado y Centro Habana. Él decía que allí era donde había más problemas, pero en realidad inventábamos los problemas. Por ejemplo, decía que a tal hora había pasado la patrulla —verdad—, que los policías se habían bajado del carro y le habían dado una golpiza a un ciudadano. Esta última parte era mentira.

Noel: Todas esas salidas por poco nos cuesta el divorcio...

Yamila: Sí, es verdad, pero tú me creías todas las excusas que yo te daba...

Ángel Cuadra Landrove

Cubano radicado en Miami. Es el principal dirigente de la organización contrarrevolucionaria Asociación de Exprisioneros y Combatientes Políticos Cubanos (Ex Club).

En 1967 fue condenado a 15 años de prisión por el delito de conspiración contra la Seguridad del Estado. Recibió libertad condicional en 1976, para ser reencarcelado en 1977.

Fue adoptado como "prisionero de conciencia" por Amnistía Internacional y nombrado, en 1981, preso del mes a instancias de este organismo. Abandonó Cuba en 1985.

En su ausencia, es nombrado presidente del II Congreso de Intelectuales por la Liberación de Cuba (CILC). Asistió al III Congreso con un gran despliegue en la prensa contrarrevolucionaria.

En 1986 participó en el III Congreso de Alpha 66, donde dio a conocer aspectos literarios del denominado presidio político. También aparecía vinculado a la FNCA pero sin pertenecer nominalmente a estas organizaciones.

En 1992 fue elegido vicepresidente del Ex Club y a mediados del 2001 lo designan presidente, cuando falleció Rolando F. Borges Paz.

Ha enviado folletos a la Comisión de Derechos Humanos de Ginebra, donde criticó a Cuba por la supuesta violación de los Derechos Humanos.

Mantiene vínculos con los mercenarios internos, en particular con Raúl Rivero Castañeda, a quien abastece de dinero, medicinas y ropa.

¿Adónde se enviaban esas informaciones?

Yamila: A *Radio "Martí"*.

¿De qué lugar sale Figueredo?

Yamila: Me dijo que era periodista, pero nunca me enseñó su título ni me comentó siquiera en qué medios de prensa había trabajado. Luego estuve un tiempo tranquila en mi casa, hasta que apareció Jadir Hernández.

Explícanos...
Yamila: Ya está en Estados Unidos. Era de los que también se vinculó a la disidencia para ganarse la visa. En realidad se acercó a Noel, porque algunas personas en Ciudad de La Habana le habían dicho que nosotros éramos de los derechos humanos. Nos propuso unirnos con Tania Díaz Castro. Esto ocurrió en agosto de 2000.

¿Este señor quién era?
Yamila: Es abogado. Con él apareció Miguel Galván.

¿Y Miguel Galván?
Yamila: Ingeniero, que llegó a ser máster gracias a la Revolución. Ya en esa época no trabajaba, pues le enviaban unos 80 dólares todos los meses por escribir informaciones o denuncias falsas sobre Cuba.

¿Cómo les llegaba el dinero?
Yamila: Algunos grupos radicados en Miami. Utilizaban "mulas", gente que venía de Estados Unidos. El dinero nos lo mandaba Diosmel Hernández.

¿Este hombre de dónde salió?
Yamila: Es el patrocinador del CENAIC. Este Diosmel seguramente va a seguir apareciendo en otras partes de esta conversación.

Hablemos de Miguel...
Yamila: Miguel Galván era del grupo de Jadir y de Noel, que crearon a su vez la Alianza Cívica Cubana. Esta organización primero se llamó Coordinadora Cívica Habana Sur, y la fundamos el 12 de septiembre de 2002. Yo era la secretaria de Asuntos Sociales y Noel, el de Relaciones Internacionales.

Noel: Los miembros de esa alianza los inventamos nosotros, literalmente a punta de lápiz... Estaba integrada por 35 grupos fantasmas.

¿Cómo fue eso?
Noel: Sentados en una mesa, en una biblioteca... Algunos grupos tenían nombre, pero no tenían miembros. La verdad era que entre todos no sumábamos 18 y decíamos que éramos 600.

Jadir decía, por ejemplo, "estamos flojos en la lista de los sindicatos. Busquemos un nombre primero que tenga que ver con esto... "Así pasó con el grupo de los jóvenes, las mujeres... Nos poníamos nosotros mismos en uno y otro, pero a veces cuando íbamos a votar el que estaba puesto allí se arrepentía y había que empezar de nuevo. Era un circo.

¿Y después que se constituyó la organización?
Yamila: Esa información se mandaba para el exterior.

Noel: La Alianza Cívica Cubana, se creó con el objetivo de dar a entender que en Güines había oposición sólida, y que no estaba dispersa. ¿Qué oposición era aquella de tres o cuatro grupitos fajados entre sí? No, señor. Hasta el nombre de "Alianza" tenía su pegada —se pensaba en una bola de gente—, suponía que se tomaban decisiones colectivas y, por tanto, había que contar con ella para cualquier decisión de los jefes "opositores" de Ciudad de La Habana. No es lo mismo para Oswaldo Payá decir esto lo firma fulano y mengano, que "esto lo firma la Alianza". Esta era la idea de Jadir Hernández, y está así recogida en los estatutos de la organización. Vendimos un Güines contrarrevolucionario con muchos grupúsculos.

Yamila: Otro ejemplo: Yo era la jefa del grupo FLAMUR y decía que tenía a 30 personas en el ejecutivo. ¡Mentira! Solo estaba yo y va que chifla. La cosa llegó hasta el punto de que Miguel Galván y Jadir no se conformaban con los 35 grupos, querían más, formar un grupo de niños y miraron para nuestro hijito. Ahí mismo fue donde paramos: "¡Oye, está bueno ya! ¿No les da vergüenza?" Lo único que nos faltaba era convertir al niño en el jefe de los pioneros "disidentes".

Noel: Querían atraer a los niños para comenzar a inculcarles cosas en contra de la Revolución, a cambio de regalos. Ya se habían hecho fiestas por el Día de los Reyes y gastaron dinero, aunque no mucho, pues los juguetes no pasaban de un dólar cada uno: una muñequita, un carrito, esas cosas.

¿Cuándo fueron por primera vez a la Sección de Intereses de Estados Unidos?
Noel: Cuando Miguel Galván se me acercó y me habló de que necesitaba un secretario para el Colegio de Ingenieros y "Agrónomos Independientes" de Cuba (CIAIC) —miren qué nombre—, él en realidad quería una entrevista con alguien de la SINA, para darse a conocer. Visitamos la Sección de Intereses el 12 de marzo de 2001.

¿Con quién se entrevistaron?
Noel: Con una funcionaria de nombre Patricia French, de la Oficina de Atención a los Derechos Humanos. Ella se interesó por las proyecciones del Colegio de Ingenieros, su composición y expectativas de remuneración económica. Nos dio algunas revistas —*Cubanet* y *El Disidente— y* nos citó para otro encuentro allí mismo.

La idea de Miguel, quien estaba muy nervioso y se le caían las cosas de la mano, era llevarle algo fuerte que los impactara... Y así fue; nos citó para otro encuentro en la SINA, en julio de 2001.

¿Los recibió la misma funcionaria?
Noel: Fuimos, pero por otro asunto. Por las "bibliotecas independientes". Nos recibió Mary Ann Mckay, responsable de Prensa y Cultura. Ella se interesó por nuestra "biblioteca independiente" y sus actividades, su aceptación popular y sus proyecciones para el futuro. Preguntó sobre los habitantes de Güines y sus hábitos de lectura. Lo anotó todo. Nos entregó también libros, folletos y revistas contrarrevolucionarias. Eran casi 40 ejemplares. No podíamos con ellos.

Directorio Democrático Cubano

Surge a principios de la década del 90 a raíz del desplome del campo socialista.

El primer objetivo de la organización es influir internacionalmente para que países de Europa y América Latina apoyen la contrarrevolución interna.

Es la organización contrarrevolucionaria que mayor financiamiento recibe del gobierno norteamericano en su afán por destruir la Revolución.

Actualmente su proyección política está centrada en lograr apoyo internacional al proyecto Varela.

En tal sentido públicamente aparecen como los organizadores de la visita de Oswaldo Payá a Miami, en enero del 2003.

Las delegaciones del DDC en terceros países se denominan Comités de Solidaridad y están integrados por cubanos residentes y nacionales de ese país que respaldan estos proyectos contra Cuba.

Cuentan con estrechos vínculos con universidades de Rusia, Praga y Varsovia, así como con figuras políticas como Lesh Walesa, Vaclav Havel y el lituano Mark Laar.

En América Latina poseen los llamados Comités de Apoyo que tienen representación en México, República Dominicana, Argentina, Chile, Salvador, Nicaragua.

En México, el comité recibe el nombre de Promotora Internacional de Derechos Humanos (PIDH).

Poseen un centro de subversión ideológica denominado Centro de Estudios para una Opción Nacional (CEON), que administra cuantiosos recursos destinados a la confección de materiales subversivos dirigidos contra Cuba en todos los foros que se le presentan.

Este centro recibe fondos del gobierno norteamericano para financiar viajes a terceros países de los miembros del DDC, así como pagar salarios a cabecillas que se dedican a estudiar las experiencias del proceso de transición producidos en Europa del Este, para su aplicación a Cuba.

Yamila se inició primero como agente, y Noel después... Háblennos de cómo fue que empezaron a colaborar juntos...
Yamila: Al principio, cuando comencé, nos costó muchos problemas domésticos. Noel veía que estaba dando muchos viajes a La Habana y a diferentes provincias, y creyó que lo estaba traicionando con otro hombre.

Noel: Decidí ponerle el divorcio...

Yamila: Me dijo: "¿O tú me dices qué hay o esto se acabó?" Era lógico, pero yo no estaba dispuesta a decirle nada, si no me lo orientaban. Él está delante y lo sabe: primero está la Revolución y después todo lo demás, incluyendo mi matrimonio. Me senté con mis oficiales, y ellos quisieron saber mi opinión. Imagínense: Lo conozco desde niña, porque vivíamos hasta en la misma cuadra. Es un hombre revolucionario, de familia integrada y en ese momento, militante de la Unión de Jóvenes Comunistas... Hicieron todas las averiguaciones y ahí está.

Noel: Nos compenetramos porque nuestras personalidades son bastante distintas. Me sirvió la fachada de ella y yo me puse a crear la mía propia.

Yamila: Él me llevaba a mí y yo lo llevaba a él y así fue un trabajo muy lindo. ¿Entiende?

Noel: Por un problema de carácter había momentos en que el ambiente se ponía tenso.

¿Por qué?
Yamila: Hubo discusiones muy fuertes.

Noel: En algún momento hubo hasta su galleta.

¿Cómo fue?
Yamila: Tania Díaz Castro quitó a Miguel Galván de vicepresidente del Partido por los Derechos Humanos, y decidió ponerme a mí para controlarme. Tengo un carácter muy fuerte, igual que el dc ella, y para evitar problemas me distinguió. A Galván le dio tanta rabia cuando se enteró que se apareció en mi casa, y me anunció que estaba botada de la Alianza Cívica Cubana, en Güines, donde era la vicepresidenta. Discutimos muy fuerte y le dije: "Tú, ni me pusiste, ni me botaste; yo me voy cuando yo quiera, y no cuando tú quieras."

Noel: Empezaron las fricciones por celos y por ambiciones de poder. Yamila cada vez era más reconocida y entonces trata de desprestigiarnos, y de apartarnos de todo.

Yamila: Galván hizo circular un correo electrónico en el que afirmaba que Noel y yo éramos agentes de la Seguridad del Estado, y otros chismes más. Eso lo supe a través de otros "opositores". Vinieron a traerme el mensaje a mi casa. Pedí permiso para irle para arriba.

¿Y Noel?

Yamila: Lo entendió. Quería ir a buscarlo. Estuvimos dándole vueltas al problema y un 28 de enero, el grupo denominado 10 de Diciembre, intentó por la mañana poner una ofrenda floral en el Parque "José Martí", en Güines. Salí para el parque y allí me lo encontré. Era domingo, había pipas de cerveza y el lugar estaba repleto. Venía con otro contrarrevolucionario, Virgilio Marante Guelmes.

Esperé a que se me acercara y le di un puñetazo por la nariz y una patada por los testículos con todas mis fuerzas. No le di tiempo a reaccionar, se puso chiquitico, se montó en la bicicleta y fui gritándole todo lo que me pasó por la cabeza, desde el Parque Central hasta el Mamey, donde vivimos Noel y yo. Fueron cuatro o cinco cuadras de palabrotas que no se deben repetir aquí, y también que era muy poco hombre, porque alguien así ni tiene dignidad, ni moral, ni nada.

¿Después qué?

Yamila: Desapareció de Güines un tiempo. Luego, si nos encontrábamos por casualidad en una calle, él cambiaba de acera. Quedó totalmente desmoralizado y solo. Este es un personaje siniestro de la historia de la contrarrevolución en La Habana, vinculado a todas las conspiraciones habidas y por haber, capaz de engañar hasta a su madre con tal de sacarle provecho a la situación.

¿Ustedes participaron en la huelga de hambre de Tamarindo 34?

Yamila: Como periodista. Fue en junio de 1999. Estuve dos veces con Gilberto Figueredo. Cuando comenzó, y el último día. En

Tamarindo 34, en el barrio de Luyanó, está la casa de Migdalia Rosado.

¿Pero no participó en la huelga?

Yamila: Gilberto me llevó porque quería que aprendiera cómo se hacía una denuncia para enviar a los medios de Miami. Fui de aprendiz de reportera independiente.

Noel: Ahí Figueredo te pone un seudónimo, Gretel, para que no seas detectada por la Seguridad.

Yamila: Sí, pero en realidad lo utilicé en muy pocas denuncias.

Frank Hernández Trujillo

Dirigente principal de la organización contrarrevolucionaria Grupo de Apoyo a la Disidencia.

Entre 1962 y 1963 fue miembro activo del ejército norteamericano, específicamente de las llamadas Unidades Especiales Cubanas.

Hernández Trujillo es uno de los miembros más activos del Instituto para la Democracia en Cuba (IDC), agrupación formada por 10 organizaciones contrarrevolucionarias que han recibido en los últimos años más de un millón de dólares de la Agencia para el Desarrollo Internacional de Estados Unidos. En 1995, se convirtió en el dirigente principal del Grupo de Apoyo a la Disidencia organización que realiza actividades subversivas contra Cuba y recibe fondos de la USAID. Esta organización se atribuye haber establecido contactos directos o indirectos con más de 400 miembros de los grupúsculos y haberles enviado ayuda material y financiera a más de 100.

Se ha destacado en el abastecimiento material de los grupos contrarrevolucionarios internos, a través del envío de alimentos, medicinas, literatura subversiva, agendas electrónicas, gomígrafos, equipos de radios y grabadoras, entre otros medios.

Sus principales receptores en el territorio nacional son Martha Beatriz Roque, Víctor Rolando Arroyo Carmona, Raúl Rivero Castañeda y Osvaldo Alfonso Valdés.

¿Qué vio usted en la casa de la calle Tamarindo?
Yamila: Una farsa. Entrabas en la sala, después seguía el cuarto y había unas camitas puestas, laterales. Allí, acostados y haciéndose que estaban en ayunas había algunas gentes con cara de drama, sobre todo si tú decías que venías a reportar. Les dieron una propaganda de cuento de horror y misterio: que si se hacía en condiciones infrahumanas, que si había un salidero de aguas albañales. Y todo el mundo sabía que nunca se ayunó en ese lugar.

¿Alguien se lo dijo?
Yamila: El propio Figueredo me dijo que cuando se iba la gente, por la noche, se hacían meriendas y se las comían. También, cuando no los visitaban por las tardes. Entre ellos mismos comentaban qué comían cuando las personas no estaban ahí. Y bastante leche condensada, bastante malta para reforzar, laticas de compota, caldos... Se dijo que hasta habían pasado a un puerco por la batidora para tomar "dieta" líquida. Era una falta de respeto. Y delante de los corresponsales extranjeros, se hacían las víctimas.

Recuerdo que Oscar Elías Biscet salió para la sala de la casa con Figueredo —ellos dos atrás y yo delante— y en alta voz empezó a llamar a todos los periodistas para que tomaran fotos y gritó que "ahora sí éramos libres, que ahora sí teníamos democracia, que vivan los derechos humanos". Biscet hizo un *show* frente a las cámaras.

Después fueron bien conocidos los detalles de lo que allí estaba pasando, y que nunca han podido desmentir.

Noel: Cuéntales, Yamila, diles cuál fue la bandera que viste allí.

Yamila: La norteamericana.

¿Exactamente dónde estaba?
Yamila: En la sala, junto a la foto de algunos presos.

Noel: Y una foto de Jorge Mas Canosa, ¿no?

Yamila: Sí, al lado de la foto de un preso, uno de los que en ese tiempo acababa de ser apresado y había una gran campaña internacional a su favor. Se veía cuando uno entraba, casi frente a la puerta. Era un *show* montado, ¿ustedes me entienden? Un *show* montado.

En los últimos tiempos, ¿cuál fue su labor principal?
Yamila: La FLAMUR.

¿Cómo surge la FLAMUR?
Yamila: Un grupo que se organizó en Estados Unidos, presidido por Magda Edilia Hidalgo. Ella vivía en Oriente. Se fue para allá, y creó este grupo. La primera presidenta aquí fue Leticia Martínez, la cuñada de Magda.

José Cohen Valdés

Se vinculó a las organizaciones contrarrevolucionarias Fundación Nacional Cubano Americana y Nueva Generación Cuba.

Desertor, excapitán del Ministerio del Interior. Abandonó el país por vía ilegal el 18 de agosto de 1994.

Desde su llegada a Estados Unidos se ha manifestado públicamente contra la Revolución Cubana.

Patrocinado por la FNCA, el 6 de enero del 2000 viajó a Washington a fin de desarrollar la denominada Misión Elián, como parte de la campaña para mantener secuestrado al niño cubano. Presentó una recopilación de informaciones sobre familias cubanas divididas.

En la oficina de la congresista Ileana Ros-Lethinen y con la presencia de esta creó, el 9 de enero de 2000, la organización contrarrevolucionaria Nueva Generación Cuba, en la que se afiliaron jóvenes cubanoamericanos de la extrema derecha.

El 2 de marzo del 2000 envió un informe a la CDH sobre supuestos casos de familias divididas, para promover una campaña contra Cuba en este organismo internacional.

Del 16 al 18 de marzo, en un evento de LASA realizado en Miami, realizó acciones de provocación y hostigamiento contra nuestros académicos. Pocos días después las repitió durante un acto de solidaridad con Cuba, en la Hunter College, de New York.

Ha realizado declaraciones y acciones de hostigamiento al personal diplomático en las misiones cubanas en ONU y Washington.

¿Hubo otros regalos?

Yamila: La táctica era organizar a las mujeres en torno a pequeños negocios que les permitiera obtener ingresos a nombre de la FLAMUR. Desde Miami vendrían las materias primas. Había diferentes proyectos: corte y costura, manicure, peluquería. Lo importante era competir con el gobierno.

¿De qué modo?

Yamila: Si el gobierno vendía un vestido nuevo en 20 pesos, nosotros teníamos que venderlo en 15 ó 12 pesos. Hacíamos pañales, y debíamos entregarlos a mujeres solas, con bajos ingresos, con dos o tres niños. A ellas se los regalábamos, para que dijeran lo buena que era la FLAMUR con su familia.

Noel: También, mandaban medicamentos y pedían fotografiar esas actividades.

Yamila: A mí me traían las medicinas y me pedían que las pusiera encima de la cama y que me tirara una foto, para que ellos verificaran que efectivamente las habían entregado.

¿Quién traía las medicinas?

Yamila: Comunitarios, enviados por ellos. Por cierto, no hace mucho, alrededor de siete meses aproximadamente, recibimos un envío de telas que canibalearon por el camino. Magda me dijo por teléfono que había mandado 10 metros de cada tipo de tela: una amarilla con pinticas azules; una, de "piel de tigre", y la otra, blanca, para hacer camisas de cuello. Solo llegó la blanca, con unos tres metros y medio. De la carmelita llegó un metro y medio y picada transversal, que no servía ni para paños de cocina; de la amarilla, dos metros y medio, y un cono de hilo carmelita al que le quitaron la mitad.

¿Qué pasó?

Yamila: Los intermediarios en La Habana se lo habían robado.

¿Cuántas mujeres lograron afiliar a la FLAMUR?

Noel: En Güines nunca existió ningún grupo de la FLAMUR. Había nombres supuestos, pero nunca llegó a funcionar, ni el grupo de costura, ni de nada.

¿Y las grabaciones exigidas?
Yamila: Mi hermana, mi mamá, las mujeres de mi familia que no tenían ni idea de qué cosa era esa payasada.

Noel, ¿cuál era su papel?
Noel: En el año 1995 empecé a colaborar discretamente con Yamila. Yo era el tipo que hacía los cuños, que levantaba un acta y redactaba algunos informes. Me seleccionaron porque tenía nivel universitario —soy ingeniero agrónomo. Después, cuando mi esposa empezó a trabajar en el Buró de Prensa Independiente, con López Prendes, me pedían que hiciera algunos comentarios para los medios de Miami. Los escribía, pero no participaba en *Radio "Martí"*. Me mantenía distante. Hasta que en el 2000, Jamil y Miguel me involucraron en el partido de Tania Díaz Castro.

A partir de ahí participé activamente. Me eligieron delegado provincial del CENAIC —que tenía su sede en Santiago de las Vegas— y luego apareció la FLAMUR.

¿Con quién se veían en Santiago de las Vegas?
Noel: Adoración Tulipia Amores. En su casa teníamos las reuniones del CENAIC.

¿Qué se hacía allí?
Noel: Inicialmente se diseñaron las estructuras, los códigos de ética, todo un andamiaje para justificar la organización. Se nombraron las delegaciones y las responsabilidades por provincia, para recopilar datos económicos sobre la situación del país, en particular de la agronomía. Y, también, para elaborar ponencias.

¿Quién solicitaba las investigaciones?
Noel: Diosmel y su equipo en Miami. Ellos tenían una especie de Organización Gubernamental, que creó el proyecto de las cooperativas independientes.

¿Qué significado tienen?
Noel: El propio Diosmel nos contó que es una iniciativa del Partido de Renovación Ortodoxa. Ese proyecto se fundó entre julio y agosto de 1997. Surgió dividido. Un grupo, apegado a "la transi-

ción", apareció en la provincia de Santiago de Cuba, dirigido por Diosmel —que se fue del país en 1997 y dejó en el cargo a Jorge Vejar—, y otro grupo, denominado Progreso 1, que estaba en Guantánamo, dirigido por Reynaldo Hernández Pérez. Este hombre fue también el presidente de la Asociación Nacional de "Agricultores Independientes" de Cuba. La división de estos grupos se produjo en 1997, unos pocos meses después de fundado.

Nueva Generación Cuba

ONG Cuba surge el 6 de enero del 2000 en el contexto de la batalla legal por la custodia de Elián González. Aparecen públicamente durante una manifestación por el niño, frente a la Torre de la Libertad en el centro de Miami.

Está integrada por personas menores de 40 años y diseñada para realizar campañas anticubanas, fundamentalmente relacionadas con el tema migratorio y con el fin de contrarrestar el efecto negativo de la extrema derecha cubanoamericana en la Florida.

Está dirigida por el traidor José Cohen Valdés y la contrarrevolucionaria Bettina Rodríguez, activista de derechos humanos.

Su primer proyecto de trabajo consistió en la denominada: Misión Elián, a fin de trabajar el tema de la emigración actual de cubanos hacia Estados Unidos y el resto del mundo, particularmente aquellas supuestas irregularidades en las leyes migratorias cubanas y la falta de libertad de ciudadanos cubanos para viajar al exterior. Presentan esto como una responsabilidad del gobierno cubano, con el fin de realizar y divulgar campaña internacional anticubana de denuncias ante diferentes foros vinculados a temas de derechos humanos.

Sus principales colaboradores han sido la congresista Ileana Ros-Lethinen y la FNCA. Esta última le ha aportado financiamiento.

Ha realizado envíos de dinero a contrarrevolucionarios. Por ejemplo, a Martha Beatriz Roque Cabello, ayunantes de Tamarindo 34 en el año 1999 y a Vladimiro Roca Antúnez.

¿Cómo se sostenían?

Yamila: Trataron de darse publicidad. El escándalo era un trampolín para el dinero.

Noel: Por lo que recuerdo, comenzaron a realizar algunas acciones para darse a conocer. Por ejemplo, la Asociación Nacional de Agricultores envió cartas al gobierno, en las que invitaban a algunos de sus dirigentes a participar en el primer encuentro de "Cooperativas Independientes", que supuestamente se realizarían el 5 de mayo de 1998, en la Loma del Gato, Santiago de Cuba. Esto fue publicado en los medios de prensa en Miami, con una gran alharaca.

¿Y la SINA?

Yamila: Super interesada y atenta a lo que estábamos haciendo. Cada vez que nos entrevistaba un funcionario de la Sección de Intereses, había que darle un parte. Ellos ayudaron a la difusión de sus actividades en el exterior y les orientaron contactar con algunas ONG con representación en Cuba, como Agroacción Alemana.

Noel: Diosmel envió un documento en agosto de 1998 al representante de la FAO en Cuba, Fernando Robayo Rodríguez, en el cual solicitaba financiamiento de esa organización a las "Cooperativas Independientes" de Santiago de Cuba, Guantánamo y La Habana...

Yamila: ... que entre todas no llegaban a 10 miembros.

Noel: Lo interesante es que, antes de que se presentaran a la representación de la FAO en La Habana, Diosmel se apareció en el edificio de esa organización en Washington. Dijo ser el director de la Alianza Nacional de Agricultores "Independientes" de Cuba, y aseguró que los miembros de este proyecto se presentarían en la sede de esa organización en nuestro país para solicitar ayuda financiera, y que cuando eso ocurriera, seguramente habría una oleada represiva.

¿Diosmel les explicó por qué hacía esto?

Yamila: Quería mantener en jaque al gobierno, haciendo peticiones que sabía que no serían aprobadas. Una simple estrategia de provocación.

Noel: Diosmel entró a Cuba en noviembre de 2002 y fue detenido...

¿Qué dijo?

Noel: Respondió todas las preguntas que le hicieron. Dijo que él quería llevar a la base sus "Cooperativas Independientes", con muy pocos miembros, casi todos de las zonas urbanas de las ciudades del interior del país. Su intención era presentar un proyecto de Ley ante la Asamblea Nacional del Poder Popular, algo como el Proyecto "Varela".

Yamila: ¿Y los suizos? ¿Te acuerdas de ellos?

Noel: Dijo que la alianza era dirigida desde el exterior por la Asociación de Cooperativismo Internacional, con sede en Suiza, de la cual él era consultor en Miami.

¿A qué se dedica esta asociación?

Noel: Querían desarrollar en Cuba el proyecto de Cooperativas de "Campesinos Independientes", subordinado en la consultoría de Miami al ingeniero Bernardo Pestano. Desde 1999 ellos habían recibido 184 000 dólares en cuatro años de la Fundación Nacional para el Fomento de la Democracia (NED, según sus siglas en inglés), a través de transacciones bancarias mensuales.

¿Ese dinero llegó a ustedes?

Yamila: Diosmel nos envió dinero, medicinas y otras cosas. Su propósito era enviar entre 150 y 200 dólares mensuales a los "cooperativistas independientes". Él mismo nos comentaba que si no entregaba esa ayuda, la NED no le seguiría dando dinero el próximo año.

Noel: Ese financiamiento le había servido para viajar a Ginebra, a las sesiones de la Comisión de Derechos Humanos de la ONU. Por supuesto, presentó su listado de violaciones en la isla. Para todo eso había solicitado presupuesto a varias de estas entidades, incluida la Agencia para el Desarrollo Internacional de EE.UU. Alguien de esta institución —David Mutchler— lo rechazó porque dijo que su proyecto carecía de objetivos políticos. Por ayuda "divina", poco después le llegó el "regalo" de la NED.

Plantados hasta la Libertad y la Democracia en Cuba

Fue creada en 1998 y nunca formó parte del denominado Bloque del Presidio Político Cubano; tampoco se integró al recién fundado Consejo Nacional del Presidio Político Cubano. Tiene su sede en el 149 SW 57 Ave. Miami, FL 33144.

Sus principales dirigentes son Mario Chanes de Armas, Ernesto Díaz Rodríguez, Eusebio Peñalver Mazorra, Ángel D´Fana y José Mederos. Suelen viajar a varios países y exponer ante la prensa y líderes políticos sus campañas difamatorias contra Cuba en las que denuncian supuestas violaciones de derechos humanos.

Apoyan el trabajo de los grupos contrarrevolucionarios, a los que destinan sistemáticos financiamientos, fomentando además la creación de células clandestinas internas para la realización de acciones de sabotaje contra la economía.

Peñalver ha mantenido estrechos vínculos con Posada Carriles y ha participado junto a este en la preparación de acciones violentas contra nuestro país y sus dirigentes.

¿Qué otra organización lo apoyaba en Miami?
Yamila: Parece un chiste, pero Diosmel nos decía que era considerado por muchos en Miami —los de línea dura— como "izquierdista".

Noel: En realidad, este era un proyecto de Frank Hernández Trujillo, del Grupo de Apoyo a la Disidencia, que tiene un gran sentido del negocio de la "disidencia". Sabe que mientras más organizaciones se formen, más dinero le entra.

¿Con quién se relacionaban ustedes aquí, en Cuba?
Yamila: Miguel Arcángel Camejo Planes, el "presidente" del CENAIC en La Habana.

¿Cómo esta organización tocó la puerta de su casa?
Noel: Diosmel se vincula a una persona en Miami que había estudiado Agronomía conmigo. Eso me sirvió mucho de fachada. Su amigo le garantizó que yo sí era un opositor nato y mi mujer, también.

Diosmel empezó poco a poco. Primero a pedir boberías, luego a darme instrucciones por escrito, que me entregaban los jefes del CENAIC.

¿Conserva los mensajes?

Noel: Sí, miren, este dice: "Hola muchacho, me alegro de que podamos comunicarnos por esta vía y perfeccionarla cada vez más. Estoy trabajando en la última ponencia de nuevo. Quiero que esté mañana en la página web. Tal vez los gráficos no los pueda poner ahora, pero la ponencia está muy buena. En otro orden de cosas, por el trabajo realizado creo que debes ser quien quede al frente del escenario [...] En noviembre estará por allá un gran amigo mío, y tal vez el tiempo le alcance para visitarlo. Se llama Juan Alonso y le daré la información a él para que te escriba por esta vía. Un abrazo. Diosmel."

Revisábamos nuestros correos, que era la manera en que fundamentalmente nos comunicábamos, cada vez que visitábamos la Sección de Intereses.

¿Cuándo fue la última vez que estuvieron en la SINA?

Noel: Hace unos seis meses, más o menos.

Yamila: Estuve el 28 de marzo, ese fue el último día que fui a la SINA.

¿Qué relaciones tuvieron con la Sección de Intereses?

Yamila: Muy estrechas, tanto que hasta nos dieron una encuesta sobre *Radio "Martí"* con el membrete de la Comisión Cuba, de Güines, como si fuera iniciativa nuestra. Mary Ann Mckay, nos preguntó de todo, hasta el último detalle.

¿Qué le interesaba saber de Radio "Martí"*?*

Noel: Todo, si tenía problemas de transmisión, en qué zonas, qué era lo más escuchado, sugerencias.

Yamila: Las opiniones...

Noel: ¿Ven? Ese título que está arriba, Comisión Cuba, es el grupúsculo de Güines, el de Miguel Galván Gutiérrez. Supuestamente, acababa de nacer y ya la SINA estaba tan enterada que había mandado a hacer una boleta con el membrete de ese grupo, para hacer encuestas a favor de *Radio "Martí"*.

Yamila: Todo estaba conectado. La SINA sabía al detalle en qué andábamos gracias a Diosmel y compañía, luego se aparecía el funcionario de la Sección de Intereses que ya daba por hecho que íbamos a ejecutar acciones porque las habían mandado a realizar. Era así, sin ningún pudor por parte de los involucrados.

Noel: En eso estaba metida la Fundación Nacional Cubano Americana, a pulso. Sin ninguna fachada. Tengo un correo de Diosmel donde dice: "Ante todo reciban mis felicitaciones por el tremendo trabajo que vienen haciendo a pesar de todos los pesares. La gente de la Fundación quedó impresionada con la calidad de los trabajos que enviaron y la trascendencia de la información..." Esto es de 2003... Ahí me dan la buena noticia de que yo debo fundar la Universidad Cívica Cubana y, me sugieren, que si me porto bien y hago todo lo que me ordenan, puedo aspirar a un cargo importante en el Ministerio de la Agricultura. Ellos mismos fueron los que inventaron una cosa ridícula, el proyecto de crear la alcaldía de Güines.

¿Qué alcaldía fue esa?

Yamila: En la casa de Miguel Galván, el 28 de enero de este año, se constituyó la "alcaldía" de Güines. Se propuso para alcalde a un señor muy mayor, José Orta Acosta. Este hombre tiene 87 años creo y lo usan como si fuera un monigote.

Noel: Fue como en aquel programa humorístico de la televisión: "San Nicolás del Peladero". ¿Se acuerdan de la Alcaldía de San Nicolás y de aquel personaje, Cheo Malanga? Pues aquí era lo mismo.

Yamila: Aquello parecía un chiste, le iban a pagar 10 dólares al alcalde y 5, a cada concejal. El presupuesto mensual de la alcaldía sería de 40 ó 50 dólares.

¿Quién estaba detrás?

Yamila: Diosmel, que esta vez reconoció que se le había ido la mano. Todo el que se enteraba de la "alcaldía de Güines" se moría de la risa...

¿Por qué?

Noel: Estaban desesperados. No contaban ni con cinco personas y la perspectiva era quedarse con menos gente. Miguel y Orta, estaban secundados por un matrimonio que esperaban su aval para salir del país. Creo que había otra persona más.

Yamila: No querían meterse en mucho lío, sino crear algo que mantuviera contenta a la contrarrevolución en Miami, y sobre todo que mandaran el dinero. Se pasaban la vida inventando: "vamos a hacer una marcha, vamos a hacer una denuncia, una vigilia, una huelga de hambre... Y ahí miraban al viejito, y cambiaban de idea."

¿Se llegó a crear la alcaldía?

Noel: Sí, cómo no. Diosmel mandó hasta una declaración en nombre de la Fundación Nacional Cubano Americana. Se agarraban hasta de un clavo ardiendo. Dijeron que era una idea brillante. Se iban a crear ocho alcaldías en el país, junto con editoras, periódicos...

Yamila: Seguramente hasta un Cuerpo Táctico...

Noel: Cuando más embullados estaban, Galván le mandó un correo a Diosmel: "tenemos graves problemas".

¿Qué alegó? ¿Acaso que eran víctimas de la "represión"?

Noel: Qué va. No les dije que era "San Nicolás del Peladero". Le hicieron firmar a Orta un papel que decía: "El alcalde electo le comunica a sus excelencias en el exterior —Diosmel y sus jefes—, que no podemos mantener la alcaldía para el bien común de esta ciudad de Güines que tanto necesita de un bien patriótico. Fuerzas mayores lo impiden." Algo así muy picúo.

¿Y entonces qué argumentaron?

Noel: Que con 40 ó 50 dólares podían pagar los cargos, pero —y había que ver la cara de angelito que ponía Miguel Galván—: "¿Y si viene un ciudadano con un problema social y nos pide dinero?" Y Orta diciendo: "Nadie toca mis 10 dólares." La alcaldía duró una hora.

Yamila: Al pobre alcalde lo consolaron: "No te preocupes, viejo, cuando formemos el gobierno nacional te buscamos un carguito..."

Luis Véliz Martínez y Ana Rosa Jorna Calixto.

Yamila Pérez Reyes y Noel Ascanio Montero.

Portada de la presentación del proyecto Despertando Sonrisas, de la Fundación Elena Mederos. Proponía sacar niños enfermos de Cuba para que recibieran atención quirúrgica en España. El objetivo: atacar el sistema de salud cubano.

El Dr. Pedro Luis Véliz, agente Ernesto, y Bill Barker, durante una de las visitas de este señor a La Habana.

Algunos de los artículos de Bill Barker. Este hombre llegó a proponerle a los doctores Pedro Luis Véliz y Ana Rosa Jorna, que eligieran en un catálogo el tipo de armas que querían utilizar en caso de una acción violenta en Cuba.

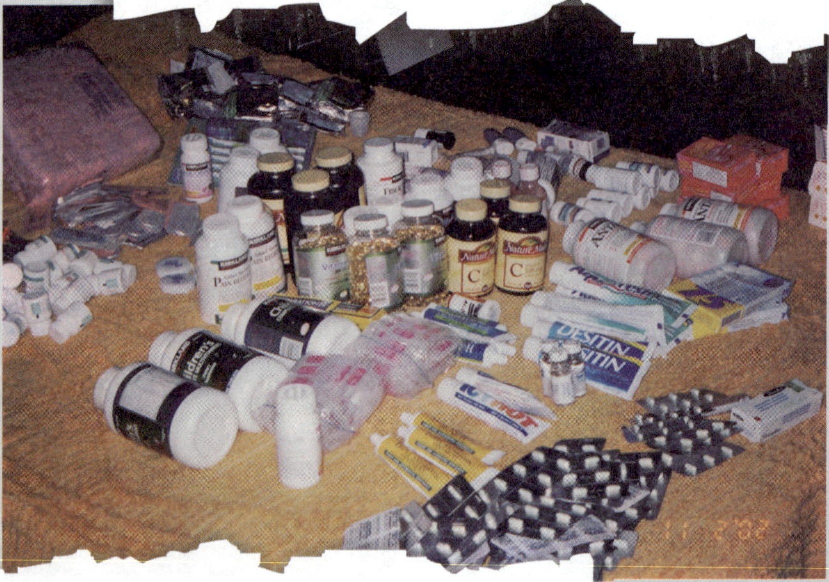

Las medicinas para "salvar al pueblo de Cuba" que trajo Bill Barker.

Love Valley Presbyterian Church

239 Mitchell Trail
Love Valley, NC 28625

CARTA DE DONACIONES

~~Operation USA~~ está satisfecha por donar los productos enumerados abajo a la gente Cubano para el uso en los hospitales pediátricos para el cuidado de niños y los pobres a través de los recursos de la salud pública del país. Estos productos no tienen ningún comercial valor.

Consignatario

Dr. Noemi Gorrin Castellanos
Consejo De Iglesias De Cuba
Comision Medica

Lista de carga #2

Bandages	18 packs	Antacid Tablets	1 bottle of 96
Latex Gloves	1 box (100)	Rolaids	3 bottles of 12
Liquid Soap	7 bottles	Acid Reducer	1 box of 10
Bufferin	26 bottles of 39	Stress Tablets	2 boxes of 30
Excedrin	11 bottles of 100	Vitamins	21 bottles of 2410
Ibuprofen	3 bottles of 100	Niocin	2 bottles of 100
Motrin	2 bottles of 50	Calcium	2 bottles of 100
Asprin	36 bottles - 3252	Folic Acid	3 bottles of 250
Acetaminophen	11 bottles - 1811	Dental Floss	18 boxes

Authorization

Bill Barker — 3/23/01

Bill Barker, Director of Cuban Missions — Date
Love Valley Presbyterian Church

Received in Havana by: ____________________ ____________
Date

____
Print

Lista de medicamentos traídos por Bill Barker. Nótese la tachadura de las palabras "Operation USA".

Bill Barker, P.A.
Attorney At Law
225-A Broad Street
Post Office Box 1339
New Bern, North Carolina 28563

BILL BARKER

TELEPHONE
(252) 638-1901
1-800-852-0811
Fax (252) 638-1114

February 12, 2001

Mr. Steve Pinter
Chief of Licensing
Office of Foreign Assets Control
U.S. Department of Treasury
1500 Penn Ave., NW
Washington, D.C. 20220

Dear Mr. Pinter:

I wish to travel to Cuba to deliver non-narcotic medicines and medical supplies to physicians to be dispersed by them to their patients. These items have been donated by the people of North Carolina primarily thru their churches. I am sponsored by my church, as you can see by the letter enclosed.

The doctors involved have been recommended to me by U.S. Congressman Lincoln Diaz-Balart. You may contact his assistant Ms. Anna Carbonell at 305-477-8359 to confirm this or for any added information you need. My Congressman, Walter Jones is also aware of this project and may have information that would help you.

For your information, I am a 56 year old attorney, born and raised in North Carolina. I have an honorable discharge from the U.S. Navy, served as Assistant District Attorney for 8 years and in the North Carolina Senate for 2 terms. Other than helping the children of Cuba, I have no agenda in this endeavor.

I would like to travel in late March and would like to make 3 to 4 trips per year. Each visit would last 3 to 5 days during which time I would be staying with doctors and therefore would not spend much money on hotels, etc. My purpose is not to help the Cuban economy, but only to relieve suffering by the children.

Please grant me the necessary permit or license for this humanitarian travel.

Sincerely,

Bill Barker

Bill Barker

Carta enviada por Bill Barker a la Oficina de Control del Departamento del Tesoro. Reconoce que viaja a Cuba recomendado por el congresista Lincoln Díaz-Balart.

Bill Barker, Lic.
Abogado
225-A Broad Sirdel
Post Office Box 1393
New Bem, North Carolina 28563

TELEFONO
(252)838-1901
800-852-0811
fax (252)638-1114

BILL BARKER

12 de febrero de 2001

Sr. Steve Pinter
Jefe de concesión de licencias
Oficina de Fiscalización de Bienes Extranjeros
Departamento del Tesoro de los Estados Unidos
1500 Penn Ave., NW
Washington, D.C. 20220

Estimado Sr. Pinter:

Deseo viajar a Cuba para entregar medicamentos no narcóticos y suministros médicos a los médicos a fin de que ellos puedan distribuirlos a sus pacientes. Esos artículos fueron donados por el pueblo de Carolina del Norte fundamentalmente por conducto de sus iglesias. Como podrá ver en la carta adjunta, mi iglesia me patrocina.

El congresista estadounidense Lincoln Díaz Balart fue quien me recomendó a los médicos. Usted podrá ponerse en contacto con su asistenta la Sra. Anna Carbonell en el teléfono 305-477-8359 para confirmar esta o cualquier otra información que necesite. Mi congresista, Walter Jones, también sabe de este proyecto y tal vez tenga información que pudiera ayudarle.

Para su conocimiento, soy un abogado de 56 años de edad, nacido y criado en Carolina del Norte. Fui licenciado honrosamente de la Marina de los Estados Unidos, trabajé como Fiscal Adjunto del Distrito durante 8 años y en el Senado de Carolina del Norte durante dos mandatos. En este empeño no me anima otra cosa que ayudar a los niños de Cuba.

Desearía viajar a finales de marzo y hacer de tres a cuatro viajes por año. Cada visita duraría de tres a cinco días y me alojaría con los médicos, de modo que no gastaría mucho dinero en hoteles, etc. Mi propósito no es ayudar a la economía cubana, sino únicamente aliviar el sufrimiento de los niños.

Por favor, concédame el permiso o licencia necesarios para realizar este viaje con fines humanitarios.

Queda de usted atentamente,

Bill Barker

DEC. 21 2000 12:16PM LINCOLN DIAZ-BALART NO. 5133 P. 1/1

Fax enviado desde la oficina de Lincoln Díaz-Balart a Bill Barker, donde informa con quién debe contactar en La Habana. También, que Manuel Alzugaray, del Miami Team Foundation, puede recomendarle posibles contactos de contrarrevolucionarios en Cuba.

MEMO

Via Fax: 1-252-638-1114

To: Bill Barker

From: Ana Carbonell

Re: List of Cuban Doctors

****

fax

Please contact Dr. Arturo Perez at either 011-537-3029-57 or 011-537-61-7551, he will be expecting your call. He will guide you to the physicians in the rural areas of Cuba. Once you contact him, mention that you are there on behalf of Dr. Manuel Alzugary. If you have any questions please contact me at 305-710-3625.

0053 -7-30-29-57
0053 7-61-75-51 fax

HYPERTENS

ANT PARC?

CALLE 25 804

ANBIOTICA
VIMANINS
MINERALS

APPARTEMANT 1
ENTRE B Y C
MUNICIPIO PLAZA

FAR

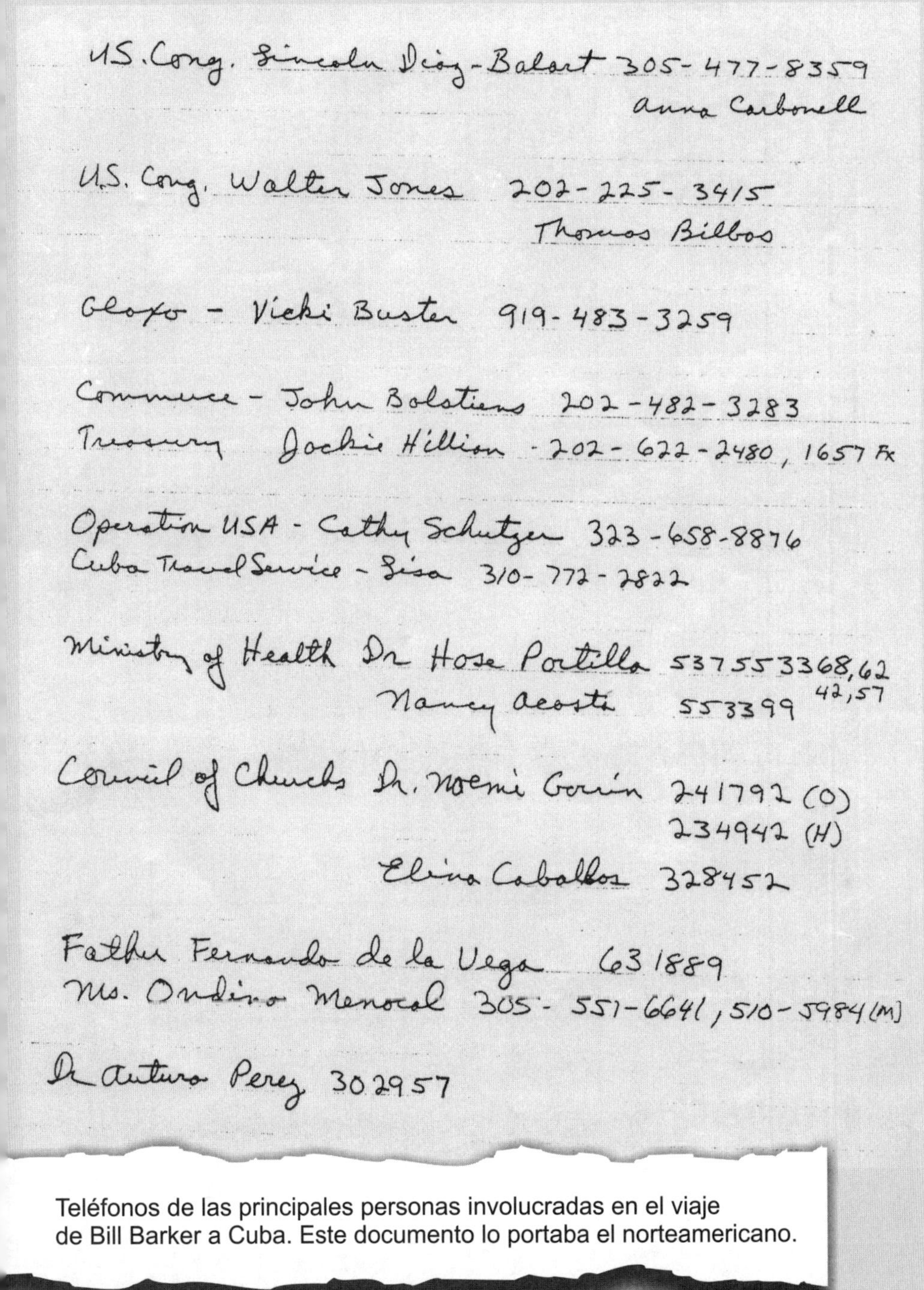

U.S. Cong. Lincoln Diaz-Balart 305-477-8359
Anna Carbonell

U.S. Cong. Walter Jones 202-225-3415
Thomas Bilbos

Glaxo - Vicki Buster 919-483-3259

Commerce - John Bolstiens 202-482-3283
Treasury Jackie Hillion - 202-622-2480, 1657 Fx

Operation USA - Cathy Schutzer 323-658-8876
Cuba Travel Service - Lisa 310-772-2822

Ministry of Health Dr Hose Portilla 537553368, 62
Nancy Acosta 553399 42, 57

Council of Churchs Dr. Noemi Gorrin 241792 (O)
234942 (H)
Elina Caballos 328452

Father Fernando de la Vega 631889
Ms. Ondina Menocal 305-551-6641, 510-5984 (M)

Dr Arturo Perez 302957

Teléfonos de las principales personas involucradas en el viaje de Bill Barker a Cuba. Este documento lo portaba el norteamericano.

EMBASSY OF SWITZERLAND, U.S. INTERESTS SECTION - HAVANA

EMBAJADA DE SUIZA
SECCION DE INTERESES
ESTADOS UNIDOS DE AMERICA

PASE ABIERTO

UNIDAD: J.V. UNIT

NOMBRE: Oscar Elias Biscet

CANTIDAD DE PERSONAS 1

FECHA: ABIERTA

HORA: 8:30

FIRMA:

La Habana 7 de julio del 2001

Por la presente se le hace entrega a la Sra. Magalis de Armas, esposa del destacado disidente Vladimiro Rocas, de un paquete de medicamentos y veinte dólares (20.00) US que desde Puerto Rico a través de la Operación Liborio, envía el destacado patriota Sr. Enrique Blancos.

Para Constancia.

Magalis de Armas. ______________ Firma

La Habana 7 de julio del 2001.

Por la presente se le hace entrega al Sr. Blas Giraldo Reyes Rodriguez, Vecino Ave. 26 de Julio #30, entre tercera del Este y ferrocarril, Reparto Colón, Santi Spíritus de una caja de medicamentos para que preferentemente se le de a los presos políticos y sus familiares. Además se le entrega diez dólares para que sufrage gastos en relación a esta gestión.

Blas Giraldo es el Delegado del grupo -- Ex Club cautivos de la provincia de Santi Spíritus.

Este patriota se encargará en lo sucesivo de recibir y distribuir los medicamentos que envie el Proyecto Humanitario Liborio que redica en Puerto Rico, y su maximo gestor es el patriota cubano Enrique Blanco.

Recibe

Blas Giraldo Reyes

Firma______________

Operación Liborio: dinero y medicinas para crear un sistema paralelo a la Salud Pública cubana.

09/08/2001 17:51 787-7865695 OPERACION LIBORIO PAGE 01

-2-

ayudar con estipendios a presos y los miembros de la Operación en Cuba; más o menos habían unos 100,000 dólares para enviar a Cuba; quizás esa haya sido la razón principal para negarnos su aprobación.

Ahora analizaremos lo relacionado con nuestro amigo Frank, cuando tú conversastes con él yo le llamé y me aprobó 1,500 dólares para enviar cada mes, eso duró 3 meses, parece por su carta que tiene dificultad con la familia del tío, esperemos tenga suerte y pueda resolver. Operación Liborio va a someter de nuevo los documentos solicitando la ayuda pero en este caso solicitándola para el envío y compra de medicamentos; a un tío se los someteremos por $125,000 y al otro tío por $60,000, a c\ver si tenemos suerte y nos aprueban nuestra solicitud. Es necesario que hagas una buena carta con toda la información posible de lo que significa la Operación para que ustedes puedan subsistir en su tragedia; tienes que proporcionarles los nombres y direcciones de la mayor parte de las personas que se beneficiarían con los medicamentos. También resalta la situación de nuestro amigo Frank, que lo está solicitando en su carta. Esperamos tener éxito en esta situación ya que cada día se complica más.

Héctor, cuando llegó la administración anterior a Radio Martí, o sea, Herminio San Román y Roberto Rodríguez Tejera, surgió un conflicto interno y el resultado fué que Angélica Mora tuvo que irse a Washington obligada por las presiones que la llevaron a esa realidad. Es de todos conocido el beneficio que produjo para la oposicion en Cuba Angélica Mora y siempre ha sido el deseo de la oposición que esta compatriota regrese a Radio Martí. No tuvimos éxito en esa gestión con la administración anterior pero ahora entró a dirigir las transmisiones a Cuba Salvador Lew y su número de teléfono es (305) 437-7010. Sería justo y razonable que la mayor cantidad de personas en Cuba hagan una petición solicitando el regreso de Angélica Mora a Radio Martí.

Recibe mis saludos,

ENRIQUE

Fragmentos de un fax enviado por Enrique Blanco al mercenario Héctor Palacios.

09/08/2001 17:51 787-7865695 OPERACION LIBORIO PAGE 02

* Grupo de Apoyo a la Disidencia
* Support Group to the Dissidence
* Gruppo di Appoggio alla Dissidenza
* Groupe de Soutien à la Dissidence

GAD

2 de septiembre, 2001

Sr. Enrique Blanco
Operacion Liborio
Puerto Rico

Estimado amigo:

Aqui te mando el cheque para el ultimo envio. Debido a las complicaciones que hemos tenido con el senador Christopher Dodd, te pido por favor que suspendas los envios hasta que te avise, ya que los fondos que esperabamos estan congelados hasta que el Sr. Dodd dedica levantar la suspension de estos. Creo que seria conveniente le avisaras a la gente de Cuba lo que esta pasando y que lleven cartas a la Seccion de Intereses dirigidas a:

Senador Christopher Dodd
448 Russell Building
Washington, D.C. 20510

Ya nosotros hemos movilizado a mucha gente a traves de la Isla, pero siempre hay algunos que no hemos podido contactar.
Creo que una carta de Operacion Liborio explicando la importancia de nuestras operaciones tambien no vendria mal.

Saludos

Frank

1000 Ponce de Leon Blvd., Suite 312, Coral Gables, FL 33134
Phone: (305) 447-2713 • Fax (305) 285-0311 • E-mail: gadcuba94@aol.com

Carta de Frank Hernández Trujillo a Enrique Blanco, quien le manda copia al contrarrevolucionario Héctor Palacios.

Ccp - Cubapacks
Ant - Antillas

Período: 28/12/2000 - 20/09/2002

Código de Cliente: **FR68319U**
Nombre: FRANK HERNANDEZ TRUJILLO
Dirección: 1000 PONCE DE LEON BLV. #312
CORAL GABLES FL 33134

Estado de su cuenta: 0.00

RESUMEN DE ENVIOS REALIZADOS

Página No.: 1

echa:	Envio No.:	Destinatario:	Código:	Carné de Id.:	Dinero:	Pqte(Lbs):	Compra:	CR/DB:
2/02/2001	102770	SENIA BLANCA RIGA; Cubapacks	SE89518	Conf. Pendiente			2 LAMPARAS - Ccp	
2/02/2001	102771	ARGELIO RICARDO Cubapacks	AR89517	Conf. Pendiente			LAMPARA - Ccp	
8/02/2001	22594	FERNANDO SANCHEZ } Antillas	FE89361	42030322136			VIDEO - Ant	
8/02/2001	22595	GERARDO SANCHEZ	GE89362	47101308724			VIDEO - Ant	
3/03/2001	102898	HUMBERTO MELO ARIAS Cubapacks	HU90246	Conf. Pendiente			2 LAMPARA - Ccp	
3/03/2001	22925	PEDRO CRESPO } Antillas	PE90249	64021001560			VIDEO - Ant	
3/03/2001	22926	HECTOR PALACIOS	HE90245	41062215507			VIDEO - Ant	
1/04/2001	103155	SANTIAGO ALONSO PEREZ Cubapacks	SA63048	Conf. Pendiente			LAMPARA - Ccp	
1/04/2001	23344	HECTOR PALACIOS } Antillas	HE90245	65042325952			VIDEO - Ant	
1/04/2001	23345	ROBERTO DE MIRANDA	RO91610	46033027508			VIDEO - Ant	
7/04/2001	103217	ARMANDO VILLAR PENA } Cubapacks	AR91875	48011502522			PAQUETE ESPECIAL - Ccp	
7/04/2001	103218	ANGEL GIMENEZ	AN91872	44100207164			PAQUETE DE Alim - Ccp	
7/04/2001	103219	GERARDO SANCHEZ	GE89362	47101308724			PAQUETE DE Alim - Ccp	
8/04/2001	23464	ANGEL GIMENEZ } Antillas	AN91872	44100207164			COCINA ELECTRICA - Ant	
8/04/2001	23465	ARMANDO VILLAR PENA	AR91875	48011502522			TELEFONO - Ant	
8/04/2001	23466	GERARDO SANCHEZ	GE89362	pas 0057247-1			TELEFONO - Ant	
0/04/2001	103221	ANA MARIA ESPINOSA ESCABILLO - Cubap	AN91993	49072607295			PAQUETE DE - Ccp	
0/04/2001	23499	MARTHA ROQUE } Ant.	MA91997	45051602056			MODULO # 1 - ~~Ccp~~ Ant	
0/04/2001	23500	ANA MARIA ESPINOSA ESCABILLO	AN91993	49072607295			JUEGO DE CAZUELAS - Ant	
0/04/2001	23501	ANA MARIA ESPINOSA ESCABILLO	AN91993	49072607295			JUEGO 21 POTES - Ant	
7/04/2001	103286	ROBERTO DE MIRANDA } Cubapacks	RO91610	51041512772			PAQUETE DE - Ccp	
2/05/2001	103352	GLADYS LINARES	GL92458	Conf. Pendiente			LAMPARA - Ccp	
2/05/2001	103353	GLADYS LINARES	GL92458	Conf. Pendiente			TELEVISOR - Ccp	
2/05/2001	23765	GLADYS LINARES - Antillas	GL92458	42092301171			VIDEO - Ant	
0/05/2001	103688	LIBRADO LINARES } Cubapacks	LI93901	60060914924			PAQUETE DE Aliment. - Ccp	
0/05/2001	103689	GLADYS LINARES	GL92458	47092615778			PAQUETE DE Aliment. - Ccp	
0/05/2001	24479	LIBRADO LINARES - Antillas	LI93901	60060914924			TELEFONO - Ant	
1/05/2001	103694	FERNANDO SANCHEZ } Cubapacks	FE89361	42030307554			PAQUETE DE Aliment. - Ccp	
1/05/2001	103695	MANUEL INFANTE	MA93972	68041309455			LAMPARA - Ccp	
1/05/2001	103696	MANUEL INFANTE	MA93972	3301091445			PAQUETE DE Aliment. Ccp	
1/05/2001	24508	YANIT VALDES } Antillas	YA93975	73083001119			2 TELEFONO - Ant.	
2/06/2001	24684	GISELA DELGADO SABLON	GI50188	65042325952			VIDEO - Ant	
2/06/2001	24685	ROBERTO DE MIRANDA	RO91610	46033027508			VIDEO - Ant	
3/06/2001	103797	ROBERTO DE MIRANDA } Cubapacks	RO91610	51041512772			PAQUETE DE Alim. - Ccp	
3/06/2001	103798	GISELA DELGADO SABLON	GI50188	65042325952			PAQUETE DE Alim - Ccp	
6/07/2001	8010700216	ANGEL GIMENEZ } Antillas	AN91872	44100207164	300.00		Dinero - Ant	
7/07/2001	6010700271	MANUEL INFANTE	MA93972	43121808550	300.00		Dinero - Ant	
0/07/2001	25202	LIBRADO LINARES - Antillas	LI93901	Conf. Pendiente			TELEFONO - Ant	

Listados de envíos desde Miami, a cargo de Frank Hernández Trujillo
Lámparas, cazuelas, televisores... para "luchar por la libertad de Cub

Federación Sindical de las Plantas Eléctricas, Gas y Agua de Cuba (exilio)

REVISTA LUX
LUX INFO-PRESS
RADIO REVISTA LUX

Instrucciones de René Laureano Díaz a Aleida Godínez: propone crear el CONIC.

11 de febrero de 2001

Estimada Aleida:

La información que te solicitamos investigaras sobre los despidos a los trabajadores por cuestiones políticas o vinculadas a ellas, debe recoger los siguientes aspectos:

Nombre y dos apellidos
Dirección
Centro Laboral donde trabajaba, sector y de ser posible la dirección del centro
Sindicato al cual pertenecía el trabajador
Edad
Breve explicación de las causas que motivaron el despido.
De ser posible obtener copia de la resolución de separación o sanción

Seria muy valioso para este trabajo que te apoyaras en otras organizaciones en aras de lograr un inventario lo mas completo posible de los afectados.

Te reitero nuestro agradecimiento a ti y al resto de los ejecutivos de la Federación por la excelente labor que vienen desarrollando en defensa de los derechos de los trabajadores cubanos, en este proceso de lucha no violenta en el que nos enfrentamos al régimen.

Fraternalmente

René L Díaz

Aleida: El Proyecto de convertir la Federación en CONFEDERACIÓN es sumamente importante para todos, ustedes y nosotros. Con este cambio se produciría un reconocimiento de organismos Internacionales del movimiento laboral y la ayuda tanto material, económica y de otra índole no se hará esperar. Saludos. René

7175 S.W. 8 STREET, SUITE 213, MIAMI, FLORIDA 33144 • PHONE: (305) 262-9770 FAX: (305) 262-6050

Pudiera barajarse el siguiente nombre:

COMISIÓN

"CONIC"

CONFEDERACIÓN
OBRERA
NACIONAL
INDEPENDIENTE DE
CUBA. Reunirse y Pensarlo

Los envíos de dinero desde Miami llegan con nombres y apellidos. Este mensaje es de René Laureano Díaz.

Miami FL.

Junio 11-2001

Estimada Aleida: Saludos para ti y los compañeros en su.

Te estamos enviando los disquetes con el contenido del reporte de violaciones que circula en la OIT en la 89 asamblea para que los hagas llegar a todos los que estimes necesario; sería muy conveniente que Pedro Pablo tuviera una copia de este documento.

Averigua qué pasa con la UNION SINDICAL de Obreros de América en Tunas, hace tiempo no sabemos de ellos.

Aquí te envío lo de este mes de Junio, incluyendo a MARCOS. Pepsicola me prometió que te vería ahora, él ya te conoce por fotografía. - Saludos: René.

Aleida	$200.00	ALICIA	40.00
VICTOR	80.00	Priscila	40.00
ARROYO	50.00	MARCOS	20.00
Lazaro	25.00	TOTAL	570.00
Candido	50.00		
Sergio C.	40.00		
Montecello	25.00		

Joel te manda un abrazo. -

Es necesario que le entregues a Cosacio el saldo que le manda ROSA. -

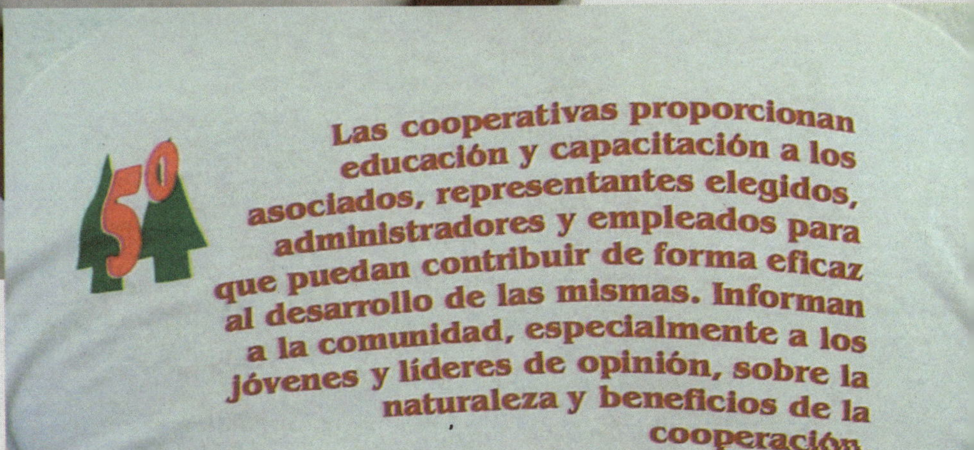

Pulóver enviado para ser distribuido entre los “cooperativistas independientes”. En el modelo “agrario” de la contrarrevolución, los campesinos llevan traje y corbata.

C.N.C.

COMISIÓN CUBA

C.N.C.

Florida # 171 e/ Vives y Puerta Cerrada, H. Vieja, Ciudad Habana, Cuba.
Calle 52 # 9914 e/ 99 y 103 Guines, La Habana, Cuba.

Comisión Cuba

RADIO MARTÍ (ENCUESTA)

Municipio de residencia: ______________________________ **Provincia:** ______________________________

Edad: Menos de 18 años ___ De 19 a 35 años ___ De 36 a 55 años ___ De 56 o más ___ **Sexo:** F___ M ___

Usted es: Estudiante: ___ Obrero___ Profesional ___ Técnico Medio ___ Ama de casa ___ Jubilado ___

Escucha Radio Martí: Sí ___ No ___ **¿Qué horarios?:** Mañana ___ Tarde ___ Noche ___ Madrugada

Por la interferencia ¿en cuáles horarios se escucha mejor?: Mañana ___ Tarde ___ Noche ___ Madrugada

Posee radio de onda corta: Sí ___ No ___ **Sus vecinos, familiares y amigos ¿escuchan RM?:** Sí ___ No ___ Algunos ___

En su opinión ¿cuáles son los cinco programas mejores? (lunes a viernes): 1.______________ 2.______________

3.______________ 4.______________ 5.______________

¿Cuáles son los programas que NO le gustan? (Lunes a viernes): 1.______________
2.______________

3.______________ 4.______________ 5.______________

En su opinión ¿cuáles son los cinco programas mejores? (Fin de semana): 1.______________ 2.______________

3.______________ 4.______________ 5.______________

Modelo de encuesta entregada en la SINA a Yamila Pérez, agente Celia, para que la llenara entre los miembros de sus grupos y la hiciera pasar como si fuera iniciativa de la Comisión Cuba, de Güines.

VA CUBA INC

MIAMI
285 N.W. 27 AVENUE #18
MIAMI, FL 33125

Phone 305/649-3491 Toll Free 1-877-882-2822 Fax (305)649-4631

Medicina-Alimentos Pg. 1

Inv.# 179294 Date: MAR 25, 2003

Cliente: RENE SOTOLONGO
3281 DAY AVE.

MIAMI FL 33134
(305) 302-9058

Destinatario: NOEL ALFONSO MONTERO
CALLE 74 # 9909 E/ 99 Y 103, GUINES

HABANA CAMPO CUBA

QTY.	DESCRIPTION	VALOR	TOTAL
2	CAJAS SAZON GOYA 180 gramos	3.00	6.00
4	GOYA CALDO POLLO 80 GRAMOS	1.19	4.76
1	PASTA DENTAL CON CEPILLO	2.00	2.00
1	IBUPROFEN 4 ONZAS	6.00	6.00
1	SALONPAS 120 SHEETS	5.00	5.00
1	ANTIDIARRHEAL 96 CAPLETS	8.00	8.00
1	ANTIDIARRHEAL DE 16 ONZAS	8.00	8.00
1	ALELRGY MEDICINE 400 MINITAB	8.00	8.00
1	HYDROCORTISONE 2 ONZAS	3.00	3.00
1	OMEGA III 150 TAB	10.00	10.00
1	MITRUM 250 TAB	12.00	12.00
2	BICOMPLEX 250 TAB	12.00	24.00
1	CALCIUM 250 TAB	12.00	12.00
1	GLUCOSAMINE 250 CAP	12.00	12.00
1	VIT C 250 TAB	10.00	10.00
1	VIT E 250 TAB	12.00	12.00
1	ASPIRINA 500 TAB	5.00	5.00

VALOR DECL.:	147.76
PESO:(10 lbs 0 oz)	10.0
ENVIO:	80.00
DESC.:	0.00
ADJUST:	0.00
TOTAL:	$ 80.00
PAYMENTS:	80.00
BALANCE:	0.00

Empleado: Haydee

Envío de diferentes productos (alimentos y medicinas, esencialmente) desde Miami para las organizaciones contrarrevolucionarias en Güines.

OFICINA NACIONAL

DE

RECEPCIÓN E INFORMACIÓN

DE

VIOLACIONES DE

DERECHOS HUMANOS DE CUBA

INFORME ANUAL

2002.

Informe anual elaborado por la Oficina Nacional de Recepción e Información de Violaciones de Derechos Humanos de Cuba, a cargo de Odilia Collazo. Se enviaba al Departamento de Estado de Estados Unidos y era utilizado en las campañas contra Cuba, en particular en la CDH de Ginebra. Este fue el que presentó este año (2003).

¿INDEPENDIENTES DE QUÉ?

NÉSTOR BAGUER SÁNCHEZ GALARRAGA

El Decano está escribiendo un libro. Nos pide que agilicemos la entrevista, porque va por la página 50 y él ya no tiene demasiado tiempo que regalar. En agosto cumplirá 82 años y quiere contar por sí mismo todo lo que vivió dentro del mundo de la "disidencia política" cubana, que conoció como la palma de su mano y de la cual puede dar fe con un abrumador anecdotario.

Néstor Baguer Sánchez Galarraga, tal vez el más veterano de los agentes activos de la Seguridad del Estado, no quiere prólogos en una conversación donde las horas vuelan. De modo que ahí va, sin mucho preámbulo.

AGENTE OCTAVIO

¿Por qué escogió el nombre de Octavio?
Por Octavio Sánchez Galarraga, un tío mío que hubiera soñado con hacer este tipo de trabajo.

¿Qué hizo su tío?
Octavio Sánchez Galarraga era abo-

gado, defensor de gente humilde. El otro Sánchez Galarraga conocido fue mi tío Gustavo, poeta y periodista, uno de los pocos que se enfrentó a la dictadura de Machado. Bateó un discurso en el Vedado Tennis (Círculo Social "José Antonio Echevarría"), en contra de Machado un 31 de diciembre y el dictador llamó a mi tía María, la madre de los Galarraga: "Oye, mira a ver qué hace usted con ese muchacho, que Crespo —el sicario— lo quiere coger y yo no puedo protegerlo siempre."

Hay una cosa interesante. La familia Sánchez Galarraga es de origen vasco y llegó a Cuba en 1940. Por eso hemos conservado la chapela, como la que tengo puesta.

Luis Ortega y Max Lesnik, dos periodistas cubano-americanos radicados en Miami, eran muy amigos de su padre y nos contaron que la última vez que lo vieron fue en México.

Sí, mi padre se exilió porque a su segunda mujer —mi madre se había divorciado de él cuando yo tenía 2 años— le dio un ataque de histeria y decidió irse de Cuba. Mi padre la siguió y con él emigró mi hermano.

Su padre también era periodista...

Tenía una columna en *El Crisol*, que era un periódico que salía al mediodía. La redacción estaba en Manrique y Virtudes, en Centro Habana. Él escribía sobre espectáculos. Se llamaba Francois Baguer.

¿Cuándo comenzó usted en el periodismo?

Escribí mi primer artículo a los 14 años. Varios estudiantes fundamos la revista *Siboney*. Por supuesto, me encargué de la sección de espectáculos.

Dijo en la entrevista que le hizo el Fiscal, antes del juicio y que fue transmitida por la televisión, que usted le debe ser antimperialista a su familia...

Si hay alguien que me enseñó a ser así fue mi padre. Se fajaba con mi tío Gustavo Sánchez Galarraga, que se dedicaba a la crónica social. En los días de la República Española, Gustavo decía que si a él le iban a dar patadas, que se las dieran con botas de

50 dólares. Mi padre le respondía que él las prefería con alpargata, que dolían menos.

Mi padre fue el primer cronista cubano condecorado con una orden cultural de la Unión Soviética.

¿Antes del triunfo de la Revolución?

Sí. Cuando vinieron las primeras películas soviéticas, mi padre escribió crónicas magníficas. Cuando todo el mundo decía que eran una basura, él afirmaba que eran obras de arte y que debían apreciarse. La embajada le dio una medalla por la cultura.

¿Qué ocurrió con su papá?

Imagínate: aquel hombre, a su edad, para poder sobrevivir tuvo que trabajar de reportero en el aeropuerto de Ciudad de México. Iba a las tres o las cuatro de la mañana a recibir a la gente. Sin embargo, había sido en Cuba un reconocidísimo profesional, maestro de periodistas. Le escribí, mi hermano me devolvió la carta sellada, así que mi padre nunca supo lo que le decía. Murió en 1986 y me enteré un año después.

No tenía necesidad de irse de Cuba. Tenía dos retiros, uno como oficial de la marina y otro como periodista. Él vivía solo con la mujer. Nos tenía a nosotros dos que lo ayudábamos, y eso le hubiera alcanzado para vivir perfectamente, pero la ambición de aquella mujer era una cosa terrible.

¿Qué hizo al triunfar la Revolución?

Vivía en el reparto Mulgoba, en Santiago de las Vegas, que entonces era un reparto de gente rica. Me encargaron que organizara los Comités de Defensa de la Revolución (CDR). En eso se produjo la invasión por Playa Girón, y cuando me presento en la unidad de Milicias, el que estaba al frente me dijo que me necesitaba más aquí, que me quedara a hacer labor política, a fundar más CDR y ayudar en todo lo que fuera necesario. Como en el Aeropuerto "José Martí" hacía falta alguien de confianza, me pusieron a trabajar en ese lugar, a cuidarlo como miliciano.

Después pasé a Comercio Exterior, donde hacía falta un periodista. El Ministerio tenía un boletín diario que publicaba los precios, análisis económicos, planificaciones.

¿Usted es graduado de periodismo?

Sí. Cuando empecé en el periodismo no existía la escuela. Trabajaba en *El Crisol* y escribía. Esa fue mi escuela. Después se abre la "Márquez Sterling", y mi padre fue profesor de allí, pero ya yo había olido el plomo y no había quien me sacara de al lado de la rotativa. Lo mío era escribir.

Cuando triunfó la Revolución, me llamó Elio Constantín, un extraordinario reportero deportivo y el secretario de la comisión que se creó para validar los títulos de los periodistas. Él me preguntó si quería pasar la escuela o prefería examinarme. Le dije que me hiciera un examen completo. Sin compasión. Al otro día lo hice y me dieron el título.

Sin embargo, en un despacho de Reuters que reprodujo el New York Times *el pasado 10 de abril, lo llaman "supuesto" periodista. "Alleged journalist Nestor Baguer", decía exactamente…*

¡Qué extraño! Cuando era un "disidente" la prensa norteamericana jamás me llamó "supuesto" periodista, ni "supuesto disidente"... A nadie se le hubiera ocurrido... Les voy a dar a ustedes una copia de mi título, para que la publiquen en el libro y se acaben las dudas.

¿Cuándo se vincula a la Seguridad del Estado?

Desde el momento en que comencé a trabajar en Comercio Exterior.

¿Cómo fue?

Era una institución muy codiciada por el enemigo, como podrán imaginarse. Había hecho varios trabajos sobre productos cubanos. Por ejemplo, un estudio para organizar la exportación de miel de abeja de Cuba. Estudié los mercados, el costo. En Cuba se puede producir miel el año entero, la miel más fina que se pueda conseguir en el mundo está aquí.

Entusiasmado con la miel de abeja, un buen día se habla de la necesidad de dragar la Bahía de Cienfuegos y la de La Habana, y había que comprar el equipo necesario. No era fácil adquirirlo, pues Estados Unidos había declarado el bloqueo contra Cuba. Pero yo tenía un vecino inglés que facilitó la compra.

Armando Pérez Roura

Es natural de Ceiba Mocha, Matanzas, y reside en Miami. Fue locutor del Palacio Presidencial desde el gobierno de Prío, y mantuvo el mismo empleo durante la tiranía de Batista. Además, trabajó como locutor en *Radio Reloj Nacional*.

En esta misma época fue Decano del Colegio de Locutores hasta 1961.

En 1969 se asiló y fijó su residencia en Estados Unidos.

Fue miembro de las organizaciones contrarrevolucionarias de filiación terrorista Alpha 66 y corresponsal del CORU. Además se encontraba entre los principales directivos de la emisora WRYZ, *Radio Centro*, comprada por la CIA para trasmitir contra Cuba.

En varias ocasiones viajó a Venezuela para entrevistar a los terroristas Orlando Bosch Ávila y Luis Posada Carriles, quienes se encontraban presos por su participación en la voladura del avión de Cubana en Barbados, en 1976. Se vinculó al primer plan de evasión de Posada de la prisión en 1982.

Poseía relaciones con el tirano Anastasio Somoza.

En 1984 se vinculó a la organización contrarrevolucionaria Movimiento Libertador Cubano.

Actualmente es el director general de la emisora *Radio Mambí* en Miami, acusada de utilizar dinero "lavado", debido a la participación del hijo de Pérez Roura en tráfico de drogas. Su hijo fue detenido a principios de la década del 80 cuando trataba de introducir un cargamento millonario de cocaína en la Florida.

Preside la organización terrorista Unidad Cubana, muy vinculada al Consejo por la Libertad de Cuba, formado por algunos de los terroristas que integraban el ala paramilitar de la FNCA.

¿Quién era?

El gerente en Cuba de la Lloyds, de Londres. Era un inglés muy británico. Todas las tardes, cuando yo llegaba del trabajo, me decía: "Baguer, su whisky." Era un ritual implacable. No podía ser a las 5:15, ni a las 4:45. Tenía que ser a las 5:00 en punto.

Cuando me oyó decir que hacía falta una draga, y que Holanda y Japón se habían negado a vendérnosla debido a las presiones de los norteamericanos, me propuso comprarla en Inglaterra.

"En Escocia se fabrica ese tipo de draga", y me dio una tarjeta y hasta me pagó el pasaje. Me pidió una comisión por su diligencia. Y así fue.

Arranqué para Londres con un compañero que era de la Seguridad. Cuando llegamos, nos encontramos que en el mismo hotel había un señor muy cariñoso. Se sentó a mi lado. En la cantina del bar se acostumbraba a presentar a los habituales, como me sentaba en el mismo sitio y él también siempre escogía la misma banqueta, nos presentaron.

Aquel hombre era un norteamericano, que sin muchos preámbulos empezó a preguntarme por mis negocios. Me llamó la atención su persistencia, y empecé a indagar. Me enteré de que él había ido, justo porque yo estaba.

¿Esa empresa británica es la que garantiza los precios a la exportación?

Es una empresa de las más grandes del país. Logré que en lugar de cinco años, le dieran al gobierno cubano siete años de plazo para pagar. Me fui a Escocia, al astillero, pero me informaron que a Cuba no le podían vender absolutamente nada porque caerían en la lista negra. Le propusimos organizar una compañía radicada en Londres, con mi vecino inglés al frente y yo de secretario. Contestaron que así sí.

A la noche siguiente me encontré con el norteamericano. Se me presentó como agente de la CIA, me dio la mano y me dijo: "Tú ganaste, y yo perdí. Por eso lo respeto." Así vino la famosa draga para Cuba.

Por supuesto, cuando llegué lo informé a la Seguridad, a partir de ese momento —era el año 1969— comencé a colaborar. No dejé de hacerlo desde entonces.

¿Siguió vinculado al Comercio Exterior?

No, me trasladé para la la radioemisora *COCO*, como jefe de turno. Luego estuve en *Radio Metropolitana*. Cuando empiezo a trabajar en la defensa del idioma, me llamaron de *Juventud Rebelde* para que me encargara de hacer una columna, que titulé así mismo: "En defensa del Idioma." Luego estuve en *Trabajadores*, en *Radio Habana Cuba* y en *Cadena Habana*, con una vida muy activa en el periodismo, hasta que me declaré "disidente".

¿Por qué se declaró "disidente"?

La Seguridad me pidió que hiciera contacto con los mercenarios y me fui a ver a Elizardo Sánchez Santacruz, la puerta de entrada a ese mundo.

¿Cómo lo recibieron?

Llegué a su casa y cuando pregunté por él, la mujer me dijo: "¿Usted se refiere al Señor Presidente?" "Bueno", le dije, "Si es el Presidente de Cuba con más razón quiero hablarle. Dígale que Néstor Baguer está aquí."

Su Ministro de Información...

En ciernes, no te olvides... Pasé al salón mientras le avisaban al "Señor Presidente", me trajeron un vaso con whisky y unas aceitunas aliñadas. "¡Oye, qué bien se vive en Palacio, carajo!", pensé.

Era el año 1993...

La peor época del Período Especial, con una escasez tremenda. Llegó Elizarlo, me abrazó y me dijo: "¡Bienvenido! Aquí haces mucha falta porque mi cuñado, Yndamiro Restano, no sabe escribir y necesito un periodista de puntería para que se haga cargo de la dirección de la *Prensa Independiente de Cuba.*" Acepté en el acto.

Así, sin más ni más...

Estaba desesperado. Me aconsejó irme primero a una beca a Costa Rica, a no sé qué instituto de Periodismo. "Te vas dos o tres meses, y te aseguramos todos los gastos." Le contesté: "Mira Elizardo, yo no puedo aceptar que, después de tantos años en la prensa cubana, me manden a Costa Rica a aprender. Costa Rica es una mierdita así...; conozco a ese país. Manda a otro." Eso hizo, y el hombre que fue se quedó después allá.

Me dijo entonces que primero me iba a conseguir quien me comprara los artículos. Me habló de una revista que se hacía en Puerto Rico, el *Disidente*, donde él tiene dinero invertido —Elizardo es socio de ese negocio—; luego, cuando teníamos más confianza, me pidió que si quería, fuera todos los días a leer la prensa y a conversar con él para orientarme.

¿Lo hizo?
No. Yo no iba a dejar que hicieran conmigo lo que hacían con otros infelices...

¿Qué cosa?
Que los usaban lo mismo para servir el café que para escribir a máquina.

Le dije a Elizardo que no podía estar yendo en guagua todos los días a su casa, que iba a hacer los artículos y que me dijera a quién mandárselos. Que luego me pagaran y todo el mundo en paz. ¿Sabe lo que me contestó? "Así no puede ser, porque tengo que tener todo bajo control." "Pues, Elizardo, yo creo que no podemos seguir trabajando."

Elizardo es un tipo astuto.
Sí. Él era profesor de Filosofía en la Universidad. Tiene un discurso que es el mismo desde hace 20 años. No lo varía. Es un verdadero lagarto, que públicamente dice que no acepta dinero de los norteamericanos, salvo si se lo mandan por Europa. Los que más le mandan dinero a él son los suecos, los franceses y los españoles. No le ha faltado nunca una buena provisión de monedas. Es una persona con un ego desenfrenado, que entra y sale del país cada vez que quiere. Es un caso muy raro.

Se "fajó" públicamente con los norteamericanos por problemas de financiamiento. Hay que oírlo a él y a sus socios hablar de eso. Eso es un carnaval, señores, con muñecotes y todo.

¿Perdió entonces el contacto con Elizardo?

No del todo, pero pude zafarme de sus redes porque ya tenía vínculos en Miami. Los otros "periodistas" me decían: "Oye, no seas bobo, allí vas a comer todo lo que tú quieras, y a tomar whisky."

¿De dónde provenían?

La embajada española, le mandaba todos los meses 100 dólares en víveres, y me consta, porque en una ocasión, estando yo en su casa, llegó el carro de esa sede diplomática que le traía la cuota del mes. La jaba incluía unas botellas de coñac y de buen vino español. Mes tras mes. No le ha faltado desde que se metió en la "disidencia". También recibe dinero de otros lugares.

Por ejemplo...

Del Partido Liberal de Suecia, que también estuvieron en mi casa. No recuerdo ahora el nombre, pero tengo las tarjetas de presentación de todos ellos.

Por cierto, tengo una anécdota muy buena sobre el Partido Liberal. Resulta que Osvaldo Alfonso, el mismo que está preso, un día me fue a ver para que ingresara al Partido Liberal. Le pregunté: "Dime una cosa: ¿ustedes son del Partido Liberal Cubano? ¿Del mismo de las tradiciones?" "Sí, sí, claro...", me dijo. "Coño, ¿del de Machado y de todos sus asesinos?" "No, no, espérate —me contestó. Nosotros tendremos que hacer una aclaración: Machado fue un error del partido." Me reí: "No jodas, chico; no me hagas cuento. Mira, si tú eres del Partido Liberal, yo pertenezco al Partido Conservador. Así que arranca..."

¿Cuándo fundó usted la Agencia de "Periodistas Independientes" de Cuba (APIC)?

Con Elizardo. Me llegaron las felicitaciones de Miami, las muestras de amor y cariño. Me consideraban el mejor de los patriotas; Reporteros sin Fronteras me alababa por todas partes y me mandaba dinero. Aquello era tremendo. En cuanto se supo que yo estaba a cargo de la agencia y que daba dinero, empezaron los "periodistas" a caerme en la casa como hormigas. ¿Tú sabes, yo no conocía que en Cuba había tantos periodistas solapados en los oficios y profesiones más inverosímiles? Tenía un corresponsal que era trabajador de los ferrocarriles en Cienfuegos y toda su vida lo único que había hecho era darle con una mandarria a la línea del tren. Ese está preso.

¿Pero sabían redactar seguramente, porque no pocos periódicos y páginas en Internet publicaban sus notas?
Si hablando tenían faltas de "ortografía"; dime tú escribiendo. Para mí fue un sufrimiento terrible tener que arreglar algunos de aquellos bodrios.

¿Por qué iban entonces a una agencia que supuestamente era de periodistas serios?
Había dos grandes atractivos.

Primero, la visa que les daban inmediatamente. Bastaba con un mes que estuviera la gente escribiendo ahí y se iba para Estados Unidos en el primer avión. Se ahorraban la cola, los disgustos y la humillación en la Sección de Intereses.

Segundo, el pago. De 20 a 40 dólares al mes, solo por inflar globos. Llegó un momento en que pasaban tantos que no podía llevar aquello. En eso, Raúl Rivero decidió separarse de la APIC y fundar su propia Agencia.

¿Cómo era su relación con Rivero?
Muy buena. Raúl Rivero me dolía. Era el único periodista de verdad que conocía en aquel mundo, un hombre que había tenido prestigio, por su poesía, porque había luchado en Girón. Un hombre a quien la Revolución le salvó la vida.

¿En qué sentido?
Yo era el amigo más cercano que tenía y nos conocíamos bien. Era alcohólico y sufrió mucho. Todo el mundo le dio la espalda, no tenía dinero, se le cayó la casa. Llegó a tener serios problemas de salud, y la Revolución lo metió en un hospital. Mejoró al extremo de que ya no tomaba.

¿Y qué pasó con él?
Lo compraron. Raúl Rivero tiene miles de dólares en Estados Unidos gracias a los premios que ha ganado. Todos los cabecillas también tienen dinero fuera de Cuba, porque querían tenerlo seguro, lejos de las ambiciones de los otros y de que el gobierno se los interviniera, por las razones que ya se saben. Hasta un niño se puede dar cuenta que la vida de disidente en Cuba es tremendo negocio.

¿Cómo recibía usted el dinero?
Por Transcard. Me negué a recibir nada de esos mensajeros que continuamente llegaban de Miami o de otros lugares. Por eso fui el que menos dinero y regalos obtuvo.

¿Por qué?
Mis crónicas disidentes no eran iguales a las otras. Siempre escribía con respeto. Por ejemplo, yo me refería al Comandante diciendo: "el Presidente de Cuba, señor Fidel Castro", mientras que otros lo llamaban "el dictador y esto y lo otro".

Hasta a los norteamericanos les llamó la atención: "Señor Baguer, usted no odia a Fidel Castro", y yo les contestaba: "No tengo por qué odiarlo."

¿Quién de los norteamericanos le dijo eso?
El que atendía prensa y cultura en esa época, el gordo Gene Bigler. Se hizo muy amigo mío. Cuando se fue, Bigler me escribió desde Roma, asegurándome que cualquier cosa que necesitara se la pidiera a él enseguida.

¿Qué le contestó a Bigler, cuando le llamó la atención sobre sus textos?
Que yo era miembro de la Real Academia de la Lengua y que no podía escribir insultos. No estaba dispuesto a que me botaran de allí.

Un "independiente" me sacó en cara que jamás le decía "gendarme" a los policías. ¡Qué bestia! "Mira, viejo, gendarmes hay en Francia; aquí se dice policía", y así lo ponía yo.

¿Qué noticias enviaban sus corresponsales a la APIC?
Si no me lo hubiera tomado tan a pecho, creo que me hubiera divertido más. Recuerdo, por ejemplo, que un día llamó por teléfono uno para dictarme una supuesta noticia, muy urgente. El hombre escribió algo así: "En Manzanillo hay 10 000 personas en una esquina que protestan porque están desalojando a una familia." Me acuerdo que le grité: "Oye, espérate un momento, ¿en qué esquina de Manzanillo o de cualquier otro lugar caben 10 000 personas juntas?... Y, además, dime, ¿por qué lo están haciendo?" Y me contesta: "Es que una familia quería vivir en Manzanillo y la otra en Bayamo, y empezaron a mudar los muebles de un lugar a otro, sin papeles ni nada." "Por favor, señor mío, en qué lugar del mundo, sin papeles, usted puede hacer trámites legales. Mira, discúlpame, pero trae otra noticia." Eso era así todos los días.

¿Recuerda otro ejemplo?
Una persona vino diciéndome que su padre le había contado que a un primo de él, en la cárcel, le dieron cuatro palos. Le pregunté que si su padre lo había visto, y me dijo que no, que se lo habían dicho. Le dije: "Lo primero que tiene que hacer un periodista es verificar la fuente", y lo planché.

¿Nunca llamaron la atención esas opiniones suyas?
No veían ninguna conexión entre el gobierno y yo, y sí que atacaba muy finamente, con corrección. Por eso se me fueron yendo los periodistas para las agencias, que crecieron como hongos, donde se atacaba de otra forma y eran, por tanto, mejor pagados.

En eso vino el anuncio de que el gobierno norteamericano iba a dar muchísimo más dinero a través de la National Endowment for Democracy (NED). Seguí con mis modestos 50 dólares al mes, como cabecilla de la APIC, pero empezó a llegar una parte de ese dinero y la gente se fue embullando, sobre todo los de Miami.

Les puedo decir que el 80% de esos millones se quedó en la Florida.

¿Le consta?
Por supuesto. El chorro de dinero se iba debilitando en el camino

de Miami a La Habana y de aquí a las provincias. Los representantes nuestros se quedaban con el pedazo más grande del pastel; luego, los cabecillas de los grupúsculos; después los otros.

Para poder cobrar ciento y pico de dólares que me debía Cubanet, tuve que ir a la SINA a denunciar al de la agencia, que se había embolsillado el dinero de los periodistas.

¿Funcionó?

¿Que si funcionó? El de la Oficina Diplomacia Pública (Prensa y Cultura) de la Sección de Intereses llamó para allá y les dio un plazo para que me liquidaran la deuda. Le contestaron del otro lado con evasivas, que estaban sin dinero ahora... El de la SINA ordenó: "Tienen que pagarle a Baguer inmediatamente y liquidar la deuda. Voy a llamarlo a fin de mes para verificar si ha recibido el dinero." Remedio santo.

Cubanet

Página web que desde su creación en 1996 se ha dedicado a publicar en Internet "materiales periodísticos" elaborados por contrarrevolucionarios que abordan la violación de los derechos humanos en Cuba. Desde su aparición ha recibido fondos federales del gobierno norteamericano a través de la National Endowment for Democracy. En 1999, recibió 99 000 dólares para ese año fiscal.

A partir del 2000 empezó a tener problemas financieros, y a finales de ese año 15 "periodistas" fueron expulsados de la página, lo que provocó discrepancias entre los organizadores de la agencia y los contrarrevolucionarios, unidas a sucesivos escándalos por la falta de "profesionalidad" de las notas que reproduce.

En agosto de 2002 *Cubanet* tuvo un descalabro financiero y no pudo mantener sus anteriores niveles de publicación, e incluso dejó de pagar los "salarios" a 25 "periodistas independientes" de Ciudad de La Habana, que ya habían publicado sus artículos.

Esta situación generó disgustos entre sus colaboradores, quienes trasladaron sus quejas a la SINA.

¿Cómo se involucra usted con Cubanet?
Es una historia culinaria. Rosa Berre, la que inventó *Cubanet*, grababa las notas que yo le dictaba. Tenía el teléfono en la cocina de su apartamentico en la sagüesera. Mientras cocinaba recibía las noticias y después las trasmitía. Vivía muy modestamente, y al principio solo recibía una pequeña comisión. Un día me dice que se muda para el corazón de Miami, porque se había comprado dos apartamentos. Uno sería su residencia particular y otro la oficina de *Cubanet*. Se agenció también un carro que costó miles de dólares "con sus ahorritos", pobrecita, porque era muy ahorrativa.

¿Cambiaron sus condiciones de trabajo después de eso?
Sí, porque al parecer a ella le daban más plata, mientras más gente sumaba a la causa del "independentismo". Era tan fácil ganar unos dólares, que casi todos los días tenía noticias de un nuevo grupo de prensa y de la gente que se peleaba por el dinero. Los que más robaron fueron los de *Nueva Prensa Cubana*, *Prensa Libre* y Rosa Berre. Todos eran cubanos y estaban robándole el dinero a los periodistas.

Recuerdo un muchacho que había trabajado en una imprenta y que se hizo pasar por periodista y llegó a ser jefe, se cogió el dinero de seis meses y desapareció. Por esa fecha también hubo un cambio en los pagos. De 50 dólares que pagaban pasaron a 15 ó 20, aún cuando llegaba más o menos el mismo dinero que repartían los "jefes". Recibían 50 para repartir y solo entregan 15. Era un robo descarado, y las broncas que eso provocaba eran sonadas.

¿Cualquiera abría una oficina de prensa?
Se llegaron a abrir más de 30 oficinas. Mientras más capacidad tuvieras para insultar, más subías en la escala de valores de Miami y de la SINA. Mientras más grupos de supuestos periodistas, mejor. Mientras más gritaban, mejor.

¿Usted revisaba los artículos y después los mandaba a Cubanet*?*
Por eso me fui quedando sin clientes. Una persona con un míni-

mo de cultura, de experiencia en la profesión que se pasara media hora con esa gente, salía enfermo, chico.

¿Cómo reaccionaba la SINA?
Si no era alguien que, como yo, iba y peleaba, ellos se hacían los de la vista gorda. Estaban más en otra cosa.

¿En qué?
En la conspiración para promover ante la opinión pública internacional a los "perseguidos periodistas independientes" y a proveerlos de premios y de las mejores condiciones para trabajar. Y que no nos faltaran visitantes y diplomáticos a los que hacerles el cuento.

Relátenos algunas de esas visitas...
Por ejemplo, el año 1995 fue muy intenso. Tengo anotadas en mi agenda más de 60 actividades en las que participé, promovidas por la SINA —las que hacía de relacionista pública—, tanto para facilitar encuentros con visitantes norteamericanos de casi todos los pelajes, como con representantes de medios de prensa internacionales y organizaciones de periodistas.

¿Qué otros hechos recuerda?
15 de enero: Reunión en la casa del jefe de la SINA, Joseph Sullivan. Entrevista con editores norteamericanos.

20 de julio: Encuentro con delegación norteamericana que asistió a las conversaciones sobre asuntos migratorios. No les cuento de qué hablamos, porque es obvio.

12 de agosto: Reunión en la residencia del diplomático Gene Bigler, donde se les explica a un grupo de funcionarios de la SINA las incidencias de la creación del Colegio de "Periodistas Independientes", que había nacido en mi casa un par de días antes.

30 de agosto: Reunión con la Comisión del Departamento de Estado para Asuntos Migratorios. Se informó que en 1996 se entregarían 20 000 visas, repartidas de la siguiente manera: 12 000 a personas comunes que solicitaran la salida; 7 000 a refugiados políticos y 1 000 para ser manejados por la SINA.

20 de septiembre: Entrega de una donación de la organización con sede en Francia, Reporteros sin Fronteras. Robert Ménard, el secretario general, y Andrés Buchet me regalaron hojas, papel de cartas, cintas de máquinas de escribir, una docena de bolígrafos, y 1 000 dólares para financiar el llamado Buró de Prensa.

20 de septiembre: Fui citado por la funcionaria Robin Diane Meyer para regañarme a mí, y a Yndamiro Restano, Olance Nogueras, Julio Martínez y otros. Estaba muy molesta por un documento enviado sin consultar al Congreso de EE.UU., con la firma de 127 cubanos

27 de septiembre: El periodista cubano-americano Roberto Fabricio, en aquel entonces secretario ejecutivo del Comité Libertad de Prensa de la Sociedad Interamericana de Periodismo (SIP), se reunió con un grupo en el que me encontraba. Este hombre fue director de *El Nuevo Herald*. Nos encontramos en la casa de los padres de Yndamiro Restano y nos pidió que elaboráramos una denuncia fuerte para presentarla formalmente ante la SIP.

7 de noviembre: Robert Witajewski y Robin D. Meyer nos citan a la casa del primero para que les explicáramos por qué algunos de nosotros no habíamos firmado el proyecto Concilio Cubano, a lo que le explicamos, con la cara más dura que pudimos, que éramos "periodistas independientes" y no podíamos inmiscuirnos en política. A ella le pareció razonable.

Hasta aquí la relatoría porque esta entrevista va a ser muy aburrida. Fui tantas veces a la SINA, que no te alcanzaría este libro para reseñar todos esos encuentros. Les confieso una cosa: cada vez que ponía un pie ahí, me preguntaba: "¿qué clase de periodistas independientes éramos? ¿Independientes de qué?"

Ernesto F. Betancourt

En 1948 viajó a EE.UU., donde estudió Publicidad y Mercado en la American University de Washington (1953-56). Durante los años 1957 y 1958 fue representante del Movimiento 26 de Julio en Washington, y se inscribió en el Departamento de Estado como "agente extranjero".

En los primeros meses del triunfo revolucionario regresó a Cuba. Fue nombrado Director de Control de Divisas del Banco Nacional. Decidió volver a EE.UU. en 1960.

Trabajó en la Organización de Estados Americanos (OEA) durante 16 años, donde fue designado director de presupuestos. Allí conoció al contrarrevolucionario Frank Calzón, con quien mantiene estrechos vínculos hasta la actualidad.

Desde la creación de la FNCA, Betancourt fungió como asesor. En julio de 1983 participó en la conferencia Proyecto Cuba, que auspició el Centro de Estudios Estratégicos e Internacionales (CSIS) de la Universidad de Georgetown, Estados Unidos.

En junio de 1985 fue nombrado director interino de *Radio Martí*, donde fue sustituido a principios de la década de 2000.

Se ha dedicado a elaborar memorandos y otros documentos difamatorios sobre la Revolución y sus principales dirigentes, y ha promovido diversas campañas que dañen o provoquen fricciones entre Cuba y Estados Unidos en temas tan sensibles como el bioterrorismo y la supuesta amenaza de Cuba hacia ese país.

En varias ocasiones ha sido citado como analista de inteligencia.

Háblenos de la última vez que pisó la Sección de Intereses o sus dependencias oficiales...

El Día de la Prensa Cubana, el 14 de marzo. Hubo un Taller en la residencia de James Cason, con todos los "periodistas independientes", me hicieron un homenaje por mi trayectoria en la prensa "independiente" y me entregaron un diploma. Tuvieron la mala idea de encargarme que dirigiera la discusión en el Tema de Ética. Allí estaban representantes del gobierno norteamericano. Dije que no bastaría con una conferencia, sino que hacía falta un curso de ética, porque la inmensa mayoría de los que estaban ahí decían que eran periodistas y no tenían cultura alguna. Sus textos no alcanzaban a los de los niños de sexto grado. Con el perdón de los niños.

Usted también creó una sección del idioma en Cubanet, *¿no?*
Hacía zafra. Son tantas las barbaridades, que me sobraban para mi sección. Aparecían como si fueran la prensa cubana, pero en realidad eran de los "periodistas independientes".

Por ejemplo, ¿tú sabes lo que es decir que un terremoto en Turquía hizo grandes destrozos en la isla de Samoa? Eso es no saber dónde rayos queda el Océano Índico. La que fue destruida fue la isla griega de Samos, la patria de Pitágoras. ¡Dios mío, qué ignorancia!

Es difícil imaginar a un Académico de la Lengua en esos menesteres...
A veces le decía a mi oficial que nada podría pagar los sufrimientos que he padecido oyendo a estos estúpidos hablando y leyendo las crónicas y las cosas que hacían. Oye, ni los muchachos de cuarto grado.

La "famosa periodista independiente" Tania Quintero no tiene ni idea de lo que es escribir, pero si consultas los periódicos norteamericanos, es una de las grandes fundadoras de la "prensa independiente" de Cuba.

Había uno ahí que era analfabeto hasta para hablar. Era santero, vivía en San Miguel del Padrón y había que ver lo que escribía. De verdad que los santos no estaban con él. Ni se le entendía lo que decía.

¿La Sección de Intereses le decía a usted lo que debía escribir?
Ellos no se atrevían porque me conocían bien.

¿Usted le daba los temas o ellos lo escogían?
Yo no. La SINA le daba los temas a los incapacitados mentales, pseudoperiodistas... Y no solamente eso, sino que después que escribían, antes de trasmitir, iban a la Sección de Intereses para que se los revisaran por si tenían algo que políticamente no convi-

niera. Después que eran aprobados se trasmitía. Se quejaban de la censura en Cuba y yo los veía plegarse a la de Estados Unidos.

Ojos abiertos

El 16 de enero de 2003 se presentó el libro *Ojos abiertos*, en la casa de Héctor Palacios Ruiz, del Centro de Estudios Sociales, participaron un grupo de contrarrevolucionarios y algunos funcionarios del cuerpo diplomático acreditado en La Habana. James Cason, jefe de la SINA, fue el diplomático de mayor rango que asistió al encuentro.

Editado en México en noviembre de 2002 y publicado en las ferias del libro de Guadalajara, México y en Madrid, España, el libro es el fruto de un concurso auspiciado por organizaciones contrarrevolucionarias en Miami. Tiene 248 páginas y recopila textos de 20 contrarrevolucionarios e imágenes de artistas plásticos cubanos residentes fuera de la isla.

Este concurso tiene sus antecedentes en uno realizado en el año 2000, donde fueron escandalosamente manipulados los premios. La decisión estuvo a cargo de Raúl Rivero, como presidente del jurado; Elizardo Sánchez Santacruz y Héctor Palacios, del Centro de Estudios Sociales. Este último recibió con el máximo galardón.

Entre eso y las sandeces que decían, aquello se estaba haciendo inaguantable. Los norteamericanos hicieron esfuerzos para mejorar un poco el nivel de los "independientes", blanco de burlas y de peleas dentro de las "aguerridas filas de disidentes". Nos ofrecieron, a Raúl Rivero y a mí, crear una escuela dentro de la Sección de Intereses. Ninguno de los dos aceptamos. Después, me pidió lo mismo Ricardo González Alfonso: que les diera clase a los periodistas.

¿Cuándo fue eso?
Eso fue hace poco tiempo. Ya Ricardo era el jefe de la Sociedad de Periodistas "Manuel Márquez Sterling".

¿Una escuela para todos?
No. Para su gente. Sería allí en Miramar, donde él vive. Acepté

y le pegunté cuánto me iba a pagar por dar clases. Me contestó que si yo pretendía ganar más que Raúl Rivero y que él. Le dije: "¿Por qué no? Rivero es periodista, pero tú no sabes ni escribir tu nombre." Me prometió decirme cuánto me pagaría, pero en eso llegó el Comandante y mandó a parar.

¿Qué decía Raúl Rivero de esa gente?

Que eran unos imbéciles. Estaba totalmente de acuerdo conmigo. Cuando la SINA quiso que diéramos clases, me dijo: no, no, cómo vamos a meternos tú y yo en eso. Son unos estúpidos, unos ignorantes. No saben ni de gramática ni de redacción, ni de nada. No nos vamos a romper la cabeza con esos estúpidos, para nada. Vamos a decirle que no. Eso hicimos.

¿Entrevistó a algún alto funcionario norteamericano a instancias de la SINA?

El último fue mi amigo James Carter. Digo amigo porque cuando él era presidente, me invitó a ir a Estados Unidos para que diera clases de español en la universidad donde él estudió. Cuando vino a La Habana me mandó a buscar a mi casa para que almorzara con él.

¿En privado?

No, había más gente. Me distinguió sentándome cerca de él, solo una persona por medio para hablar conmigo. Me preguntó sobre el Proyecto "Varela", y le hablé con total honestidad.

Roberto Rodríguez Tejera

En 1985 trabajó como comentarista del *Canal 51* de la televisión en Miami y posteriormente, fue director editorial y de noticias.

En 1988, se vinculó como periodista en la *Cadena Azul*.

En 1990 fungió como director de *Televisión "Martí"* en Miami.

Está relacionado con los contrarrevolucionarios Hubert Matos Benítez y Ramón Saúl Sánchez Rizo.

Está vinculado estrechamente a la extrema derecha de Miami. Es uno de los emisores de dinero para los "periodistas independientes", en particular de Raúl Rivero Castañeda.

¿Qué le contó?
Es un fracaso. Oswaldo Payá no es más que un monaguillo arrepentido. A él en Cuba nadie le hace caso. Se me aparecía a cada rato en la casa: "Oye, Baguer, hágame usted una entrevista." Regresaba al mes con lo mismo y yo le daba de largo.

Lo conocía del Cerro, donde vivíamos. Lo vi con los pantalones rotos y ahora anda con ínfulas de presidente, en un microbús. Dice que se lo regaló la Iglesia, pero todos sabemos que él lo compró. Un día le dije a boca de jarro lo que la mayoría de los "disidentes" comentan: que él daba dinero por las firmas.

¿Y qué le contestó?
Que era mentira, que era cosa de los comunistas. Y a mí me lo dijeron los propios contrarrevolucionarios: que lo había hecho en Oriente. Y además conozco casos de personas "disidentes", cuya firma había aparecido en los papeles y ellos no la habían dado, porque no soportan a Payá. Ese es el caso de María Valdés Rosado.

Esa gente vive engañándose entre ellos mismos y luchando por ser el presidente que finalmente tome posesión del jamón, para empezar a repartir becas, dinero, puestos, como ocurre todos los días en casi todos los países de este mundo.

Con Payá son dos los "futuros presidentes" cubanos que usted conoce. ¿Fueron ellos los únicos que se presentaron como tal?
¡Qué va! Ahí hay que poner también entre los candidatos a presidente de la Nueva República de Cuba Dependiente, a ese otro mafioso, a Ricardo Bofill. En realidad hay muchos aspirantes, muchas agencias de prensa y muchos partidos. Lo único que no tiene es gente que los siga. Como aquella flamante agencia de prensa que conocí en Santiago, integrada por la mamá y el hijo, y ninguno de los dos eran periodistas.

¿Qué decirles de los partidos? Al Demócrata Cristiano le conocí cuatro miembros.

¡Ah!, se me olvidaba otro "presidente": Vladimiro Roca.

¿Por qué dice eso?
Porque él tiene ínfulas. La mujer de Vladimiro —la anterior, no la

actual— era amiga mía. La visitaba y ella más de una vez me invitó a almorzar. Si iba a aquella casa, era por ella, que es una buena persona.

Voy a decir una herejía: que Blas Roca me perdone, pero qué pesado y bruto es su hijo. Es un tipo insoportable. Un día le

solté algo que me salió del alma: "Si tu padre te oye, sale de la tumba y te escupe." Blas fue un hombre leal a la Revolución y una buena persona.

¿Saben lo que me dijo de él? Que su padre había sido un imbécil, porque al triunfo de la Revolución le había regalado su partido a Fidel para que este le diera a cambio solo un puestecito cualquiera.

¡Imagínate!, yo conocí al viejo. ¡Mira qué cerebro el de este bandido!

Cuando se encontró con los demás agentes, ya investidos de su verdadera personalidad, ¿quién lo sorprendió más?
Tania fue mi mayor sorpresa.

¿Por qué?
Jamás me lo hubiera imaginado. Era amiga mía, pero era una de las más duras y antiguas "disidentes". Una fiera.

¿Quién más?
Orrio, el agente Miguel. Antes teníamos unas peleas olímpicas, y cuando nos vimos en el momento de la verdad, nos abrazamos y me salió del alma: "¡Tú aquí, con lo hijo de puta que eras! ¡Y hasta tomándonos un trago juntos, carajo!"

A MÍ SOLO ME DABA ÓRDENES LA SINA

ODILIA COLLAZO VALDÉS

Momentos antes del juicio, Odilia tomó en sus manos por azar un disco con canciones de Fito Páez. Estaba tensa. Testificaría en unos minutos, ante varios de los supuestos disidentes con los que hacía apenas unas horas compartía filas.

*Tenía duda de poder despojarse completamente de la máscara y el lenguaje de contrarrevolucionaria dura, tras los cuales se había escondido la otra, la verdadera Odilia Collazo Valdés (*Lily*). Es decir, la agente Tania de la Seguridad del Estado.*

Abrió el disco, y para entretener los minutos que faltaban antes de que la vinieran a buscar, comenzó a leer la cubierta del CD. Había una canción, musicalizada por Fito, cuyo texto era de autor desconocido. Leyó: "Yo te ofrezco mi ayer/ mi antes/ mi después/ mi siempre/ mi tal vez/ y mi todavía." *"No puede ser", se dijo a sí misma, y a partir de ahí terminaron las incertidumbres.*

Esos versos no llegaron a sus manos por casualidad. Las últimas palabras de Odilia en el juicio, después de uno de los testimonios más contundentes que se hayan escuchado en los salones del Tribunal Supremo, fueron esos versos: "Yo te ofrezco mi ayer, mi antes, mi después...". *La voz se oyó firme. "Aquí"* —dijo mirando a los acusados— *"está lo que piensa Odilia Collazo. Quiero dedicarle este poema a Fidel."*

AGENTE TANIA

¿Qué estudió usted?
Desde muy pequeña aprendí a hacer artesanías. Cuando mis hijos tenían 8 y 9 años empecé a trabajar en una unidad militar, de artillería. Allí los oficiales me propusieron que estudiara, me dijeron que era una lástima que no lo hiciera. Luego, en el municipio salió una convocatoria de administración y me presenté.

En realidad me hubiera gustado ser doctora o enfermera. También periodista. Al final, la Revolución me premió.

¿En qué sentido?
En el año 1988, la Seguridad del Estado del municipio de San Miguel del Padrón habló conmigo y me explicó que hacía falta que me acercara a las personas que pertenecían a los grupos de derechos humanos que estaban operando en esa zona. San Miguel es un municipio que ha tenido algunos problemas. Ricardo Bofill vivía en el Reparto Mañana, que colinda con San Miguel del Padrón. Después de estar preso un tiempo, él trabajó en la fábrica de latas y allí empezó a captar gente.

¿Y usted qué dijo cuando le hicieron la proposición?
Que no podía. Ellos me convencieron. En ese año yo estaba administrando una bodega que quedaba muy cerca del lugar donde se daban las reuniones.

¿Con quién contactó?
Al lado de mi casa vivía la suegra del contrarrevolucionario Roberto Bahamonde Masó, que hoy está en Estados Unidos. A esa familia la conocía desde que era una niña.

¿Ahí nació Tania?
No, ahí nació Betty, mi primer seudónimo, y más adelante, adquirí el nombre de Tania, en honor a Tamara Bunke, la compañera de la guerrilla del Che en Bolivia.

El 20 de mayo de 1988 me integré como miembro del Partido Pro Derechos Humanos de Cuba, del cual terminé siendo la presidenta en 1993.

Roberto Martínez

¿Cómo ocurrió esa promoción?
Todo comenzó por un teléfono. Era la única activista de aquel partido que tenía teléfono, por lo que en 1991 pasé a ser vocera, en el Ejecutivo Nacional. Mi casa tenía otras ventajas: está en un sótano, tiene un patio al frente... Todas esas condiciones favorecían el trabajo.

Juan Betancourt Morejón, que en ese momento era secretario del partido, en unión de Carlos Orozco, Nelson Torres Pulido, comienzan a visitarme. Mi casa se convirtió en un centro de conspiraciones contra el gobierno y tuve muchos choques, porque a mis hijos los había educado desde muy chiquitos en el amor a la Revolución y no entendían ese cambio repentino. Mi familia les tiraba la puerta a los contrarrevolucionarios, les echaba los perros, les hacían todo tipo de cosas desagradables.

¿Qué hizo para resolver el dilema?
En ocasiones tenía que salir para hacer trabajos que la jefatura me pedía con urgencia y en mi casa pensaban que yo estaba enamorada de un oficial de la Seguridad del Estado, con el que me habían visto conversando alguna que otra vez.

Era mucho más joven que yo y me decían que si no veía que ese hombre era un niño. En ese momento estaba soltera y fue un problema muy grande. Me zafaban el cablecito del teléfono y lo dejaban sin corriente. Después, cuando conocí a mi actual esposo, Roberto Martínez Hinojosa, la situación mejoró.

¿Por qué?
Es un hombre más acorde con mi edad y para mí ha sido fundamental su apoyo y su cariño. Él también es agente de la Seguridad.

¿En qué actividades se involucra usted?

En 1991, apoyé la salida del país de Bahamonde. Esa fue una de las tareas más difíciles, porque él es un paranoico, y creó todo tipo de situaciones. Cuando el 28 de septiembre de ese mismo año se montó en el avión, me pareció mentira. He sabido que está en Miami y padece el Mal de Alzheimer.

¿Tenía el Partido Pro Derechos Humanos algún representante en Miami?
Sí: Samuel Martínez Lara y Evelio Ancheta, ambos pertenecían a Concertación Democrática Cubana, que incluía varios grupos: Colegio Médico Independiente, Partido 30 de Noviembre, el Grupo Armonía, el Directorio Democrático Cubano, entre otros. Ellos me dirigían, hasta que un buen día empecé a recibir instrucciones directamente de la Sección de Intereses de Estados Unidos.

¿A través de quién?
Víctor Vockerotd y Timothy Brown.

¿Qué orientaciones recibió?
Me decían que necesitaban encuestas. Hicimos una acerca de quienes estaban a favor del embargo, los que no, y los que se abstenían. Creamos un equipo: Horacio Casanova, otra gente y yo. Nos sentamos en una mesa, cogimos un mapa de La Habana y empezamos a hacer las encuestas por el municipio de San Miguel del Padrón, luego por el Cotorro, La Habana Vieja y Centro Habana... sin salir de mi casa. Inventamos toda la información de una punta a la otra. Casanova me decía que los números cerrados no son fiables, y que los más "serios" son los impares. Así decidimos que un 71% estaba a favor del levantamiento del embargo; que, un 17 no lo estaba; otro grupo se abstenía y la fracción restante se negaba a hablar... Los números siempre eran impares.

¿Cómo eran las relaciones con los funcionarios de la SINA?
Un día del año 1991 estaban conversando Jeffrey de Laurentis, —en ese entonces vicecónsul—, y el contrarrevolucionario Nelson Torres. Entré a la oficina con Horacio Casanova y Nelson Pérez Pulido, para entregar una de aquellas famosas encuestas. Laurentis empezó a maltratar a Nelson Torres y a Horacio. Era un hombre muy frío y déspota, que nos miraba siempre con desprecio. Me le paré delante y le dije: "Oiga, yo me enfrento día tras día a la Seguridad del Estado en la calle. Usted nos tiene que respetar, esta es nuestra patria", y por ahí unas cuantas cosas más. Él se quitó los espejuelos y me pregunta qué quería. "Yo nada", le contesté. "Ustedes fueron los que pidieron esta encuesta, y aquí se la traigo."

Eso trajo consigo que, cuando llegaba a la SINA, me llamaba antes que a todos los demás contrarrevolucionarios que estuvieran sentados esperando para conversar con él. Así me fui buscando mi lugar.

¿En algún momento le propusieron emigrar?
Antes de que comenzara a llevarle información y encuestas. En 1992, me dieron un formulario para que emigrara. Pasé un sofocón muy grande, porque no quería irme. Me dijeron que tenía que llenarlo y mandarlo. Lo llené, porque estaba segura de que no me darían la visa. Conocía a varias personas de mi barrio que querían emigrar por cuestiones familiares o económicas, hacían las colas en la SINA y no les llegaba la autorización para viajar a EE.UU. ni por equivocación. Casi inmediatamente tuve respuesta. Nunca se me olvida que un 12 de diciembre me citaron para la entrevista, con el señor Laurentis de nuevo, quien me aprobó de inmediato la salida del país. Pero yo no me quería ir.

¿Usted también otorgaba avales para viajar?
Montones.

¿Cobró por eso?
Por supuesto que no.

Consejo por la Libertad de Cuba

Creado el 9 de octubre de 2001 e inscrita el 22 de agosto del mismo año como una organización no lucrativa. Está dirigida por una junta colegiada de 8 miembros que integran Luis Zúñiga Rey, Alberto Hernández, Diego Suárez, Elpidio Núñez, Horacio Salvador García Cordero, Ninoska Pérez Castellón, Feliciano Foyo e Ignacio Sánchez.

Su proyección política es el no diálogo, trabajando fundamentalmente con la contrarrevolución en Cuba. Han realizado una activa labor de cabildeo contra nuestro país en el Congreso norteamericano.

Se manifiestan contrarios a cualquier arreglo con Cuba y se pronuncian, de forma priorizada, por la salida de la dirección del gobierno cubano de Fidel Castro y de sus seguidores, por cualquier vía, incluida la violenta.

Los principales directivos que encabezan la organización han estado vinculados a las acciones terroristas de la FNCA en los años 90, en especial Luis Zúñiga, Alberto Hernández y Horacio García, quienes presidieron indistintamente al grupo paramilitar de esa organización y aportaron medios y financiamiento para las acciones de ese corte que realizaron enmascarados en otras organizaciones.

Son conocidos los vínculos de Alberto Hernández con los terroristas detenidos en Panamá, Luis Posada Carriles y Gaspar Jiménez Escobedo, quienes con el apoyo y la orientación de los principales directivos del CLC, han planificado distintos planes de atentado contra el Presidente cubano en sus salidas al exterior, incluyendo el que se pretendió realizar en la X Cumbre Iberoamericana en Panamá.

Han incrementado sus vínculos con dirigentes y miembros de los grupúsculos a los que destinan un sistemático y elevado apoyo financiero, promoviendo la creación de estructuras clandestinas dentro de este medio, incitándolos a asumir posiciones cada vez más agresivas en su accionar contra la Revolución.

En ese tiempo había rumores de que se vendían los avales políticos para emigrar, ¿no?
Así mismo. De hecho le dije a Laurentis algo muy cierto: que se comentaba que era la SINA la que estaba en el negocio y que yo sabía quién estaba vendiendo avales en esos momentos. Uno era Carlos Orozco. Me preguntó entonces que por qué cogí el camino de llenar el formulario para verlo y le dije que era la única forma de hablar con él.

En la segunda entrevista, empezaron a jugar conmigo y a decirme que no sabían qué significaba ser "vocera" del Partido Pro Derechos Humanos. Buscaron la palabra en el diccionario y me preguntaron por qué me había presentado en el programa de Refugiados Políticos, si no quería emigrar. Les expliqué que lo que quería era entrevistarme con el señor Laurentis, para informarle todas las cosas deshonestas que estaban pasando. En juego, me dijeron que estaba aprobada y empezaron a reírse: "No, no estás aprobada." Me necesitaban en la SINA para que les siguiera informando.

¿No era raro que una "disidente" fuera allí a hacer denuncias contra los intereses de sus compinches?
Ellos lo interpretaron como una buena señal para su trabajo. Sabían que tenía una posición bastante favorable en el partido y estimaron que iba a ser bueno tenerme a mano. Finalmente, me entregaron la carta en la que se me negaba la visa, y ellos se quedaron convencidos de mi autenticidad como defensora de los derechos humanos, porque no me acercaba a la Sección de Intereses para "luchar" la salida del país.

Esos fueron los años más duros del Período Especial...
En el 1993, la situación estaba muy tensa con los apagones y la escasez. Había problemas sociales, políticos y económicos. Por instrucciones de la Seguridad, seguía llevando el mensaje que ellos querían escuchar o que mi gobierno quería que ellos escucharan.

Horacio Salvador García Cordero

Figura como uno de los principales dirigentes de la organización contrarrevolucionaria Consejo por la Libertad de Cuba.

Salió del país en 1960. Estuvo vinculado a la agrupación terrorista Directorio Revolucionario Estudiantil con la cual promovió diversas acciones terroristas contra Cuba. Fue directivo de la Fundación Nacional Cubanoamericana (FNCA) hasta agosto de 2001.

Durante su permanencia en la FNCA estuvo identificado con el grupo más terrorista y recalcitrante, sustituyendo a Luis Zúñiga Rey en 1995 en la dirección del grupo paramilitar de esa organización.

Posteriormente se mantuvo financiando acciones de ese corte por parte de la Fundación, vinculado al tráfico de obras de arte hacia Estados Unidos y a la introducción de dólares falsos en Cuba.

Es millonario, copropietario de la García Menéndez Enterprises Incorporated y de una cadena de Mc Donalds en Miami.

Ha participado en el reclutamiento de elementos contrarrevolucionarios a los que ha orientado la creación de células clandestinas internas y la realización de acciones de sabotaje y terrorismo.

En el año 2001, orientó esta actividad a integrantes de los grupúsculos, los que organizaron una estructura conspirativa y recibieron sistemáticos financiamientos.

Apoya las actividades del cabecilla contrarrevolucionario Félix Navarro Rodríguez, en la provincia de Matanzas, a quien le dirige sistemáticos envíos financieros.

En junio o julio de 1994 le dije a Robin Diane Meyer, segunda secretaria de la Sección de Intereses, que le haría una profecía: "Oiga, va a haber un explote social si siguen aguantando las visas y robándose las lanchas." Solo quería saber cuál era su reacción. "Este país es una olla de presión y la forma de escape es la salida", le dije. Me contestó que su gobierno no lo iba a permitir. En un tono fuerte le respondí que, aunque su gobierno no lo permitiera, iba a haber un éxodo masivo. Me gritó: "Clinton no lo va a permitir." Después de eso vino la crisis de los balseros y el gobierno norteamericano tuvo que llamarse a capítulo.

¿La SINA le pidió colaboración en esos días?
Sí. Repartir unos boletines donde advertían que todo el que saliera en una balsa iba para la Base Naval de Estados Unidos en Guantánamo y que de allí no saldrían para EE.UU.

¿Le explicó por qué había que repartir los folletos?
Miren, ella se resistía a creer que habría un éxodo masivo, debido a la política inestable de su gobierno aplicada hasta ese momento. Su obsesión era la publicidad que estaba teniendo la crisis, convencidos de desgastar así al gobierno cubano. Nosotros queríamos que ellos tomaran alguna medida para desestimular a quienes iban a exponer sus vidas en el mar y que se alcanzaran acuerdos migratorios.

La invité a mi casa. Los vecinos hacían trabajos de carpintería y de chapistería, y siempre había allí tremendo ruido. Ella me preguntó qué cosa era eso, cuando sintió los martillazos. "Están haciendo balsas", le dije, y le armé una novela de toda la gente que en el barrio se estaba preparando para irse. Se horrorizó. Uno o dos días después ya estaba Odilia Collazo, esta servidora, repartiendo volantes en Cojímar.

No es difícil imaginar que los norteamericanos se sentían en deuda con usted...
Bendijeron mi nombramiento como presidenta del Partido Pro Derechos Humanos, cuando se fue Nelson Torres Pulido, el 2 de septiembre de 1994. Estuve ahí hasta hace unos días.

¿Cómo se puso en contacto con la contrarrevolución en Miami?
A través de la radio, de Internet, del teléfono... Era punto fijo en mesas redondas que se hacen en *Radio "Martí"* los martes y jueves por la noche, con Luis Aguilar León, un escritor que aparece bastante en el *Nuevo Herald* y en la radio de Miami que, a pesar

de ser un gran enemigo de la Revolución, este hombre se pasa la vida diciendo que subestimar a Castro es un error. También, hacía este programa con Omar López Montenegro. Ellos siempre me llamaban por teléfono.

¿Qué otras emisoras la llamaban?

La Cubanísima, Radio Mambí, La Poderosa... ya perdí la cuenta. A través de Nancy Pérez Crespo empecé a colaborar con Agustín Tamargo, en un programa que sale todos los lunes y se llama "Mesa Revuelta". Estuve años hablando con él.

Joe García

Se incorporó a la Fundación Nacional Cubanoamericana (FNCA).

En 1988 ocupó el cargo de coordinador del programa "Éxodo de la FNCA", que trasladó a Estados Unidos a cerca de 10 000 emigrados cubanos residentes en España, Panamá, Perú, Venezuela, Costa Rica y República Dominicana, entre otros países. Viajó a más de 20 naciones en tal función.

A finales de 1992 e inicios de 1993, viajó a Moscú, acompañado por Roberto Martín Pérez, para organizar igualmente el traslado de emigrados cubanos residentes en Rusia. Ambos se entrevistaron con funcionarios del Ministerio de Relaciones Exteriores, en este país, inmigración y con el Viceministro ruso del Interior.

El 19 de mayo de 2000 fue nombrado con un salario de 120 000 dólares anuales como director ejecutivo de la FNCA en sustitución del terrorista Francisco José *Pepe* Hernández Calvo.

Este nombramiento fue considerado como una de las medidas de la organización para tratar de revertir el resquebrajamiento de la imagen de la fundación, después del secuestro de Elián González.

El periodista Agustín Tamargo la calificaba a usted en la radio de Miami como "la Mariana Grajales de los disidentes". ¿Y eso por qué?

Él me decía que yo era su Mariana Grajales, se enamoró de mi imagen de luchadora dura contra el "gobierno castrista". Cada vez que había un evento en Cuba, o elecciones, o se acercaba lo de Ginebra, Agustín hacía siempre un programa especial conmigo. Le encantaba que hablara fuerte y echara guaperías. Lo único que hacía era decirle lo que él y sus oyentes de Miami querían oír. Por supuesto, antes de empezar el programa me advertían cuál era el tema. Como decimos los cubanos: me daban el pie forzado y yo cantaba la décima.

¿Cuándo fue la última vez que habló con Tamargo?
Horas antes de mi destape, en el mes de marzo. Acababan de detener a Raúl Rivero, Omar Rodríguez y a todos los demás. Aún yo no sabía que iba a ser revelada mi identidad. Dije en el programa: "Las personas que están presas en Cuba no son terroristas, sino combatientes, cuyas armas han sido el papel y el bolígrafo, y sus proyectiles las medicinas." Les estaba restregando disimuladamente lo que todo el mundo sabe, "opositores" o no: que gracias a Frank Hernández Trujillo, Acción Democrática, Movimiento Democracia, Nueva Generación, Resistencia Nacional Cubana, Lincoln Díaz-Balart y a todo el "exilio", se le entrega medicina de contrabando a los "disidentes" para desmoralizar al pueblo.

¿También escribía?
Hacía denuncias. Esos informes sobre violaciones de los derechos humanos en Cuba, los mismos que la SINA enviaba al Departamento de Estado, eran los que redactaba. Empecé escribiendo a mano —muchos informes con mi letra y con mi firma deben tener por ahí guardados—, después los hacía en máquina y finalmente en computadora. Ellos se encargaban de hacer las copias. La cosa llegó al punto de convertirme en la secretaria de Ricardo Zuniga, primer secretario político económico de la SINA.

¿Cómo fue eso?
Habíamos llegado a tal confianza que yo le hacía los informes en la computadora que me dieron, se los mandaba por correo electrónico y él, sin cambiarle ni una coma, los enviaba al Departamento de Estado.

¿Dónde aprendió usted a manejar la computadora e Internet?
Dentro de la SINA. Una cubana me enseñó. Ella estaba ahí, entre otras cosas, para facilitarnos el trabajo, aunque en realidad a menudo lo obstaculizaba.

Luis Zúñiga Rey

Salió del país ilegalmente por la base de Guantánamo en 1970. Fue detenido en 1974 y sancionado cuando intentaba realizar una infiltración armada a Cuba.

Otra vez fuera de la isla lo nombran vicepresidente de la organización contrarrevolucionaria Asociación por la Paz Continental (ASOPAZCO) con sede en España, financiada por la Fundación Nacional Cubano Americana.

En la década del 90 comienza a desempeñar un papel más activo en la FNCA, dentro del grupo paramilitar de esa organización.

Abasteció, reclutó y contactó a cubanos que viajaron temporalmente a Estados Unidos, a quienes orientó realizar sabotajes contra objetivos económicos.

También ha sostenido sistemáticos vínculos con dirigentes y miembros de los grupúsculos a los que ha tratado de involucrar en la realización de acciones violentas. En abril de 1994 fue separado de la jefatura, aunque continuó vinculado a la actividad de corte violento.

Dirigió, desde entonces, el proyecto Fundación para los Derechos Humanos de la FNCA y como parte de este, fue acreditado por varios años consecutivos, en la delegación de Nicaragua para poder intervenir contra Cuba en el foro de la CDH en Ginebra.

Renunció a la FNCA en agosto de 2001 y se integró a la organización terrorista Consejo por la Libertad de Cuba. Se mantiene con su línea intransigente y violenta.

¿Qué tipo de información sobre derechos humanos pedía la SINA?
Acerca de los problemas sociales, políticos, económicos; qué pasaba con los presos; qué chisme andaba en el ambiente. Después de mi éxito como "meteoróloga" del conflicto de los balseros,

haría en diciembre un pronóstico de lo que iba a suceder el año próximo. Imagínense, qué carga de trabajo para mis compañeros de la Seguridad.

¿Ese monitoreo era solo en la capital?
No, qué va. Desde oriente hasta occidente. Cuando iba a la SINA, a veces me pedían señalar en un mapa que tenían colgado de la pared en qué región estaba más complicado el panorama político. Generalmente, terminaban haciendo un viaje hacia la ciudad indicada por mí y me llevaban para que les dijera con quién hacer los contactos.

Esgrimían que el motivo de la visita era saber si se estaban cumpliendo los tratados migratorios. Ese era el pretexto, pero en realidad iban a ver con sus propios ojos qué estaba pasando en esas provincias. Ellos querían comprobar lo que se les decía.

¿Le entregaron dinero en la Sección de Intereses?
No. Allí nunca me pagaron con dinero —comidas y jabas con montones de cosas, sí; pero dólares, no. Mi paga me la hacían llegar a través de Frank Hernández Trujillo y de Acción Democrática. Pude mostrar en el juicio todos los equipos que me "regalaron", las facturas con medicamentos, ropas y dinero que venían de Miami. El mes que menos dinero recibía era aquel en que me enviaban 100 dólares.

¿Cómo le llegaba el pago?
A través de la Western Union, con una tarjeta de Transcard. También, lo enviaban con "mulas", gente que venía de Miami y le pagaban una comisión por hacernos llegar el dinero.

¿Tuvo encuentros con funcionarios de otras embajadas?
Muchísimos, de hecho el 12 de marzo de este año mi último "trabajo" como disidente fue en la embajada de España. Me reuní con José María Fernández López de Turiso, que acababa de llegar a Cuba, nombrado consejero de esa misión. La SINA te orienta, te exige que visites otras sedes diplomáticas, además de las de la Unión Europea, y Polonia, Canadá... También, te mandan a visitar las embajadas del Caribe y las de América Latina y África.

¿Por qué?

Para que esas embajadas conocieran los informes de violaciones de derechos humanos y no quedara como cosa solamente de los norteamericanos, de los de la SINA en particular, éramos nosotros los encargados de darle un barniz "nacional". La cosa era hacer un teatro para que creyeran que la denuncia partía de nosotros mismos, los cubanos. Hubo acciones verdaderamente injerencistas...

Por ejemplo...

El 6 de enero de 1995, Ryan Stevenson Jr., funcionario del Ministerio de Relaciones Exteriores de Canadá, pidió reunirse con algunos de nosotros en la embajada de ese país. Estábamos Héctor Palacios Ruiz, Aida Valdés Santana y yo. No solo quiso saber todo lo que estábamos haciendo, sino también las cifras de los contrarrevolucionarios, qué pensaban los norteamericanos, si nos apoyaban. Nos hizo un interrogatorio. Terminó preguntándonos qué podía hacer Canadá para ayudar a la "oposición", asegurando que ellos continuarían los contactos para lograr aquí "una verdadera democracia". Este tipo de encuentro con visitantes y diplomáticos acreditados era bastante frecuente.

¿Más ejemplos?

Adelante...

En la valija diplomática de la embajada española viajaron muchos de esos documentos, incluso la ayuda de los diplomáticos de ese país se ha mantenido invariable, al menos hasta el momento en que dejé de ser la presidenta del Partido Pro Derechos Humanos. El actual embajador es muy accesible. Nos dijo que podíamos contar con él para lo que hiciera falta. Sus funcionarios también eran muy amables con nosotros: nos copiaban documentos, nos entregaban bolígrafos, *blocks*, cintas de máquinas de escribir... En buena ley, hacían su aporte en el abastecimiento para nuestro trabajo.

¿Recibían instrucciones de la SINA de visitar las embajadas solo para dar a conocer las violaciones de los derechos humanos?

No. También, nos pedían que las visitáramos para promover a determinada gente, que optaba por un premio. Eso lo viví yo dentro de la SINA y no hay quien me haga un cuento: los premios, todos, nacen ahí. Vi cómo se armó el que le dieron a Payá, a Oscar Elías Biscet, a Elizardo, a Vladimiro Roca... Esta gente no era nadie, y de pronto los convierten en "generales sin tropa". Los norteamericanos son expertos en fabricar "personalidades", sobre todo si se trata de gente a las que les falta el carisma o necesitan levantarle la autoestima. Eso también pasaba con la promoción de determinados "periodistas" y con algunas revistas.

¿Como cuáles?
Como la revista *Vitral*. Supe de su existencia en la embajada alemana. En una recepción, el consejero Wilfried Krug, que era el que nos atendía a nosotros, los "opositores", nos dijo que la embajada iba a empezar a darle a la iglesia de Pinar del Río computadoras, impresoras y otros recursos para que creara una revista. Como es lógico, contestaría al régimen de La Habana. Me acuerdo que le pregunté: "Oiga, ¿y usted cree que el gobierno lo va a permitir?" Y me dijo: "Sí, claro. Ellos no se van a lanzar a impedirlo ahora, que está por venir el Papa. Hay que aprovechar esta coyuntura." Así mismo fue.

Argumentos parecidos escuché cuando aparecieron Concilio Cubano y el Proyecto "Varela", pero en otra sede diplomática.

¿Cuál?
La SINA.

¿Cómo se vincula con Concilio Cubano?
Robin Diane Meyer y su asistenta, Hilda Esquivel, me presentan en la SINA a Leonel Morejón Almagro, que fue designado como el delegado nacional... Ellas me dieron a leer el primer borrador de lo que luego sería Concilio Cubano. Por supuesto, no tenía firmas ni nada y probablemente yo era de las primeras cubanas que leía aquella propuesta.

¿Usted aceptó integrarse?
En ese momento no. Les dije que lo debía consultar con el ejecutivo de mi partido —ya ustedes saben con quién. Pero insistieron: "Por favor, danos tu opinión, esta es la hora de presionar al gobierno de La Habana para que se siente con nosotros y con la

oposición." Fui testigo de que Concilio Cubano nació dentro de la misma SINA. Yo firmé el acta de constitución poco después, en la casa de Héctor Palacios, quien fue designado como presidente, y formé parte de la Comisión número 6 de esa organización.

¿Qué fue el Frente Unido Patriótico Cubano?
El frente que fundó mi partido. No era nada raro. Cada vez que aparecía un grupo y se repartían los principales puestos, los que quedaban fuera, armaban otro grupo. Aida Valdés Santana crea otro bloque; yo, el mío. Se empieza a ir a pique, sin demasiado esfuerzo, Concilio Cubano.

¿Y el Frente?
En dos días ya tenía 50 firmas de presidentes de diferentes grupos. Los norteamericanos me alabaron mi carisma, que a mí la gente me seguía, lo rápido que yo había recogido las firmas. Por dentro me reía, porque por supuesto había tenido también mucha "ayuda".

Un buen día la Seguridad me orientó que parara el Frente Unido, para evitar un enfrentamiento irreconciliable con Concilio Cubano. Sucedió que Leonel Morejón me llamó y me pidió clemencia: "Por favor, para el Frente, porque mucha gente se está pasando contigo y eso debilita la causa." La SINA también me hizo una advertencia. Estuve de acuerdo con parar, porque de todas formas ya a esas alturas Concilio estaba herido de muerte. Sin embargo, llegué a convencer a los norteamericanos de que el Frente también hacía falta para la "transición democrática".

¿Cuál fue el argumento?
El de ellos: había que preparar diversos partidos para fortalecer la sociedad civil. Le dije a Robin Meyer: "Oye, ya tenemos tres bandos para la democracia: el Partido Comunista, por una parte; Concilio Cubano, por la otra —los liberales—, y el Frente, que representaba la línea dura." Le conté que teníamos hasta un lema: "Nosotros vamos de frente y luchando." Robin Meyer, emocionada, comentó que así sería la democracia. Y yo para mis adentros me decía: "Ahora sí te jodiste."

¿Por qué se debilita Concilio Cubano?
Se empezaron a robar el dinero; hubo conflictos de intereses. Por eso aparece el llamado Grupo de los Siete, que se armó el 10 de febrero de 1996 en una reunión clandestina en Diez de Octubre. Todos los que nos quedamos fuera empezamos a protestar. ¿Quién había elegido a Oswaldo Payá, a Martha Beatriz Roque, Gustavo Arcos Bergnes, Félix Bonne Carcassés, Elizardo Sánchez, René Gómez Manzano y Jesús Yáñez Pelletier? En realidad eran los siete más poderosos, los de mejores vínculos con Miami y la SINA en esos momentos. Las "vacas sagradas". Eso creó problemas en las comisiones, porque nadie aceptaba que, sin haber sido elegidos, fueran los que representaran a Concilio Cubano.

Estos siete empiezan a monopolizar el dinero y a Leonel Morejón Almagro, que era supuestamente el gestor de Concilio Cubano, quien aparentemente tenía el apoyo de la SINA, lo botan de allí. Es que ya era escandalosa la corrupción y el valor del dinero que mandaban las "ONGs" del exilio y se estimaba en miles, a juzgar por el nivel de vida que se estaba dando aquella gente.

¿Tiene evidencias de cómo llegaba el financiamiento?
El dinero enviado a Concilio Cubano para celebrar el 24 de febrero lo recibió Arcos Bergnes a través de la embajada de la República Checa. Venía previamente designado: para la fiesta (comida, refrigerios, bebidas) y lo que se le entregaría a cada persona. Dijeron que lo había enviado Ricardo Bofill, pero no fue así —él nunca lo hubiera mandado porque se hubiera quedado antes con el dinero.

Fui por todas las provincias repartiéndole el dinero a los "opositores", en nombre de Concilio. Eso me dio la oportunidad de conocer a personas que en el interior del país le estaban haciendo daño a Cuba y se prestaban para el juego con los yanquis.

Arcos Bergnes me dijo que se tenían que repartir 30 dólares a los presos, aquellos a los que Elizardo —quien tenía fama de cuidarse demasiado las espaldas— nunca ayudó porque decía que eran terroristas. Y era verdad: estaban presos por actos de terrorismo, por actos violentos contra personas e instituciones cubanas.

¿Recuerda acciones en las que participaran algunos de estos presos?

No se me olvida uno de Holguín, de apellido Batista, que está ahora en Miami. Le faltaban dedos. Él estaba preso por poner bombas en centros de trabajo, a causa de las cuales hubo heridos y empresas muy afectadas. Los hechos habían sido al principio de la Revolución y tenía una condena de 20 años. Ese hombre era tan malo que él mismo se quemaba los brazos con cigarros. Nunca vi cosa igual. Le pregunté que por qué hacía eso y me dijo que tenía que prepararse psicológicamente para cuando lo fueran a torturar. Una cosa inaudita, porque estaba a punto de cumplir la sanción y nadie le había puesto un dedo encima.

¿Quién le dio la lista de los beneficiados con el dinero?

Arcos Bergnes, quien también le pidió nombres a Elizardo. Él no se "embarraba", pero tenía su lista particular de terroristas. También, recibieron dinero Lázaro González Valdés, Héctor Palacios y Leonel Morejón Almagro. Del dinero que me dieron para repartir, se destinó muy poquito para los "disidentes" pasivos. La mayoría era para los presos vinculados a actos de terrorismo.

Háblenos de su vínculo con Elizardo...

Muy tirante, por una sola y sencilla razón: cuando me nombran presidenta del partido, él quiso quitarme y utilizó a Lázaro González Valdés para dividir mi organización. Lázaro llegó a fundar el Partido Pro Derechos Humanos, afiliado a la Fundación "Andrei Sajarov", que presidía René Montes de Oca, actualmente preso. Ese otro grupo nació en casa de Elizardo.

¿Cuál fue la razón?

Odilia Collazo no se dejaba manejar por Elizardo Sánchez. Siempre he tenido un carácter muy fuerte. No podían moldearme a su conveniencia. Armé un escándalo que hizo historia. Me aparecí en su casa, junto con otros 12, en bicicleta, a caerle a golpes. Él me tenía que respetar, por las buenas o por las malas. Salió corriendo. Íbamos a darle, éramos ocho mujeres y cuatro hombres del frente.

Después de eso me cogió miedo, y empezó a tenerme en cuenta en todas sus recepciones y a separarse de Lázaro.

¿Por qué quería tomar el Partido Pro Derechos Humanos?
Porque era el más antiguo. Se desprendió del Comité Cubano por los Derechos Humanos. Es el único que tiene un poco de historia. El Comité se creó en 1976. Por eso me lo querían quitar, no por otra cosa. Elizardo intentó darme instrucciones, pero en este mundo donde se olía el delincuente a kilómetros de distancia, solo aceptaba instrucciones de la SINA.

¿Cómo eran sus relaciones con Payá?
Muy buenas, pero nunca intimamos porque es un hombre machista y racista.

¿Por qué afirma eso?
¿Se conoce algún colaborador íntimo suyo que sea mujer o negro? Pero, además, acusa al gobierno de totalitario, antidemocrático, excluyente y pide la reconciliación nacional, cuando en la práctica él todo lo centraliza, toma las decisiones unilateralmente, realiza declaraciones a nombre de un Comité Ciudadano que no lo eligió como su líder, ni conoce o aprueba de antemano sus posiciones y expresiones. Y, jamás que yo sepa, ha realizado elecciones en su grupo.

¿Qué tal son los vínculos de Payá con los demás mercenarios?
Pésima. Continuamente ataca a quienes no están de acuerdo con su proyecto. Su insulto favorito es acusarlos de agentes de la Seguridad del Estado y se niega a discutir con ellos puntos comunes para lograr un consenso. Un ejemplo clásico, es su bronca con Martha Beatriz, que lo odia. Payá no acepta la Asamblea para Promover la Sociedad Civil en Cuba. También, se niega rotundamente a que quienes apoyan el Proyecto "Varela" se afilien a otras iniciativas que consideren viables. Es contrario a aquellos que defienden el pluralismo.

Existe una imagen en el exterior de un Payá austero...
Se le muestra como un "cubano de a pie". Han circulado fotos donde aparece pedaleando en una bicicleta, como cualquiera en la calle. Pero los periodistas no dicen que tiene un microbús, marca VW; es un Combi de nueve asientos, color blanco, chapa HS 00712, que utiliza para pasear a la familia y llevarla de vez en cuando a Varadero.

Miren, para que tengan una idea: en la sala, donde recibe a los diplomáticos, a los corresponsales y a los visitantes extranjeros, tiene muebles viejos y un televisor ruso. Parece un teatro. Sin embargo, en el resto de la casa tiene todos los equipos modernos que se pueden imaginar en una vivienda muy confortable: televisión a color, video, ataris, equipo profesional de música, computadora...

¿Usted firmó el Proyecto "Varela"?
Sí, me lo pidió Vicky.

¿Quién apoya a Payá?
La SINA, especialmente. Y también el gobierno español.

¿Pero él plantea que no ha recibido ayuda externa?
Que ese cuento se lo haga a otro, pero no a mí. Ha recibido apoyo económico de organizaciones, partidos y gobiernos. Es imposible realizar una campaña nacional de la magnitud del Proyecto "Varela", únicamente con el salario que percibe un ingeniero en electromedicina vinculado al Ministerio de Salud Pública, quien además es el único que trabaja en su familia.

Todo el mundo sabe que mantiene vínculos estables y públicos con directivos de la Fundación Nacional Cubano Americana —dígase, Joe García, Pepe Hernández, Fernando Canto, Domingo Moreira, Josefina Vento y Ramón Humberto Colas Castillo...—, con el Directorio Democrático Cubano. También, con Francisco Zúñiga, Carlos Alberto Montaner y con el padre Francisco Santana.

¿El cura del secuestro de Elián González?
El mismo, uno de sus principales agentes de relaciones públicas

fuera de Cuba. Este es un hombre de la Fundación Nacional Cubano Americana.

¿Recuerda alguna anécdota personal con Payá?
Fui testigo, por estar sentada a la misma mesa, junto a él y a Vicky, que ella le orientó personalmente que buscara apoyo para el Proyecto "Varela" en la Unión Europea, principalmente en las sedes diplomáticas de Bélgica y Alemania, y especialmente, en España, cuando Aznar presidía la Unión Europea.

Me acuerdo que Payá le comentó a la Jefa de la SINA que "si le tocaban nuevamente a uno de sus activistas se oscurecería el entorno político de Cuba". Esto es típico de Payá: la amenaza a la Revolución, amparado en el apoyo que está recibiendo del gobierno norteamericano. Pobrecitos no se acaban de dar cuenta de que los cubanos no comemos miedo.

Una curiosidad: ¿con qué frecuencia iba usted a la Sección de Intereses?
No todos los días, pero sí bastante a menudo. Me explico: no tenía días fijos, sino cuando hacía falta trabajar en las computadoras y descargar mi correo, cuando me llamaban, cuando había recepciones o fiestas... Me es imposible decirles cuántas veces fui, porque perdí la cuenta. Como otros "disidentes", yo también tengo —no me lo han retirado— pase abierto.

¿Alguna vez la invitaron a Estados Unidos?
Sí. Tuve invitaciones, pero nunca quise ir.

¿Cómo fue su relación con Vicky Huddleston?
Muy buena.

Samuel Martínez Lara

Era el secretario general del Partido Pro Derechos Humanos.

Exrecluso contrarrevolucionario, organizador de manifestaciones y reuniones conspirativas, confeccionaba documentos subversivos junto a Tania Díaz Castro. Estuvo vinculado a Gustavo Arcos Bergnes y Elizardo Sánchez Santacruz.

¿Y con James Cason?
Excelente. Me llevaba muy bien con su esposa y tuve la oportunidad de ser una de las primeras "opositoras" que se reunió con él. Me llegó a brindar su casa para que pudiera reunirme con todos los delegados provinciales que tenía la Oficina de Denuncias de Violaciones de los Derechos Humanos, o para cualquier evento.

Su esposa, Carmen, es salvadoreña y me contó que le gusta mucho el Casco Histórico de La Habana. Me llegó a decir que no sabíamos el patrimonio cultural que teníamos y que ella, quien ha visitado muchos países, amaba la Ciudad de La Habana. Me di cuenta, por la forma en que hablaba conmigo, que estaba tratando de ganar mi confianza. A ella no se le puede subestimar, es una persona muy bien preparada culturalmente, quizás mejor que su esposo. Era la que hacía todo el protocolo y nos sonsacaba constantemente.

¿Todos los funcionarios se comportaban de la misma manera?
No. Y quiero ser justa: no todos los diplomáticos norteamericanos nos utilizaban y subestimaban. De todas las despedidas de funcionarios de la SINA en las que participé, la de Michael Kosack, quien fue Jefe de la SINA, fue la única que logró emocionarme. Él también conspiró y me citó a reuniones, y me dio instrucciones. Hizo lo mismo que todos los demás, pero con más sutileza.

Él y su esposa me abrazaron y me dijeron que ellos no querían llevarse malos recuerdos de Cuba, que amaban mi patria, mi isla. Su esposa me dijo que ellos habían encontrado aquí a un pueblo de unos valores que no eran comunes en otros pueblos. Se echó a llorar. Ella es mexicana y me dijo que le tenía más cariño a Cuba que a su propia patria, porque sus hijos estaban seguros y jugaban con los niños del barrio con la certeza de que nada les sucedería. Esa despedida me marcó mucho, porque me di cuenta de que no vinieron solo a cumplir una misión, sino que además, se enamoraron de mi patria.

¿Hay matices entre los diplomáticos norteamericanos?
Recuerdo también a Steve Rice, el vicecónsul de Kosack, un cons-

pirador agresivo y muy vinculado a la contrarrevolución. Visitó mi casa varias veces, y una vez, en abril de 1997, si mal no recuerdo, nos dijo en una cena que le ofreció Martha Beatriz Roque, que en Cuba los "opositores" no estaban tan perseguidos y que cada vez que tenía que enfrentarse a las entrevistas con ellos, salía aturdido. Prefería conversar con nosotros, que éramos "los escogidos".

¿Conoció a algún oficial de la CIA?
Sí, Timothy Brown. Me lo dijo él, personalmente. En una oportunidad almorzó en mi casa con mi esposo y conmigo. Hablábamos de cualquier cosa, no solo de trabajo. Trataba de protegerme. Con disimulo apretaba mi brazo para que yo no hablara demasiado y me perjudicara, cuando él creía que la Seguridad del Estado podía estar escuchando nuestras conversaciones.

¿Creían que dentro de la SINA había agentes de la Seguridad Cubana?
Desconfían del personal cubano que trabaja allí. Desconfían de los trabajadores y les ponen trampas a los empleados domésticos, que son cubanos, para comprobar si han tocado o no sus documentos.

Muchas veces, cuando querían decirme algo para que nadie más se enterara, me lo escribían en un papelito para que lo leyera, yo les contestaba y ellos se quedaban con el papel.

¿Y si tienen tanto miedo cómo abrieron las puertas de su casa a los "opositores"?
A veces tuve la impresión de que no les importaba demasiado. El problema era tener figurines, nombres que presentar ante la opinión pública, como "opositores del régimen castrista". También, abrieron sus puertas a todos nosotros para que viéramos las ventajas que tiene el capitalismo, cómo se puede vivir en una gran residencia, cómo se puede tener cosas, cuán generoso puede ser el amo.

¿Cuéntenos qué ocurría en el momento de repartir los regalos

dentro de la SINA o en las residencias oficiales de los diplomáticos norteamericanos?
Eso era una piñata. Yo no participaba en esas rebatiñas. Mandaba a mi esposo a recoger los regalos. La gente se tiraba encima de los bolsos de nylon, y sobre las bandejas con los camarones y

las langostas, hasta el punto de no dejar comer al cuerpo diplomático. Con la comida y las jabas se acababa el protocolo. Aquello era peor que un plan de la calle. Ya al final James Cason organizó las recepciones de otra manera: daba una jaba por persona y se acabó.

¿Qué les daban en las jabas?
Radios, linternas, literatura, cargadores de baterías, la Declaración Universal de los Derechos Humanos en cantidades industriales, discursos de personalidades políticas norteamericanas, declaraciones de Bush, revistas contrarrevolucionarias...

¿Usted promovió la creación de una Oficina Nacional de Recepción de Informaciones de Violaciones de los Derechos Humanos?
Sí. La SINA quería tener una representación de los diversos sectores de la Sociedad Civil. Como ya existía el Grupo de los Cuatro (Vladimiro, Martha Beatriz, Bonne y Manzano) y el Grupo de los Siete, nosotros fundamos esta oficina, a la que se integraron un movimiento juvenil, el Colegio Médico Independiente y el Partido Pro Derechos Humanos. Nos encargamos de recopilar y denunciar todas las violaciones.

Todas esas cosas se hacen porque ya había venido Bill Barker, presbiteriano, interesado en crear una oficina representada por los jóvenes, "que son los que hacen los cambios a través de la historia", decía. Eligieron mi partido, porque era el de mayor membresía y tenía filiales en toda la isla, incluyendo el municipio especial.

En confianza, Bill Barker nos confesó que era un enviado de Lincoln Díaz-Balart. Nos dijo que ellos podían resolver lo que nos hiciera falta y que hasta podíamos escoger algún tipo de armamento, si queríamos.

En estos momentos mi representante en el exilio era Acción Democrática, me surtía de ropa, de equipamiento.

Nos reunimos también algunos con economistas españoles. Querían ir sentando las bases con los economistas, para un futuro cambio, y nos pidieron, a Martha Beatriz y a mí, que hiciéramos un llamado a los empresarios para que no invirtieran en Cuba.

Me respetaban por muchas cosas.

Nancy Pérez Crespo

Nació en Cueto, Holguín. Es la representante en Miami del grupo contrarrevolucionario Cuba Press, que dirige Raúl Rivero. Es agente de la CIA, directora ejecutiva del Instituto Cultural Floridano Israelí y locutora de la emisora *Voz del Partido Afinidad Nacional Democrático*.

Le envía dinero regularmente al jefe del grupo Havana Press, Jorge Olivera Castillo y a la familia de este, así como a Raúl Rivero a través de su esposa Blanca Reyes. También le ha girado dólares a Elizardo Sánchez Santacruz.

Edita una revista titulada *Nueva Prensa Cubana* con artículos escritos por integrantes de los llamados periodistas independientes. Esta publicación circula en España, Panamá y Miami. También ha viajado a Europa a fin de coordinar nuevas acciones.

Ha utilizado emisarios extranjeros y comunitarios para el envío de instrucciones a los integrantes de la prensa contrarrevolucionaria, así como dinero y materiales.

Trabaja en la emisora subversiva *Radio "Martí"* y mantiene una galería propia de artistas plásticos cubanos llamados disidentes.

Es miembro de la Sociedad Internacional de Periodismo.

Mantiene vínculos de amistad con el terrorista Orlando Bosch.

Ha organizado, junto con dirigentes de la FNCA, Directorio Democrático Cubano y otras organizaciones contrarrevolucionarias, acciones de hostigamiento contra Cuba en la Comisión de Derechos Humanos de la ONU.

¿Como cuáles?

Todos sabían que mi padre estuvo seis años plantado con los presos políticos de La Cabaña. Ante los contrarrevolucionarios de Miami y los contrarrevolucionarios que lo conocían en Cuba, era un duro entre los duros. Eso era un aval importante. Me respetaban no solo por mi posición en el partido, sino también por mi papá.

¿Quién era su papá?

Durante 31 años perteneció a la Marina de Guerra y peleó en la II Guerra Mundial, en el Ejército de Estados Unidos. Combatió en Girón y durante la Crisis de Octubre lo licenciaron, porque se puso a conspirar con algunos de sus compañeros de la marina. Dejó de ser oficial, lo degradaron como un traidor a la patria. Cayó preso el 12 de julio de 1963.

¿Qué grado tenía?

Era sargento e impartía clases de navegación. Había sido pescador de esponjas, muy humilde, campesino. Pasó mucho trabajo antes de la Revolución.

¿Qué recuerda de aquella época?

Un buen día salió de la casa y no regresó. De ahí a la cárcel. Yo era muy niña, tenía 12 años, pero siempre he tenido una mente muy ágil. Me llamó la atención que él, cuando se marchó, seleccionó tres canciones en el tocadiscos que teníamos, y me pidió que las escuchara y pensara en él. Ese hecho me intrigó mucho, y también que me dejara un diario como alguien que se va a cumplir un deber sagrado.

¿Cuál era el título de las canciones?

Una era *Reloj*; esa que dice: "*reloj, no marques las horas...*", como si quisiera que el tiempo se detuviera. La segunda era *La Barca*: "*hoy mi playa se viste de amargura, porque tu barca tiene que partir...*" Y la tercera, un bolero en la voz de Barbarito Diez: "*las aves suelen volver al nido, pero las almas que se han querido, cuando se alejan no vuelven más*". Sentí que el mensaje que trataba de decirme era que no lo dejara de querer, que no lo olvidara. Cosa, que por supuesto, cumplí.

¿Lo visitó en la cárcel?
Sí. Él me había dejado la llave donde tenía guardado un dinero y las herramientas. Me fue diciendo donde estaban todas sus cosas.

Déjenme explicarles: somos cuatro hermanos, pero quien tuvo mayor cercanía con él fui yo, que era la mayor.

Lo visitaba en La Cabaña. Lo veía ahí tras las rejas, cada tres meses. Siempre me preguntaba cómo me estaba portando en la escuela, qué hacía. Él tenía en el cinto un alambrito y me pasaba carticas, porque era muy difícil poder hablar. Después yo le contestaba y él las escondía debajo de la prótesis dental.

¿Qué le decía?
En esos papelitos siempre me decía que nunca dejara de amar a la Revolución, que me portara bien en la escuela y que escuchara las canciones, que algún día iba a entender por qué me las había dejado.

¿Un plantado pidiéndole que ame la Revolución...?
Aquello me confundía mucho.

¿Qué hizo?
Muchas veces le pregunté a mis compañeros de la Seguridad. Les dije que tenía duda de la verdadera vida de mi papá.

¿Y qué respuesta le daban?
El silencio. Tampoco mi mamá ni mis hermanos tenían respuestas que darme. Para ellos, había sido un traidor a la patria. Y punto. Para que tengas una idea: mi mamá es de origen campesino y muy revolucionaria. Por suerte, vive en Batabanó y estaba al margen de todo mi trabajo entre los "disidentes", porque si mi abuela y ella se hubieran enterado de en qué estaba metida Odilia, creo que ahora no estaría haciéndoles todo este cuento.

Cada vez que les hablaba de mi papá, mis oficiales siempre me contestaban de igual modo: que había cosas que no se podían decir, que esos eran expedientes secretos y que no tenían acceso a ellos. Pero algo en mi interior me impulsaba a seguir buscando otros elementos.

Ruth Montané (*Chuni*)

Su apellido de soltera es Morán. Estuvo casada con Ernesto Montaner, hermano de Carlos Alberto. Le gusta emplear el apellido de su exesposo. Es conocida como Chuni. Actualmente es directora de la emisora WQBA y mantiene estrechas relaciones con los grupos de ultraderecha radicados en Miami. Está a favor del bloqueo. En 1997 fue la representante principal en Estados Unidos del denominado Grupo de Trabajo de la Disidencia Interna (GTDI).

Realizó intensas gestiones para impedir que Fidel fuera invitado a la VII Cumbre Iberoamericana celebrada en islas Margaritas los días 8 y 9 de noviembre de 1997. Para sus pretensiones ha contado con el apoyo de los congresistas anticubanos Lincoln Díaz-Balart e Ileana Ros-Lethinen.

Ha realizado acciones de hostigamiento de propaganda contra las sedes diplomáticas acreditadas en Cuba, exigiéndoles la distribución del documento contrarrevolucionario "La patria es de todos", hecho público el 27 de junio de 1997.

Está estrechamente vinculada a Félix Antonio Bonne Carcassés, René Gómez Manzano, Vladimiro Roca y Martha Beatriz Roque.

En junio de 1999 participó en la campaña anticubana en la cumbre entre la Unión Europea y los países latinoamericanos, efectuada en Río de Janeiro, a fin de denunciar supuestas violaciones de los derechos humanos en Cuba.

Ha recibido importantes sumas de dinero provenientes de fondos federales del gobierno estadounidense. Ha sido objeto de denuncias por apropiación ilícita, lo que motivó su separación del Grupo de Apoyo a la Disidencia. Comparte con su excuñado Carlos Alberto Montaner sus posiciones políticas.

Félix Rodríguez Mendigutía

Coronel de la CIA. Conocido como "El Gato", también se hizo llamar Félix Ramos. De origen cubano, fingió pasar por capitán del ejército boliviano para capturar guerrilleros. Presume de ser el asesino del Che Guevara.

Ahora vende seguridad y asesora; es hombre de confianza y de consulta de la agencia Trident Investigative Services Inc. La agencia es representada en la Argentina por John Battaglia Ponte, un uruguayo nacionalizado estadounidense y exagente de la CIA, que en los años 70 participó del llamado "Plan Cóndor". Después, actuó en América Central y ayudó a la fuga de Anastasio Somoza de Nicaragua.

Aprovechó sus contactos salvadoreños para utilizar la pista de la base aérea de Ilopango como centro de operaciones de unos viejos aviones que despegaban cargados de armas para los "contras". Los que pertenecían a la empresa Corporate Air Services. El dueño de la empresa era un exmayor general de la fuerza aérea estadounidense, Richard Secord, amigo de Oliver North.

En la operación Irán-contra, estuvo junto con Basulto en Ilopango para llevar la "ayuda humanitaria". Juntos tomaron parte en el tratamiento de todas las acciones bajo la dirección de Oliver North. Hay un agente de la DEA que dijo en un reportaje en el *New York Times*, que en Guatemala él había compilado evidencia convincente de que en la operación de suministro a la contra en la base de la Fuerza Aérea de Ilopango —en El Salvador—, donde estaban Félix Rodríguez y José Basulto, se estaba contrabandeando cocaína y marihuana.

Es amigo (fue su subordinado en la CIA) de Donald Gregg, un exconsejero de seguridad del expresidente George Bush.

Félix Rodríguez atesora en su casa de Miami dos trofeos de su asesinato: un Rolex GMT Master de acero y una pipa que pertenecían al Che.

Hace unos meses, en un momento de mucha tensión en el trabajo secreto, le dije a mi oficial que si me moría, a él le quedaría el cargo de conciencia de no haberme dicho la verdad, y que fuera lo que fuera, yo no podía dejar de querer a mi padre. Había sentido siempre que él también me quería, y me lo había transmitido de muchas maneras. Insistí e insistí.

Días después hablamos otra vez del asunto. Me parece estar mirándolo. Había consultado a sus superiores, y me dijo: “Odilia, te tienes que guardar bien este secreto, porque te puede costar la vida. Tú papá era de los nuestros.” Lloramos juntos. Mi corazón no me había engañado.

¿Cómo reaccionó tu mamá?

¡Imagínate! Ella se enteró por mí, al igual que mis hermanos, cuando vieron mis declaraciones en la televisión durante el juicio.

Y su padre, ¿realmente nunca le dijo nada?

No. Se arriesga demasiado en este trabajo. Él salió de la cárcel en 1969 y murió en 1988. Se llevó su secreto a la tumba.

Néstor Baguer Sánchez Galarraga.

Odilia Collazo Valdés.

Roberto Martínez Hinojosa.

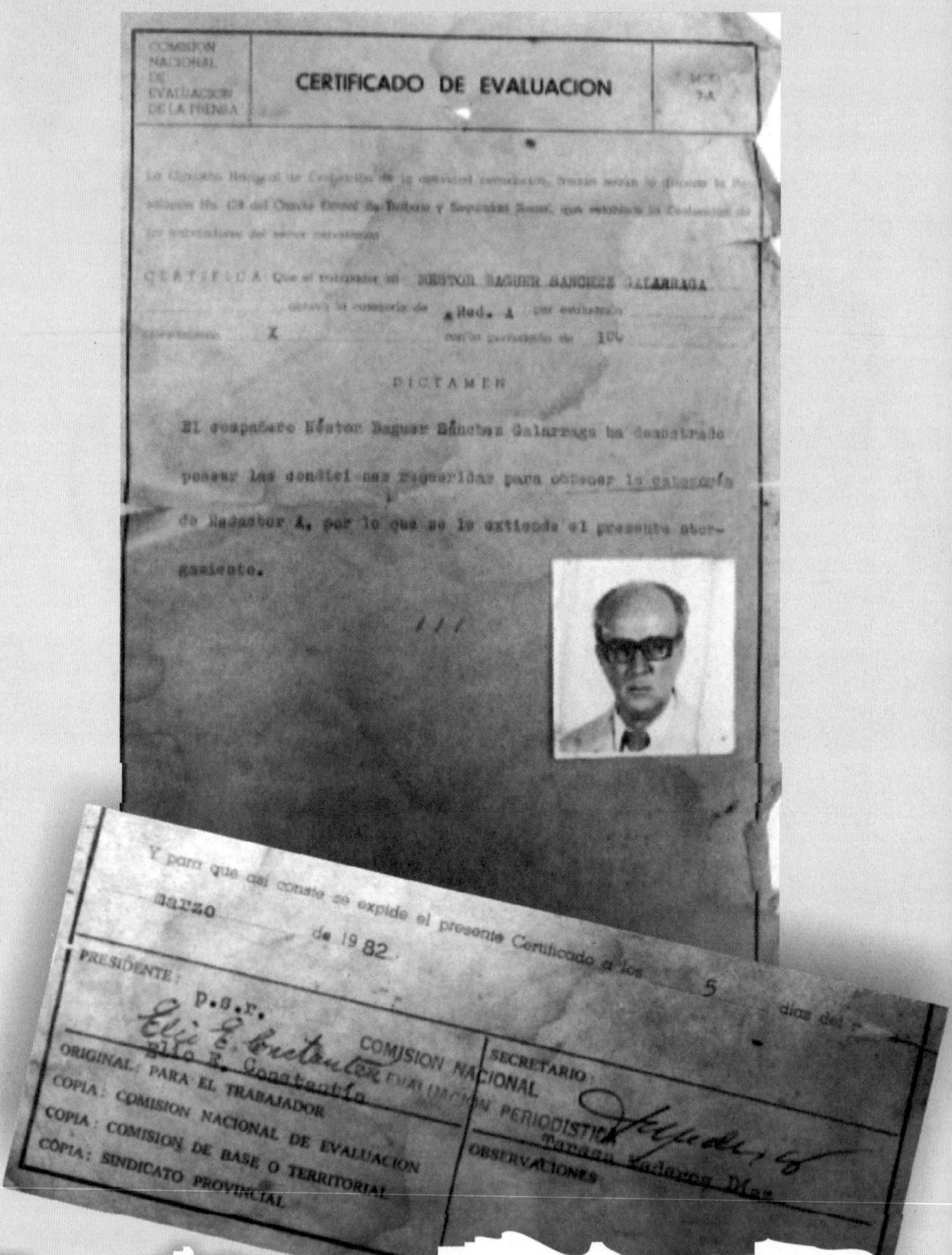
COMISION NACIONAL DE EVALUACION DE LA PRENSA

CERTIFICADO DE EVALUACION

CERTIFICA: Que el compañero NESTOR BAGUER SANCHEZ GALARRAGA

Red. A

X

DICTAMEN

El compañero Néstor Baguer Sánchez Galarraga ha demostrado poseer las condiciones requeridas para obtener la categoría de Redactor A, por lo que se le extiende el presente otorgamiento.

Y para que así conste se expide el presente Certificado a los 5 días del marzo de 1982

PRESIDENTE:

P.S.R.

Elio E. Constantín

COMISION NACIONAL EVALUACION PERIODISTICA

SECRETARIO:

ORIGINAL: PARA EL TRABAJADOR

COPIA: COMISION NACIONAL DE EVALUACION

COPIA: COMISION DE BASE O TERRITORIAL

COPIA: SINDICATO PROVINCIAL

OBSERVACIONES

Certificados que acreditan a Néstor Baguer con el título de Licenciado en Periodismo. Fue avalado por una Comisión Nacional presidida por un maestro de periodistas, el ya fallecido Elio Constantín.

Título otorgado a Néstor Baguer como miembro de la Real Academia Española.

DISIDENTE UNIVERSAL DE PUERTO RICO

disidente

AÑO 16 NUM. 164 — EDICION INTERNACIONAL — FEBRERO 2001

LLAMAMIENTO
Desde La Habana

ELIZARDO SÁNCHEZ

OSWALDO PAYÁ

Los representantes de las organizaciones cívicas, sociales, culturales y políticas independientes que dentro de Cuba promovemos y defendemos pacíficamente los derechos civiles, el pluralismo y la reconciliación nacional hacemos, TODOS UNIDOS, un llamado a la comunidad internacional para que contribuya a detener la ola represiva desatada por el Gobierno de Cuba, desde noviembre de 1999, víspera de la IX Cumbre Iberoamericana que se celebró en La Habana.

En nuestro mensaje desde Cuba a la X Cumbre Iberoamericana del pasado 29 de octubre, declaramos que no pedíamos el aislamiento del gobierno cubano. Las posturas asumidas por las autoridades de nuestro país en los últimos tiempos, pudieran reflejar el irracional propósito de autoaislarse de una comunidad internacional que cada día asume con más fuerza los principios democráticos y el respeto a los Derechos Humanos.

Durante el año 2000 se registraron más de mil actos de represión política contra pacíficos disidentes y por lo menos 18 de ellos permanecen en prisión provisional como parte de los centenares de prisioneros por motivos políticos que languidecen en las cárceles desde hace años.

En el pasado mes de diciembre la desproporcionada maquinaria represiva del Gobierno de Cuba rompió todo los récords al registrarse más de 300 acciones de represión política, de las cuales por los menos 270 fueron detenciones arbitrarias de opositores no violentos.

Reclamamos la liberación de los presos por motivos políticos y que se ponga fin a las prácticas de hostigamiento, juicios parcializados, condenas injustas y desproporcionadas, detenciones e incomunicaciones arbitrarias, prohibición de libre acceso a los juicios públicos, así como a todos los actos que transgreden los derechos esenciales de la persona humana.

TODOS UNIDOS, hacemos un llamado para que se solidaricen con este reclamo los gobiernos democráticos, parlamentos, organizaciones humanitarias, internacionales políticas, organizaciones de la prensa, sindicales, académicas y religiosas de todo el mundo.

Los cubanos aspiramos a la solidaridad de la Comunidad Internacional en la lucha por la conquista: DE NUESTRO DERECHO A LOS DERECHOS.

La Habana, 16 de enero de 2001

Lista de firmantes en la página 3

EN ESTE NUMERO

Ilusiones Frustradas	5	La Lucha por los Derechos Humanos	13
Hablando Entre Nosotros	7	Año Nuevo en Cuba	15
La Iglesia Llama al Diálogo	9	Tenemos que ser Prácticos	17
Eternidad Año Cero	11	Los Camilitos buscan Libertad	20

Disidente se publica en Puerto Rico. En uno de los negocios de Elizardo Sánchez.

Vicky Huddleston llama a apoyar los cambios

La jefa de la Sección de Intereses de EU en Cuba, Vicky Huddleston, elogió ayer la labor desarrollada en los últimos años por la disidencia interna en Cuba y exhortó a la comunidad internacional a trabajar por una transición pacífica hacia la democracia en la isla comunista.

"En mis tres años de gestión aquí he notado un crecimiento notable en la oposición interna, que realiza un gran trabajo en materia de vigilancia de los Derechos Humanos y en fomentar el desarrollo de la sociedad civil", dijo Huddleston.

"Creo que pude haber contribuido en una pequeña forma a centrar la atención en la situación de los derechos humanos", agregó la diplomática, quien arribó a la isla en septiembre de 1999.

La diplomática, jefa de la Sección de Intereses de Estados Unidos en Cuba, oficina que cumple funciones de enlace entre ambas naciones, sin relaciones desde hace más de 40 años, culmina este mes su labor en la isla tras ser designada como embajadora en la República de Mali, en Africa.

De 59 años de edad, Huddleston fue una crítica permanente del gobierno de Fidel Castro, al que le ha reclamado públicamente que promueva una apertura política y permita el libre accionar de sus opositores.

"Las Organizaciones No. 13 Gubernamentales y los gobiernos deberían tratar de apoyar más a los disidentes cubanos, siempre en una forma legítima, así como se hizo con los países de Europa del Este", dijo la diplomática al demandar un mayor protagonismo de la comunidad internacional respecto a la situación en Cuba.

Consideró que en la isla ya se vive un momento de transición, a pesar del inmovilismo que quiere imponer el gobierno a la sociedad, y advirtió que "no puede haber castrismo sin Fidel Castro", al ser consultada sobre las perspectivas políticas en el futuro de Cuba.

Huddleston afirmó que el Proyecto Varela, una iniciativa disidente que promovió la convocatoria a un referéndum para modificar leyes electorales y exigir la libertad de presos políticos, "marcó uno de los momentos más importantes de la historia cubana reciente".

"La respuesta del gobierno de Castro fue drástica, pero le hizo perder credibilidad ante la comunidad internacional", precisó la diplomática y reiteró su pedido de apoyar a los opositores que operan en Cuba.

"Hay una generación de cubanos que está pidiendo cambios y hay que apoyarlos. Hay que fomentar una transición pacífica" que

VICKY HUDDLESTON

permita una salida ordenada al sistema socialista, vigente en la isla desde hace 43 años, agregó.

Huddleston negó las acusaciones oficiales sobre el presunto financiamiento de la disidencia por parte de los diplomáticos estadounidenses acreditados en la isla y afirmó que esa "es una mentira del Estado" cubano.

"Los disidentes trabajan por sus ideas y sus creencias, no por un sueldo que le podamos pagar nosotros. Nunca les hice siquiera una sugerencia", enfatizó la diplomática.

Luego de señalar que se retiraba conforme con el trabalo realizado en los últimos tres años, donde tuvo que enfrentar desde la crisis generada en 1999 por la zaga judicial del niño Elián González y la visita del ex presidente Jimmy Carter, en mayo pasado, Huddleston dijo que no se lleva "malos recuerdos de La Habana".

Algunos de sus líderes, como Oswaldo Payá, promotor de "Proyecto Varela", que reclama un referéndum para introducir reformas en la Constitución, y el recientemente liberado Vladimiro Roca, asistieron anoche a la recepción de despedida de la embajadora.

Huddleston reconoció que "hemos recibido una cooperación bastante buena de Cuba en la base Guantánamo", quien no específico en qué consistió ésta. En la base norteamericana de Guantánamo, enclavada en el extremo oriental de la isla caribeña, hay actualmente 564 prisioneros sospechosos de pertenecer a la red terrorista Al Qaeda o a las fuerzas talibanes durante la guerra de Afganistán.

"En un futuro, con democracia, Cuba será el motor económico del Caribe", indicó la diplomática.

El Nuevo Herald, Miami, FL
Sábado 7 de septiembre del 2002

Grupo disidente cubano pide solidaridad con presos en huelga de hambre

LA HABANA - El opositor Movimiento Cristiano de Liberación llamó en La Habana a gobiernos, instituciones e iglesias, para que "defiendan la vida" de varios presos políticos cubanos que mantienen una huelga de hambre, y están "en peligro de muerte".

"Llamamos a todos los gobiernos, instituciones, iglesias y personas de buena voluntad para que, con urgencia, defiendan la vida y libertad de estas personas en peligro de muerte, debido a la arbitrariedad y la injusticia del gobierno de Cuba", dijo el llamamiento *"No les dejen morir"* que firma el presidente del Movimiento, Oswaldo Payá Sardiñas.

Los presos, cuyo número no precisa el texto, se encuentran en las prisiones de Valle Grande, en Ciudad de la Habana, y Quivicán, en la provincia La Habana, y recurrieron a la huelga "como último y dramático recurso para reclamar su liberación".

Cita el caso de Emilio Leyva Pérez, presidente del ilegal pero tolerado Partido Pro Derechos Humanos, que la víspera cumplió 20 días sin ingerir alimentos y "ya no tiene fuerzas para levantarse".

Otro opositor preso, Leonardo Brazón, también está en huelga de hambre, dijo.

El ilegal Movimiento Cristiano de Liberación señaló que "no apoyamos ni incitamos huelgas de hambre, ni otras acciones en la que pueda dañarse la salud o poner en peligro la vida de personas.

Diario Las Américas, Miami, FL
Jueves 19 de septiembre del 2002

Una página de *Disidente*. La SINA se ha convertido en la principal publicista de este periódico, un órgano para dar instrucciones a los gobiernos lacayos.

Mas y Sánchez conversan en discreto encuentro

Por PABLO ALFONSO
Redactor de El Nuevo Herald
5/1/97

En el marco de una serie de discretas reuniones con dirigentes políticos del exilio, el disidente cubano Elizardo Sánchez se reunió la pasada semana con el presidente de la Junta de Directores de la Fundación Nacional Cubano Americana (FNCA), Jorge Mas Canosa, informaron a El Nuevo Herald fuentes fidedignas.

La reunión, según las fuentes, tuvo lugar en la residencia de Mas Canosa el pasado 25 de diciembre, Día de Navidad, y a la misma asistieron también Francisco "Pepe" Hernández y otros directivos de la FNCA. Los temas discutidos continúan sin embargo bajo un manto de silencio.

Dirigentes de la FNCA consultados por El Nuevo Herald negaron enfáticamente la información, en tanto que Sánchez señaló que "no ha habido un encuentro formal todavía con el ejecutivo de la Fundación pero esperamos que pueda haberlo".

Preguntado sobre si por "formal" quería decir que había sostenido reuniones informales con dirigentes de la Fundación, Sánchez se limitó a contestar: "Quiere decir exactamente que no nos hemos reunido formalmente".

El encuentro entre Sánchez y Mas Canosa, cuyas respectivas organizaciones mantienen posiciones y estrategias políticas contrapuestas en torno a la situación cubana, pudiera interpretarse como un esfuerzo mutuo por acercar esas posiciones en aras de lograr sus objetivos comunes de democratización en la isla.

Sin embargo, para Sánchez que salió de Cuba con un permiso temporal, la reunión con la FNCA puede tener un alto costo a su regreso a la isla. El gobierno de Fidel Castro es particularmente agresivo con la FNCA que ha auspiciado proyectos como la reciente Ley Helms-Burton, que refuerza el embargo económico estadounidense contra Cuba.

"No hay nada nuevo en esto, porque cada vez que salgo al exterior en forma temporal me reuno con representativos de todo el arco político cubano", dijo Sánchez. "Por lo demás, ya sabemos que a los actuales gobernantes cubanos no les gusta nada que signifique convergencia de la oposición democrática".

Sánchez, presidente de la Comisión Cubana de Derechos Humanos y Reconciliación Nacional, llegó a Miami el pasado 23 de diciembre, tras recibir en París el Premio a los Derechos Humanos de la República Francesa. A su paso por España, Sánchez fue recibido por importantes figuras políticas de ese país, entre ellas el presidente del gobierno, José María Aznar, y el ex-presidente Felipe González.

Desde su arribo a Miami ha sostenido aproximadamente una docena de discretas reuniones con representantes de otras tantas organizaciones políticas y de derechos humanos.

Sánchez dijo que aunque el proyecto y la agenda de su organización es exclusivamente de derechos humanos, eso no impide que sostenga intercambios con organizaciones políticas.

"No puedo desconocer que corresponde un papel muy relevante a las organizaciones políticas de la oposición y el gobierno para lograr un mejoramiento sostenido e irreversible de la situación de derechos humanos en el país", afirmó.

El sábado Sánchez se reunió con Ricardo Bofill, presidente del Comité Cubano Pro Derechos Humanos, en un encuentro en que ambos dejaron a un lado viejas rencillas personales y desavenencias políticas de casi una década.

Sánchez y Bofill, dos de los más connotados dirigentes fundadores del movimiento de derechos humanos en Cuba, se sentaron en torno a una mesa por primera vez desde que ambos se distanciaron en La Habana en 1987 y Sánchez salió del Comité para fundar su propia organización.

"Nadie entró a hablar del pasado, sólo se habló del futuro, de las cosas que en conjunto podemos hacer", afirmó Bofill, refiriéndose a la agenda de la reunión.

Bofill dijo que en la reunión se acordó la colaboración para trabajar con organizaciones internacionales de derechos humanos; aunar esfuerzos para que el movimiento de derechos humanos de Cuba pueda alcanzar estatus de Organización No Gubernamental ante la Comisión de Derechos Humanos de Naciones Unidas y coordinar la asistencia a los cubanos repatriados por Estados Unidos a Cuba, entre otros temas.

Por su parte, Sánchez calificó el encuentro como una "minicumbre cubana de derechos humanos". A la reunión asistieron, además, Ramón Cernuda, representante en el exterior de la Coordinadora de Organizaciones de Derechos Humanos de Cuba; Roberto Bismarck, vicepresidente del CCPDH; así como Lino Sánchez y Héctor Aguilera, ambos de la CCDHRN.

"Aprovechamos la reunión para identificar importantes áreas de cooperación", afirmó Sánchez.

Entre las organizaciones con las que Sánchez se ha reunido figuran: El Buró de Información del Movimiento de Derechos Humanos, la Coordinadora Social Demócrata de Cuba, el Partido Demócrata Cristiano, la Unión Liberal, el Directorio Revolucionario Democrático Cubano, el Movimiento Democracia, el Partido de Unidad Nacional Democrática (PUND) y Cuba Independiente y Democrática (CID).

"He encontrado en todos un ambiente muy cordial, de mutua comprensión, aunque reconociendo diferencias en cuanto a ámbitos y métodos de trabajo", dijo Sánchez.

Hubert Matos, secretario general del CID, dijo que la reunión con Sánchez se realizó en el local de esa organización y que en la misma se trató el problema cubano a fondo, destacándose las diferencias y coincidencias de ambas organizaciones.

"Nosotros apoyamos por principio a toda la resistencia interna", dijo Matos.

Añadió que el CID le señaló a Sánchez, que su propuesta para que Castro encabece un proceso de democratización en Cuba "es totalmente irrealizable, porque Castro ha dado sobradas muestras de que no está dispuesto a ceder nada".

Matos dijo que el CID se mostró también en desacuerdo con Sánchez en su planteamiento de que una proceso negociador previo entre Estados Unidos y Cuba es una condicionante para la democratización de la isla.

"El problema es de un régimen despótico con un pueblo que no quiere vivir en despotismo, las diferencias entre Estados Unidos y Cuba son otra cosa", subrayó Matos.

Sánchez explicó que su reunión con el PUND, una organización que promueve las acciones armadas para derrocar al gobierno cubano, fue motivada por la necesidad de obtener información familiar que facilite la defensa de los comandos de esa organización arrestados en acciones de infiltración en la isla.

"La organización que yo represento se ha hecho cargo de la defensa de esos hombres y en particular de Humberto Eladio Real Suárez, condenado a muerte", dijo Sánchez. "En estos momentos estamos encabezando una campaña mundial para que le sea conmutada la pena de muerte".

Sánchez viajó el sábado en la noche a Nueva York para reunirse con el ex presidente venezolano, Carlos Andrés Pérez con quien,

-15-

Encuentro de Elizardo Sánchez y Jorge Mas Canosa en Miami, en diciembre de 1996, reseñado por *El Nuevo Herald*.

24 de febrero 2003.

Se le hace entrega al Sr. Elizardo Sánchez Santa Cruz, Miembro de la Comisión de Relatoría de TODOS UNIDOS, de 100.00 U.S. Dólares. Esta ayuda humanitaria la envían los hermanos de - A.C.D.

Recibe Elizardo Sánchez Santa Cruz

22 de febrero 2003

Por la presente se le entrega al Sr. Vladimiro Roca Antunez miembro de la Comisión de Relatoría de TODOS UNIDOS, la cantidad de cien dólares 100.00 US.

Esta ayuda humanitaria la envía desde el Exterior A.C.D. que preside un patriota cubano en los EE.UU.

Recibe Vladimiro Rocas

Dinero enviado desde Miami por la Asociación Cubano Democrática a los mercenarios Elizardo Sánchez y Vladimiro Roca.

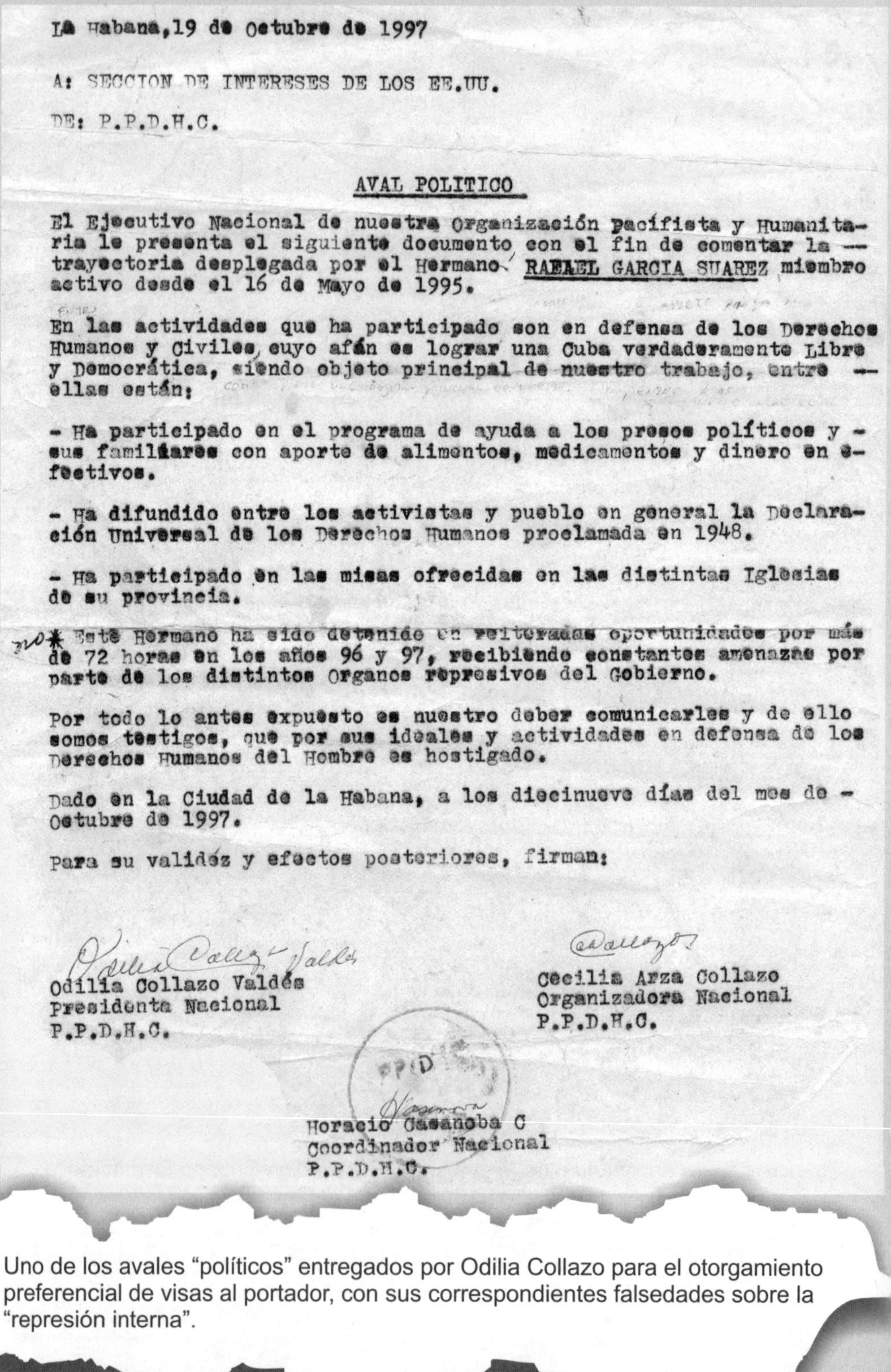

La Habana,19 de Octubre de 1997

A: SECCION DE INTERESES DE LOS EE.UU.

DE: P.P.D.H.C.

AVAL POLITICO

El Ejecutivo Nacional de nuestra Organización pacifista y Humanitaria le presenta el siguiente documento con el fin de comentar la trayectoria desplegada por el Hermano RAFAEL GARCIA SUAREZ miembro activo desde el 16 de Mayo de 1995.

En las actividades que ha participado son en defensa de los Derechos Humanos y Civiles, cuyo afán es lograr una Cuba verdaderamente Libre y Democrática, siendo objeto principal de nuestro trabajo, entre ellas están:

- Ha participado en el programa de ayuda a los presos políticos y sus familiares con aporte de alimentos, medicamentos y dinero en efectivos.

- Ha difundido entre los activistas y pueblo en general la Declaración Universal de los Derechos Humanos proclamada en 1948.

- Ha participado en las misas ofrecidas en las distintas Iglesias de su provincia.

* Este Hermano ha sido detenido en reiteradas oportunidades por más de 72 horas en los años 96 y 97, recibiendo constantes amenazas por parte de los distintos Organos represivos del Gobierno.

Por todo lo antes expuesto es nuestro deber comunicarles y de ello somos testigos, que por sus ideales y actividades en defensa de los Derechos Humanos del Hombre es hostigado.

Dado en la Ciudad de la Habana, a los diecinueve días del mes de Octubre de 1997.

Para su validéz y efectos posteriores, firman:

Odilia Collazo Valdés
Presidenta Nacional
P.P.D.H.C.

Cecilia Arza Collazo
Organizadora Nacional
P.P.D.H.C.

Horacio Casanoba C
Coordinador Nacional
P.P.D.H.C.

Uno de los avales "políticos" entregados por Odilia Collazo para el otorgamiento preferencial de visas al portador, con sus correspondientes falsedades sobre la "represión interna".

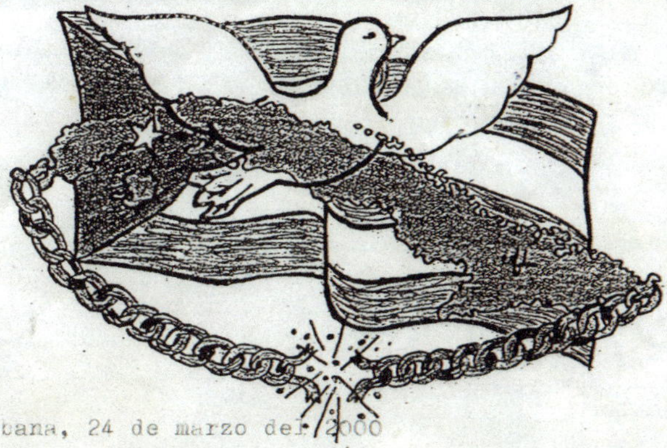

Ciudad de La Habana, 24 de marzo del 2000

Consec. del carnet: 0226

A: Sección de Intereses de los EE.UU.

DE: Partido Pro -Derechos Humanos de Cuba.

PPDHC

AVAL

El Ejecutivo Nacional de nuestra organización humanitaria y pacifista teniendo en cuenta el criterio del Delegado de Cienfuegos le presenta el siguiente documento con el fin de comentar la trayectoria desplegada por el hermano David Ríos Piz, miembro activo 6 de agosto de 1996.

Entre las actividades que ha participado se encuentran las enmarcadas en la defensa de los Derechos Humanos y civiles del hombre.

Ha participado en el programa de ayuda a los presos políticos y ha ayudado en la Pastoral penitenciaria de la Iglesia católica.

Ha difundido entre los activistas y el pueblo en general la Delcaracion Universal de los Derechos Humanos.

Ha verificado y denunciado violaciones de los artículos de la Declaración Universal de los Derechos Humanos.

Fue separado de sus labores como trabajador por sus ideales políticos.

Por todo lo anteior es hostigado.

Dado en La Habana, a los 24 días del mes de marzo del 2000.

P.P.D.H.C.

PPDHC

Odilia Collazo V.

Presidente

Otro de los avales "políticos" entregados por Odilia Collazo para el otorgamiento preferencial de visas.

DENUNCIA DE VIOLACION DE DERECHOS HUMANOS

A OFICINA NACIONAL DE RECOPILACION E INFORMACION
DE VIOLACIONES DE DERECHOS HUMANOS
FAX-910557

Denuncia No ______

1- Quien cometio la violacio'n? ____________________

2- DE LA VICTIMA
Nombre y Apellidos ____________________

No de Identidad __________ Hijos ______ Nacionalidad __________ E.Civil ______

Ocupacio'n ____________________

Direccio'n Particular ____________________

____

3- Violacio'n denunciada ____________________

____

____

____

____

____

____

____

____

____

____

____

____

Fecha __________ Lugar ____________________

____

Testigos ____________________

Pruebas ____________________

4- Recursos agotados ____________________

5- Recursos por intentar ____________________

Declaro que la informacio'n antes descrita es verdadera y correcta

6- DEL DENUNCIANTE
Nombre y Apellidos ____________________

No de Identidad __________ Fecha de formulacio'n de denuncia __________

Direccio'n Particular ____________________

____________________ Telef __________

Lugar donde se redacta la denuncia ____________________

Afiliacio'n del denunciante ____________________

Firma del denunciante __________

(cualquier aclaracio'n anexa hacerlo al dorso)

Planilla que debían llenar los "disidentes" para avalar una denuncia de violación de derechos humanos en Cuba. Fue elaborada e impresa en la SINA.

Recibimiento especial a los mercenarios en la sede de la Cancillería española en La Habana. Raúl Rivero saluda al presidente José María Aznar. A su lado, Gustavo Arcos Bergnes, Oswaldo Payá y Héctor Palacios, entre otros.

Vicky Huddleston, jefa de la SINA y Raúl Rivero en la residencia oficial de la diplomática norteamericana.

Presentación del libro *Ojos Abiertos*. En la mesa, de izquierda a derecha: Víctor Manuel Domínguez, Raúl Rivero y Gisela Delgado. Sentados a la derecha: Nicholas J. Giacobbe, James Cason (SINA) y el segundo secretario de la embajada Sueca, Fredick Floren, entre otros.

Concurso "El Heraldo"

Bibliotecas Independientes de Cuba

DIPLOMA ESPECIAL

Se Otorga a: Raúl Rivero Castañeda.

En Reconocimiento Especial por su Importante Labor en Las Bibliotecas Independientes de Cuba

Dado en Ciudad de la Habana, a los 29 días del mes de Abril del 2000

Concurso "EL Heraldo"

Bibliotecas Independientes

Se Otorga a: Raúl Rivero Castañeda

Por su Paricipación como miembro del Jurado en este Concurso

Dado en Cuidad de la Habana a los 29 días del mes Abril del 2000

Presidente del Jurado

El concurso que auspició las "Bibiotecas Independientes", antecedente del libro *Ojos abiertos*.

FUNDACIÓN
HISPANO CUBANA

D. Raúl Rivero Castañeda
Centro Habana (La Habana)
CUBA

Madrid, octubre de 2.002

Estimado amigo:

Me complace saludarle y dirigirme a Vd., en calidad de Patrono de nuestra Fundación, para comunicarle que, según consta en los archivos obrantes en el Registro de Fundaciones del Ministerio de Educación, Cultura y Deporte de España, recientemente ha caducado el plazo de vigencia de su cargo.

En este sentido, le rogamos se sirva efectuar las gestiones oportunas para proceder a su renovación, a fin de regularizar administrativamente su situación como miembro del Patronato de la Fundación Hispano Cubana.

Sobre este particular, le recordamos que, en virtud de lo dispuesto en el artículo 13.3 de la Ley española de Fundaciones,

"Los patronos entrarán a ejercer sus funciones después de haber aceptado expresamente el cargo en documento público, en documento privado con firma legitimada por notario o mediante comparecencia realizada al efecto en el Registro de Fundaciones. Dicha aceptación se inscribirá en el mencionado Registro."

por lo que le sugerimos que acuda al Consulado de la Embajada del Reino de España en La Habana con el documento adjunto firmado, a fin de que el Cónsul español -en cuanto fedatario público- legitime la referida firma y autentique el documento, con carácter previo a su remisión a esta Gerencia.

Quedando a su entera disposición para todo tipo de orientación al respecto, aprovecho la ocasión para enviarle cordiales saludos,

Atentamente,

FUNDACIÓN HISPANO CUBANA

Juan Morán
Director-Gerente

Renovación del nombramiento de Raúl Rivero como miembro del Patronato de la Fundación Hispano Cubana, organización estrechamente vinculada a la Fundación Nacional Cubano Americana.

Algunas de las tarjetas de presentación que recibió Odilia Collazo de funcionarios norteamericanos de la Sección de Intereses (entre ellas, se destaca la de James Cason) y de visitantes de ese y otros países que recibió por indicación de la SINA.

En la residencia del funcionario de la SINA Gonzalo Gallegos, se reúnen con Kelvin Witaker, jefe del Buró Cuba del Departamento de Estado, los mercenarios Rolando Arroyo, Gisela Delgado, Oscar Espinosa y otros. La reunión fue el 18 de diciembre de 2002.

Celebrando: René Gómez Manzano, Martha Beatriz Roque, Félix Bonne, Raúl Rivero y Elizardo Sánchez.

DIVISIÓN CUBAPACK
CORPORACIÓN CIMEX, S.A.
Calle 22 # 4116 % 41 y 47, Playa. Teléfonos 24 2134 y 24 2817

Servicio: Mercado externo **Sello:** 2200009670

Remitente:	FRANCISCO HERNANDEZ
Destinatario:	RAUL RIVERO
Dirección:	Calle: PEÑALVER entre FRANCOS Y OQUENDO Numero: 466 Apartamento: 9
Área:	Centro Habana

Detalles: N/A

Agencia Mayorista:	ANTILLAS EXP. [IND]
Agencia Minorista:	ANTILLAS EXP. [IND]
Envio Mayorista:	M22000204
Envio Minorista:	M22000204

Id Agencia: 105387

MODULOS

Código	Nombre	Cantidad	Importe
4	Modulo de Alimento 1	1	150

Total: 150

o[illegible]bre del distribuidor:		**C.I. del cliente:**	
rma del distribuidor:		**Firma del cliente:**	
cha de la entrega:			

cha: 28/03/03 Hora: 10:33:27 a.m.

Regalo especial que a Raúl Rivero le hizo llegar Francisco *Pepe* Hernández, de la Fundación Nacional Cubano Americana.

MODULO DE ALIMENTO NO. 1

CODIGO:02010205

Noviembre/Enero 2002/2003

	U/M	Módulo no.1 Cantidad
Lata de luncheon de cerdo	425gr	4
Lata de perros calientes	225gr	2
Lata de jamón	454gr	2
Lata de chorizo en manteca	255g.	1
Lata de frutas en conserva	822g.	1
Puré de tomate	1000gr	1
Sardinas en aceite	425g.	1
Bolsa de leche en polvo	1000gr	1
Lata de leche evaporada	410gr	4
Lata de leche condensada	397gr	4
Pomo de mayonesa	470ml	1
Pomo de aceitunas	300gr	1
Aceite de cocina de Girasol	1lit.	4
Paquete de arroz	1000gr	4
Paquete de frijoles	500gr	2
Paquete de garbanzos	500gr	2
Paquete de espaguetis	400gr	5
Caldo de pollo o carne	10gr	100
Juego de especieros 6 tarros	1180gr	1
Paquete de café "Cubita"	230gr	1
Lata de fabada Asturiana (se sustituyen por garbanzos)	425gr	2
Paquete de macarrones	500gr	2
Lata de atún en aceite	1000gr	1
Lata de aceite de oliva	500ml	1
Lata de chocolate en polvo	800gr	1
Lata de salchichas	225g.	2
Ketchup	500g.	2
Paquete de fideos	400g.	2

Cubapack le obsequia una botella de sidra

Nota: Los productos establecidos para este tipo de módulo si fuera necesario sustituirlos se hará respetando el peso, calidad y precio del producto sustituido.

Raúl Rivero, Guillermo Gortázar (Fundación Hispano Cubana)
y Elizardo Sánchez Santacruz.

Oswaldo Payá en Varadero disfrutando con dinero de sus “premios”.

Una secuencia de las “discretas” vacaciones.

EMBAJADA DE SUIZA
SECCION DE INTERESES
ESTADOS UNIDOS DE AMERICA
SECCION CONSULAR

PASE

UNIDAD: CONS

NOMBRE(S) Y APELLIDOS:
Oswaldo Paya
Antonio Díaz

CANTIDAD DE PERSONAS: 2

FECHA: abierta

HORA : abierta

FIRMA: DCR

Pase permanente de Oswaldo Payá para entrar a la SINA. Pueden acompañarlo otras 2 personas, cualquier día y hora.

LA "DIPLOMACIA" DE JAMES CASON

Cronología de las actividades del Jefe de la Sección de Intereses de Estados Unidos en Cuba (del 10 de noviembre de 2002 al 14 de marzo de 2003).

2002

10 de septiembre:
A las 3:30 p.m. llegó a La Habana. Fue recibido en el aeropuerto internacional "José Martí" por el segundo jefe de la Sección de Intereses, Louis Nigro. Ese mismo día, a las 4:40 de la tarde, en el acto de bienvenida, dijo ante sus empleados que el objetivo de su misión en la isla era acelerar el proceso hacia una Cuba democrática, y exhortó a apoyar a todos los que ayudaran a esa transición.

16 de septiembre:
Entre las seis y las ocho de la noche, sostuvo un contacto en su residencia con 17 dirigentes contrarrevolucionarios: Oswaldo José Payá Sardiñas (Movimiento Cristiano de Liberación); Héctor Palacios Ruiz

(Centro de Estudios Sociales); Gisela Delgado Sablón (Proyecto de Bibliotecas Independientes); Gustavo Arcos Bergnes (Comité Cubano Pro Derechos Humanos); Víctor Rolando Arroyo Carmona ("Periodista Independiente"); Raúl Rivero Castañeda (Agencia de Prensa Cuba Free Press); Félix Antonio Bonne Carcassés (Corriente Cívica Cubana); Juan Carlos Herrera (Movimiento de Jóvenes Democráticos); Rafael Ernesto Ávila Pérez (Partido Popular Joven Cuba); Julio Ruiz Pitaluga (exrecluso contrarrevolucionario); Pedro Pablo Álvarez Ramos (Consejo Unitario de Trabajadores de Cuba); Vladimiro Roca Antúnez (Partido Social Demócrata de Cuba); Osvaldo Alfonso Valdés (Partido Liberal Democrático Cubano); Martha Beatriz Roque Cabello (Instituto de Economistas "Independientes" Manuel Sánchez Herrero); Odilia Collazo Valdés (Partido Cubano Pro Derechos Humanos); René Gómez Manzano (Unión Agramontista de Cuba) y Reynaldo Cosano Alen (Coalición Democrática Cubana).

A este encuentro también asistieron los funcionarios de esa sede, Louis Nigro, jefe adjunto de la SINA; Gonzalo Gallegos, primer secretario de Prensa y Cultura; Ricardo Zuniga, segundo secretario de Prensa y Cultura; Francisco Sainz, primer secretario Político-Económico y Susan Archer, segunda secretaria Político-Económica.

Cason expresó además que su intención no era mandar ni dirigir la actividad de la oposición, pero que trabajaría en función de implantar la política anunciada por el presidente George W. Bush. Preguntó cómo podía ayudar a la "oposición" y en qué medida había sido efectiva la colaboración que esa oficina les había brindado hasta el momento.

Aseguró que estaba dispuesto a facilitar tanto su residencia, como la Sección de Intereses, para que los "disidentes" se reúnan con diplomáticos de diferentes países. Félix Bonne Carcassés y René Gómez Manzano le dijeron que, como en esa oficina, no eran atendidos en ninguna otra sede.

El Jefe de la SINA expresó que daría continuidad al trabajo desarrollado por su antecesora, y que pretendía recorrer el país para conocer de cerca la situación de los grupos. También, que quería participar en actos políticos, como las tribunas abiertas, y que colocaría en las oficinas del Consulado las fotografías y nombres de los llamados presos políticos para que pudieran verlos los visitantes y se les despierte el interés por la situación de la isla en relación con los presos.

Apuntó que no se excluiría ninguna propuesta de la oposición y que todas las inquietudes serían trasladadas a Washington.

Al concluir el encuentro, se les ofreció a los presentes refrescos dispensados, mojitos, bocaditos de pan con filete fino de carne y lechuga y empanadas con picadillo.

Se distribuyeron pequeños libros titulados *Martí secreto*, que reproduce 51 nuevos pensamientos del Héroe Nacional y se ataca al diccionario martiano recientemente publicado por la Editorial de Ciencias Sociales. A cada visitante se le entregó, indistintamente, sobres blancos y amarillos, previamente identificados. Al finalizar, los contrarrevolucionarios fueron transportados hacia sus residencias en vehículos de la SINA.

17 de septiembre:

Entre las seis y las ocho de la noche, se reunió en su residencia con 18 contrarrevolucionarios, mercenarios, vinculados a la "prensa independiente": Manuel Vázquez Portal (Grupo de Trabajo Decoro); Carmelo Díaz Fernández (Agencia de Prensa Sindical "Independiente"); Oscar Espinosa Chepe (economista "independiente"); Miriam Leyva Viamontes (esposa de Espinosa Chepe); Gilberto Figueredo Álvarez (Revista *Cartas de Cuba*); Manuel David Orrio del Rosario (Cooperativa de Periodistas "Independientes"); Luis García Vega (Cooperativa de Periodistas "Independientes"); Julio César Gálvez Rodríguez (Agencia de Prensa Cívica Cubana); Beatriz Pedroso León (Agencia de Prensa Cívica Cubana); Edel J. García Díaz (Centro Norte Press); Aleida Godínez Soler (Lux Info Press); Alicia Zamora Labrada (Lux Info Press); Claudia Márquez Linares (Grupo de Trabajo Decoro); Ángel P. Polanco Torrejón (Noticuba); Ángela Salinas Battle (esposa de Polanco); Tania Quintero Antúnez ("periodista independiente"); Omar Rodríguez Saludes (Agencia Nueva Prensa) y Ricardo S. González Alfonso (Sociedad de Periodistas "Manuel Márquez Sterling").

Por la SINA estuvieron: Louis Nigro, jefe adjunto de la SINA; Francisco Daniel Sainz, primer secretario Político-Económico, Ricardo Zuniga, segundo secretario Político-Económico; Gonzalo Gallegos, primer secretario de Cultura y Prensa; Nicholas J. Giacobbe, segundo secretario de Cultura y Prensa; Teddy Taylor, funcionario en tránsito, y la esposa de Cason.

El encuentro, que tuvo como objetivo central presentar a los contrarrevolucionarios e intercambiar temas de interés para el Jefe de la SINA, se realizó en la biblioteca de la residencia. Gonzalo Gallegos, primer secretario de Prensa y Cultura de la citada sede, fue el moderador.

Conversaron sobre *Radio "Martí"*, la prensa y las "bibliotecas independientes". Se dijo que *Radio "Martí"* era aburrida y extensas las intervenciones de los contrarrevolucionarios, quienes centraron su participación en la solicitud de apoyo material y financiero.

Se les ofreció a los presentes panecillos ahumados, vegetales, pastelillos de jamón, cervezas claras, refresco, jugos de frutas naturales y coctelería cubana, que fue servido por los funcionarios norteamericanos, incluyendo a la esposa del Jefe de la SINA.

Al finalizar el encuentro, distribuyeron ejemplares del Proyecto "Varela", la revista *Cartas de Cuba*, informes de Amnistía Internacional acerca de las "violaciones" en Cuba y el libro *Cómo llegó la noche* del contrarrevolucionario, Hubert Matos. Estaban disponibles, además, los libros *Escritos cubanos de historia, Martí secreto* y *El descubrimiento de África en Cuba y Brasil*, del escritor argentino Octavio di Leo.

19 de octubre:

Visita a la provincia de Cienfuegos. Lo acompañaron Carmen Cason, su esposa, y Ricardo Zuniga. Llegaron a la cabecera provincial alrededor de las 10:40 a.m. y realizaron un recorrido por la ciudad hasta penetrar en el obispado a las 11:00 a.m.

Poco más tarde, visitaron la casa del jefe del Movimiento Democracia en la provincia, Pedro Castellanos Pérez, a quien le hacen numerosas preguntas: ¿Desde cuándo y cómo se inició en la "oposición"? ¿De qué manera logra trasmitir las denuncias, si lo llaman desde el exterior o es él quien lo tiene que hacer? ¿Cómo considera que podría reaccionar el Estado ante el conocimiento de esta visita?

Luego, se dirigen a la casa de Arturo Hernández (también vinculado al Movimiento Democracia en Cienfuegos). Visitan su "biblioteca independiente", en su propio hogar y almuerzan con ambos contrarrevolucionarios. La conversación versa sobre las "bibliotecas independientes", alquileres de las viviendas, recreación para los jóvenes, situación con la alimentación en la isla y reacción del pueblo ante estas dificultades.

Los funcionarios se interesan por el tema de la salud. Comentan que lo que hace el gobierno de Cuba es exportar o comerciar con los servicios médicos, en alusión a las misiones médicas cubanas en el mundo.

Les entregaron 20 radios, con sus respectivos aditamentos, una lámpara recargable, varias linternas, una minigrabadora, materiales de oficina, juguetes para niños y varios libros, incluidos algunos para el aprendizaje del idioma inglés.

Cason invita a los "disidentes" a visitar La Habana y cenar en su residencia, para poderles entregar otros libros. Salen de Cienfuegos aproximadamente a las 4 y 20 de la tarde.

30 de octubre:

Visitan su residencia 26 contrarrevolucionarios: Martha Beatriz Roque (Instituto de "Economistas Independientes" de Cuba); René Gómez Manzano (Unión Agramontista de Cuba); Félix Bonne Carcassés (Corriente Cívica Cubana); Arnaldo Ramos Laucerique (Instituto de "Economistas Independientes" de Cuba); Francisco Pijuán (Instituto de "Economistas Independientes" de Cuba); Jesús Zúñiga Silverio (Fundación de "Periodistas Independientes"); María del Carmen Carro Gómez (Cuba Press); Edel José García Díaz (Agencia de "Prensa Independiente". Centro norte del país);

Ramón H. Armas Guerrero (Agencia de Prensa El Mayor, de Camagüey), Néstor Baguer Sánchez Galarraga (Agencia de "Prensa Independiente" de Cuba); Luis Viño Zimerman (Agencia de "Prensa Independiente" de Cuba); Manuel David Orrio del Rosario (Cooperativa de "Periodistas Independientes"); Antonio Femenias Echemendía (Agencia Patria, Ciego de Ávila); José M. Caraballo Bravo (Agencia "Prensa Libre" Avileña); Farah Armenteros Rodríguez (Unión de periodistas y escritores cubanos "independientes"); Ángel Pablo Polanco Torrejón (Noticuba); Mayelín Cedeño Constantín (Centro de Información sobre la Democracia); Orlando Fundora Álvarez (Asociación de presos políticos); Fabio Prieto Llorente (Agencia de prensa de Isla de Pinos); Pedro Argüelles Morán (Cooperativa avileña de "periodistas independientes"); Alina Rodríguez Carbonell (Agencia de prensa Santiago Press); Alicia Zamora Labrada (Lux Info Press); Normando Hernández González (Colegio de "periodistas independientes" de Camagüey); Amarilys Cortina Rey (Cuba verdad); Guillermo Gutiérrez y José Antonio González (choferes de Martha Beatriz).

El encuentro fue convocado para realizar una reunión de trabajo del proyecto Asamblea para promover la Sociedad Civil en Cuba, organizado y promovido por Martha Beatriz Roque. Comenzó a las 2:10 p.m., hasta las 4:30 p.m. Asistieron siete funcionarios de la sede diplomática, entre los que se encontraban Ricardo Zuniga, Nicholas J. Giacobbe y Susan Archer.

Cason saludó a los presentes y manifestó que conocía las dificultades que presentaban para reunirse, por lo que facilitaba su residencia. Les aseguró que podrían disponer de su apoyo material y moral, porque era voluntad de su gobierno "democratizar la isla".

Se disculpó por no poder acompañarlos debido a otras funciones en la sede. Los demás funcionarios se mantuvieron en la reunión, como oyentes.

Los funcionarios ofrecieron café, limonada y pollo troceado, y entregaron a cada cubano dos jabas con radios y folletos de

Cubanet, dos revistas *Cartas de Cuba*, *Declaración Universal de los Derechos Humanos*, el libro *La conquista de la naturaleza*, de Sergio Díaz, con análisis revisionistas del socialismo en Cuba, y textos de Carlos Ripoll.

2 de noviembre:
Cason y Ricardo Zuniga viajaron a Matanzas para visitar la casa de Félix Navarro Rodríguez, presidente del Partido por la Democracia "Pedro Luis Boitel". Allí los esperaban, además, Iván Hernández Carrillo, Tomás Fernández Tier, Sergio González Suárez Inclán y otros 22 miembros de este grupo. Cason proclamó los valores del Proyecto "Varela" y encuestó a los presentes sobre la aceptación y repercusión social del grupo de Oswaldo Payá. Se interesó también por la atención que reciben de los grupos de La Habana y del exterior.

Comentó que realizaba un recorrido por todo el país para oír y ver la verdadera realidad cubana, y no la que el gobierno de Cuba divulga. Siente que el personal diplomático en La Habana está engañado sobre diferentes temas de nuestro acontecer nacional.

Al concluir el encuentro, entregó cuatro cajas con libros, destinadas a las bibliotecas "independientes" de Iván Hernández, en el municipio Colón; Miguel Sigler Amaya, en Pedro Betancourt, y Andrés Gobea Suárez, en el Central 6 de Agosto, en Calimete.

11 de noviembre:
El encuentro con una delegación de 18 norteamericanos defensores de los Derechos Humanos de los negros duró aproximadamente dos horas. Se produjo en la residencia Cason y asistieron, además del Jefe de la SINA, Oswaldo Payá Sardiñas, Osvaldo Alfonso Valdés, Vladimiro Roca Antúnez, Oscar Elías Biscet González y su esposa Elsa Morejón Hernández.

Además del Jefe de la SINA, se encontraban los funcionarios Ricardo Zuniga y Gonzalo Gallegos.

El objetivo era promover el Proyecto "Varela" y el Todos Unidos, así como presentar a los "opositores" y las acciones que realizan en el país.

Al finalizar la reunión, los diplomáticos entregaron a los cubanos presentes dos radios de onda corta y algunos libros, sugiriendo Ricardo Zuniga que podían seleccionar todos los libros que desearan y que los podían tomar de un estante habilitado para ese fin.

En el encuentro brindaron limonada, mojito, galleticas con jamonada y pasta de aguacate con mariquitas.

21 de noviembre:

Martha Beatriz Roque, promotora de la Asamblea para promover la Sociedad Civil en Cuba, volvió a convocar a otra reunión de su grupo de trabajo en la residencia de Cason. Asistieron, por la parte cubana, los integrantes de las Comisiones de Relaciones Públicas y de Coordinación y organización; por la norteamericana, Cason y Ricardo Zuniga.

El encuentro comenzó a las dos de la tarde. Los diplomáticos se interesaron en conocer los integrantes de las comisiones de la denominada Asamblea, quienes les entregaron cartas de felicitación por la victoria en las elecciones estatales del Partido Republicano en Estados Unidos.

Los anfitriones preguntaron si era verdad que se vendían radios de onda corta y media en las tiendas en divisas.

Martha Beatriz solicitó a los diplomáticos norteamericanos que mediaran con Luis Gómez Echevarría, jefe de la misión de la Organización de Naciones Unidas en Cuba, para solicitarle un local donde celebrar el 10 de diciembre su jornada sobre los derechos humanos. Se quejó de que el funcionario no había querido recibirla. Ricardo Zuniga dijo que, aunque no conoce a este señor, le ayudaría a localizarlo para gestionar en ese lugar la realización de la actividad.

Los funcionarios diplomáticos entregaron a los presentes cuatro cajas con libros de la *Declaración Universal de los Derechos Humanos*. James Cason les indicó que recopilaran a través de la Comisión de Historia, las fotos de presos políticos que serían expuestas en lo que llamó “el muro de la vergüenza”, ubicado en la SINA.

El Jefe de la Oficina aseguró que en enero de 2003 viajaría a nuestro país una delegación oficial de médicos norteamericanos, con la intención de concertar un encuentro con los presentes.

Asistieron al encuentro: René Gómez Manzano; Félix Antonio Bonne Carcassés; Arnaldo Ramos Laucerique; Francisco Pijuán; Aleida Godínez Soler; Alicia Zamora Labrada; Rogelio Manuel Menéndez Díaz; María Valdés Rosado; Carlos Prades Herrera; Fernando Sánchez López; Yamira Jiménez y Juan Adolfo Fernández Sainz.

22 de noviembre:

Desde las 10:20 hasta las 11:45 de la mañana de ese día, los contrarrevolucionarios Orlando Fundora Álvarez, Yolanda Triana Estupiñán, José Barrero Vargas (Asociación de Presos Políticos), Israel Picallo Ortiz (Buró de prensa independiente de Cuba) y otras cuatro personas sin identificar, asistieron a la residencia de Cason. Katherin Tobby, la esposa del cónsul Laurence Tobby, recibió a los participantes y los acomodó en una de las salas y les brindó bocadillos de jamón y queso, jugo de toronja, empanadas, café y leche. Al finalizar el encuentro, les regaló varios ejemplares de libros y periódicos editados en el exterior.

El encuentro fue promovido por Orlando Fundora para solicitarle a los presentes, con la anuencia de Cason, la búsqueda de información sobre personas que han sido supuestamente perjudicadas por la Revolución. El objetivo es promover una reclamación legal que obligue al gobierno cubano a indemnizar a esas personas y a sus familiares.

26 de noviembre:

Visita a Camagüey. A la 1:30 p.m., Cason tocó la puerta de la casa de Alberto Hernández Frómeta. Lo acompañaba Francisco Daniel Sáenz. Allí lo aguardaban Evelio Heredero, Eduardo Cedeño, José Antonio y una persona conocida por Alexis, quien dice ser cooperativista del municipio de Sierra de Cubitas. También la esposa de Frómeta.

Cason se interesó por lo siguiente: estados de opinión de la población en la provincia sobre la situación del país; la situación económica en la provincia de Camagüey; nivel de desempleo en el territorio, y cómo podían vivir las personas si los salarios no les alcanzaban (propuso que se realizara un micro levantamiento zonal, para determinar el nivel de desempleo en la provincia); interés por la situación, cantidad y forma de comunicación con los presos "políticos" en la provincia, si habían mejorado las condiciones de vida de los mismos en las prisiones y cómo lograban extraer informaciones de las cárceles y la actitud del régimen carcelario; el apoyo con que contaba la disidencia en la provincia por parte de la iglesia católica y otras, así como si estas apoyaban a la "oposición"; cómo estaba la situación entre los masones respecto a la situación del país; si había ayuda y unidad entre los grupos opositores en la provincia; si la "disidencia" había ganado últimamente mayor espacio en la provincia; cómo se comportaba el nivel de represión de la "dictadura de Castro" contra los "disidentes" y si la persecución se extendía a los hijos de estos; cómo estaba el contrarrevolucionario Humberto Real Suárez, condenado a pena máxima, y los demás del *team* de infiltración que entró por Caibarién. Los presos por sabotajes, que llamó presos políticos (tenía una relación de 16 nombres); si pensaban en la posibilidad de que pudiera haber cambios; si se conocía lo que había ocurrido en la Universidad de Camagüey con unos "opositores"; si alguna vez la Sección de Intereses u otra embajada, habían visitado sus casas; si el grupo tenía ayuda económica y posibilidades de los "opositores", y si recibían medicamentos desde Miami, enviados por Frank Hernández Trujillo.

En el diálogo con los cubanos se planteó lo siguiente:

Atender más desde el punto de vista económico a los "presos políticos" y se comprometieron a hacer llegar a la SINA fotos de estos para la galería de la Sección de Intereses; que la oficina les regalaría una cámara de video para realizar testimonios y trabajo con los familiares de los presos políticos.

Ante el interés de Frómeta por bolígrafos y hojas para escribir, manifestaron no tener en esos momentos, pero les invitó a buscar en su auto unas cajas (cuatro), con folletos, libros y periódicos.

19 de diciembre:
Reunión "social" en la Sección de Intereses. Duró dos horas y media aproximadamente. James Cason se presentó con otros 12 funcionarios, 10 miembros del cuerpo diplomático de países acreditados en el país —Reino Unido, República Checa, Polonia, Grecia, Chile, Alemania y Japón—, y 52 contrarrevolucionarios de diferentes grupos: Víctor Rolando Arroyo Carmona ("periodista independiente" de Pinar del Río); Pedro Pablo Álvarez Ramos (Consejo Unitario de Trabajadores Cubanos); Aleida Godínez Soler; Alicia Zamora Labrada; Carmelo Agustín Díaz Fernández; Giraldo León; Juan Padrón; Arnaldo Pijuán Martínez; Odilia Collazo Valdés; Isabel del Pino Sotolongo; Reynaldo Cosano Alen; Félix Bonne Carcassés; René Gómez Manzano; Elizardo Sánchez Santacruz Pacheco; Marcelo Cano; Héctor Palacios Ruiz; Gisela Delgado Sablón; Gustavo Arcos Bergnes; Félix Navarro Rodríguez; Iván Hernández Carrillo; Jorge Olivera Castillo; Raúl Rivero Castañeda; Manuel David Orrio del Rosario; Julio César Gálvez Rodríguez; Beatriz del Carmen Pedroso León; Tania Quintero Antúnez; María de los Ángeles Menéndez Villalta; Miriam Leyva Viamontes; Oscar Espinosa Chepe; Ángel Pablo Polanco Torrejón; Ángela de las Mercedes Salinas Batle, esposa de Ángel Polanco; Vladimiro Roca Antúnez; Ricardo González Alfonso; Osvaldo Alfonso Valdés; Claudia Márquez Linares; Manuel Vázquez Portal; un contrarrevolucionario desconocido de la Isla de la Juventud; Edel José García Díaz; Luis García Vega; Héctor Maceda Gutiérrez; Moisés Rodríguez Valdés; Ernesto Roque Cintero; Ana Rosa Veitía; Pedro Arturo Véliz; William Herrera Díaz; Adolfo Fernández Sainz y Elsa Morejón Hernández.

La recepción comenzó sin que mediaran formalidades protocolares como en ocasiones anteriores. No hubo discursos de bienvenida o despedida, cada invitado penetró con discreción al recinto diplomático donde se celebró la recepción. Tenían la posibilidad de ingerir los alimentos y bebidas al gusto, sin restricciones y conversar libremente sobre temas afines.

Al concluir el encuentro, a cada uno se le entregó una jaba o bolsa plástica con tres casetes de video en formato VHS, donde estaban grabadas las tres partes de *Una fuerza poderosa*, la versión digital del libro *Cómo llegó la noche*, del terrorista Hubert Matos. También, *Temas clásicos*, del contrarrevolucionario Carlos Franqui, *Declaración Universal de los Derechos Humanos* y un radio portátil con sus aditamentos.

2003

9 de enero:
Estaba preparada la visita a Pinar del Río. Iría Cason junto a un grupo de sus funcionarios, pero el Ministerio de Relaciones de Cuba denegó esta visita. Sin embargo, a la 1:50 p.m. el *pisicorre* de color blanco, matrícula E(201) 031, con dos cubanos, en tránsito por las Seis Vías rumbo a la ciudad de Pinar del Río, toman por el puente de Las Ovas, en dirección a este poblado.

—3:32 p.m.
Se estacionaron frente al obispado de Pinar del Río. El chofer entregó allí una caja de cartón y dos paquetes más. En ese recinto se encontraba Dagoberto Valdés cuando se produjo la visita.

—3:45 p.m.
Entregan una caja de cartón en una vivienda que abastecería las bibliotecas independientes de Reynold Núñez Vargas —denominada Ileana Ros-Lethinen— y de René Oñate. Entregaron 1 000 ejemplares de la *Declaración Universal de los Derechos Humanos*, 50 libros y 2 millares de hojas.

—4:12 p.m.
El auto se detiene frente a la vivienda de la madre del contrarrevolucionario Víctor Rolando Arroyo Carmona. Bajan una caja mediana. Entregaron 1 000 ejemplares de la *Declaración Universal de los Derechos Humanos*, 60 libros y 1 millar de hojas.

16 de enero:
Cason participó en la vivienda de Héctor Palacios Ruiz en la

presentación de *Ojos abiertos*, texto que recopila algunas de las obras premiadas en el concurso El Heraldo de las denominadas "bibliotecas independientes" y de contenido contrarrevolucionario. Al encuentro acudieron 23 "disidentes": Elizardo Sánchez Santacruz Pacheco; Vladimiro Roca Antúnez; Osvaldo Alfonso Valdés, Claudia Márquez Linares; Raúl Rivero Castañeda; Blanca Reyes Castañón; Félix Bonne Carcassés; Ricardo González Alfonso; Omar Rodríguez Saludes; Diana Margarita Cantón; Isabel Ramos Martínez; Héctor Palacios Ruiz; Gisela Delgado Sablón; Adela Soto Álvarez; Jorge Olivera Castillo; Víctor Manuel Domínguez García; Miguel Galván Gutiérrez; Pedro Pablo Álvarez Ramos; Oscar Espinosa Chepe; Juan Padrón; Gustavo Arcos Bergnes; María de los Ángeles Menéndez Villalta y funcionarios del cuerpo diplomático acreditado en Cuba. También, tres emisarios suecos de visita en nuestro país y un representante de la agencia de prensa CNN.

La presentación, que comenzó a las tres de la tarde, estuvo presidida por Rivero Castañeda, Gisela Delgado Sablón, Víctor Manuel Domínguez García y Hugo Araña.

20-23 de enero:

Recorrido por Santiago de Cuba. James Cason y Ricardo Zuniga visitaron la casa de cuatro jefes de los grupúsculos contrarrevolucionarios, y se reunieron con 18 personas (9 jefes de grupo, tres representantes de las llamadas "bibliotecas y la prensa independientes" y seis miembros activos de los grupos: Movimiento Cristiano de Liberación; Agencia de Prensa La voz de Oriente; Proyecto de "bibliotecas independientes"; Junta de Transición a la Democracia; Movimiento de Seguidores de Chibás y Junta "Carlos Manuel de Céspedes".

Durante sus contactos, Cason y Zuniga afirmaron que la embajada de España recibió recientemente un contenedor con más de 5 000 libros que serían distribuidos por todo el país; los viajes de Cason por la isla, todos sus movimientos tienen que ser coordinados con el Ministerio de Relaciones Exteriores, informando hora, día, lugar, ruta; de lo contrario no pueden hacerlo, por lo que ellos implantaron esa misma regla en EE. UU.; necesitan conocer la situación actual de la oposición para ayudarlos; están satisfechos e impresionados por la gran cantidad de propaganda que tienen en las paredes interiores y exteriores de la casa del "disidente" Jesús Mustafá Felipe (miembro del grupo contrarrevolucionario Movimiento Cristiano de Liberación), lo cual es una muestra de que el grupo está trabajando.

Cason expresó palabras ofensivas contra el presidente Fidel Castro y se refirió a la expulsión de los cuatro diplomáticos cubanos en Washington. Ofreció su casa para lo que necesiten y dio orientaciones para realizar acciones de desobediencia civil. Entregaron 4 cajas con libros, radios, crayolas, bolígrafos, aseo personal (pasta dental y cepillos de dientes), folletos subversivos, materiales de oficina.

2 de febrero:

Cason ofreció una "noche cultural cubana", a la que asistieron representantes del cuerpo diplomático acreditado en La Habana, miembros de la prensa extranjera, representantes de la cultura cubana y un selecto grupo de contrarrevolucionarios. También, representantes de empresarios norteamericanos radicados en Washington y otros norteamericanos que asistieron a la Feria Internacional del Libro.

Entre los contrarrevolucionarios presentes se encontraban Elizardo Sánchez Santacruz; Oswaldo Payá Sardiñas; Vladimiro Roca Antúnez; René Gómez Manzano; Martha Beatriz Roque; Gustavo Arcos Bergnes; Félix Bonne Carcassés; Oscar Espinosa Chepe; Pedro Véliz y Odilia Collazo Valdés.

7 de febrero:

Recepción en la que participaron miembros de la cultura cubana, del cuerpo diplomático acreditado en el país y 21 contrarrevolucionarios: Elsa Morejón Hernández; Vladimiro Roca Antúnez; Elizardo Sánchez Santacruz; Martha Beatriz Roque; Félix Bonne Carcassés; René Gómez Manzano; Oswaldo Payá Sardiñas; Osvaldo Alfonso Valdés; Manuel David Orrio del Rosario; Luis García Vega; Julio César Gálvez; Beatriz del Carmen Pedroso

León; Odilia Collazo Valdés; María de los Ángeles Menéndez Villalta; Arnaldo Ramos Lauzurique; Oscar Espinosa Chepe; Miriam Leyva Viamontes; Claudia Márquez Linares; Marcelo Cano Rodríguez; Francisco Pijuán Martínez y Pedro Véliz Martínez.

La actividad tuvo un carácter informal. Repartieron pan con chorizo, pizzetas, refrescos, dulces finos, tragos preparados, ron añejo, cervezas y jugos.

24 de febrero:

Entre las 10:00 y las 11:00 de la mañana se recordó la fecha del 24 de Febrero, en la casa de Martha Beatriz Roque. Participaron 44 personas, entre los que se encontraban los diplomáticos norteamericanos James Cason, Ricardo Zuniga y Gonzalo Gallegos 7 representantes de agencias de prensa extranjera y 34 miembros de los grupúsculos: Martha Beatriz Roque, René Gómez Manzano, Félix Bonne Carcassés, Manuel S. Cuesta Morúa, Juan C. Linares Balmaseda, Noris Durán Durán, Isabel Ramos Martínez, William Toledo Terrero, Raimundo Jorge Martínez, Elsa Morejón Hernández, Nelson Aguiar Ramírez, Delia Leal Francisco, Fernando Sánchez López, Adolfo Fernández Sainz, Ángel P. Polanco Torrejón, Ismael Salazar Agüero, Tania Quintero Antúnez, Alicia Zamora, Nelson Molinet Espino, Belkis Bárzaga, José A. González Torriente, Manuel D. Orrio del Rosario, Jesús García Leyva, Nelson Vázquez Obregón, Edel J. García Díaz, Yamira R. Jiménez Casal, Frank Delgado Macías, Manuel León Paneque, Manuel Fernández Rocha, Mijail Bárzaga Lugo, Armando Barreras, Marcos González, Orlando Rubio y Carlos Grandal.

El encuentro fue iniciado por Martha Beatriz, quien agradeció la presencia de la prensa extranjera y de los funcionarios de la Sección de Intereses, al mismo tiempo que lamentaba la ausencia de diplomáticos europeos a los que había invitado.

Informó que este acto era para recordar el 108 aniversario del inicio de la Guerra de Independencia, el derribo de las avionetas de Hermanos al Rescate, fecha también en que se iba a celebrar el Concilio Cubano.

Sin que se hubiera convocado, el jefe de la SINA, James

Cason, brindó una especie de conferencia de prensa a los periodistas extranjeros y los "independientes", donde aseguró que "la revolución hacia la democracia ya está en marcha, y queremos que sepan que no están solos, el mundo entero los apoya".

Ante una pregunta de un periodista sobre la posibilidad de que el gobierno cubano interpretara su participación en esta actividad como un acto inamistoso, el Jefe de la SINA respondió que "él no tenía miedo".

4 de marzo:
Realizó una visita a la provincia de Pinar del Río. Cason estuvo acompañado por Ricardo Zuniga y Nicholas Joseph Giacobbe. En horas de la mañana visitaron el obispado, donde dejaron dos paquetes de papel, así como la vivienda de la madre del contrarrevolucionario Víctor Rolando Arroyo Carmona, donde dejaron nueve cajas de cartón y un paquete de nylon.

Después de almorzar en una paladar, retornaron a la vivienda de la madre de Arroyo Carmona y en compañía de este se dirigieron a su casa. Allí también le entregaron otra caja. Aquí se encontraban otros 10 contrarrevolucionarios que habían sido citados previamente.

El encuentro comenzó a la 1:30 p.m. Cason narró sus experiencias durante los recorridos en las regiones oriental y central. Se refirió a que Fidel Castro recorría ahora países asiáticos que mantienen el socialismo a su forma, por lo que había que esperar para ver si no cambiaba su mentalidad al regreso de esos países.

Incitó a los presentes a que acudieran a otras sedes diplomáticas (sin precisar), "pues existe voluntad de apoyo y ayuda y eso no es aprovechado por ustedes".

Planteó que ha observado cómo el gobierno cubano es consecuente en algunos aspectos: por ejemplo, la flexibilidad para que la SINA y sus invitados atiendan a los grupos contrarrevolucionarios. Citó como ejemplos la visita de dos congresistas a Oswaldo Payá y sus relaciones personales con Martha Beatriz Roque, aunque en otras ocasiones les han decomisado un contenedor de libros.

También, se interesó por el uso de Internet, por los contactos con los "hermanos del exilio" y la cantidad de jóvenes que dominan el idioma inglés. Nuevamente hizo hincapié en los cambios que pudiera adoptar el Presidente cubano después de su regreso de China.

Se preocupó por los diferentes proyectos, abastecimientos de medicamentos recibidos y el trabajo del Grupo de Apoyo a la Disidencia. Pidió también una relación de los medicamentos más necesitados en el país y dijo que se avecina una crisis mayor para Cuba, y se refirió a que su gobierno está circulando un documento en el que se señalan los millones de dólares que se invirtieron por la ex URSS y no se sabe a qué se destinaron. Habló sobre cursos de educación a distancia por Internet para los "opositores" y sobre temas de derechos humanos. Terminó, afirmando que se van a seguir enviando radios y medios para el trabajo.

Por último, distribuyeron entre los presentes una caja de libros y se tomaron una foto todos juntos.

Luego, acompañados de Víctor Arroyo y del pintor René Oñate Sixto se dirigieron hacia la vivienda de este último, donde tomaron fotos de algunos de sus cuadros. Regresaron a La Habana a las 3:30 p.m.

12 de marzo:

Orlando Fundora Álvarez y otros miembros de su grupo, visitaron la residencia del Jefe de la SINA, para analizar el estado del proyecto "Yo Demando". Permanecieron allí desde las 11:00 de la mañana hasta las 4:00 p.m.

El encuentro tuvo lugar en el apartamento colindante a la residencia del diplomático estadounidense, y los atendió Rebeca Tobey, esposa del cónsul Lawrens Tobey.

La actividad comenzó con la intervención del periodista "independiente" Israel Picallo Ortiz, quien explicó en detalles en qué consistía el mencionado proyecto. Se distribuyeron planillas y bonos que acreditan sus respectivas firmas de apoyo.

La norteamericana se limitó a escuchar a los visitantes y les entregó a cada uno dos libros, uno de Historia de Cuba y otro sobre la Constitución del 40, así como un radio portátil de onda corta. Brindaron solo jugos naturales.

Concluida la reunión, los participantes se mostraron molestos e inconformes con el trato recibido. Criticaron que no asistió ningún funcionario de la SINA y solo ofertaron jugos a pesar de la lejanía del lugar, al parecer reclamando almuerzo.

14 de marzo:

En la residencia del Jefe la SINA se efectuó un Taller de Ética Periodística, promovido por Manuel David Orrio y Martha Beatriz Roque. Asistieron 34 contrarrevolucionarios vinculados a la denominada "prensa independiente", 21 periodistas de 10 agencias de prensa acreditadas en el país y 5 funcionarios de la SINA. Entre las 9:30 a.m. y las 10:25 a.m. se reunieron en el interior del inmueble los "independientes". Todos llegaron en taxis (Panataxi) y carros de alquiler particular. Fueron recibidos por Rebeca Tobey, quien controlaba la llegada de los participantes, supervisada por Nicholas J. Giacobbe, segundo secretario de Prensa y Cultura.

Antes de comenzar la actividad se ofreció una merienda consistente en: café (de mala calidad), leche, panqué con pasas, agua y refresco de limón.

Antes de iniciar las "sesiones de trabajo", el secretario de Prensa y Cultura Gonzalo Gallegos, ratificó la "disposición de colaborar y apoyar no solo a los 'periodistas independientes', sino a todos los que de una forma u otra defiendan sus derechos como ciudadanos de este país lleno de restricciones y censura" .

Aproximadamente a las 11:00 de la mañana, los huéspedes se dividieron en cinco comisiones de trabajo: Comisión de fotorreporteros, dirigida por Alicia Zamora Labrada e Israel Picallo Ortiz; Comisión de entrevistas, con Jesús Zúñiga Silveiro y Olga Rita Ramírez Delgado al frente; Comisión de análisis, conflictos e intereses, encabezada por Manuel David Orrio del Rosario y Aleida Godínez Soler; Comisión de relaciones entre periodistas y editores de los medios de comunicación, dirigida por Néstor Baguer Sánchez Galarraga y Adela Soto Ascuy; Comisión de lenguaje periodístico, con Luis García Vega y Ángel Pablo Polanco Torrejón.

Después del trabajo de las comisiones se efectuó un almuerzo, donde ofrecieron arroz blanco con mantequilla, congrí, chuletas de puerco asado, ensalada fría, ensalada de tomates, lechuga, zanahoria, berenjena en salsa, carne de res estofada, pudín con crema y maní, pastelitos salados, agua y refresco.

Finalmente, se dieron a conocer las conclusiones de cada una de las comisiones de trabajo, se aceptaron los acuerdos tomados, y se volvió a debatir la situación de la emisora *Radio "Martí"*. Nicholas J. Giacobbe realizó, al parecer, una llamada telefónica al Departamento de Estado norteamericano para comentar la preocupación de los asistentes.

Concluido el debate, los asistentes recibieron un diploma acreditativo como constancia de haber participado en el Taller, firmado por los periodistas Manuel David Orrio del Rosario, de la Federación de "Periodistas Independientes" de Cuba y Farah Armenteros, por el proyecto de la Asamblea para Promover la Sociedad Civil en Cuba.

14 de marzo de 2003: Taller de Ética, en la casa de James Cason.
Presiden la mesa, los agentes Miguel y Vilma.

ÍNDICE

Las sombras de la sombra / 1
Los autores

Siempre estuve segura de que no estaba sola / 5
Aleida Godínez Soler

Antonio Tang Báez / 9

Enrique Blanco Rodríguez / 11

Center For a Free Cuba / 13

Frank Calzón (I) / 24

Frank Calzón (II) / 26

Federación Sindical de Plantas Eléctricas, Gas y Agua de Cuba en el Exilio (FSPEGA) / 33

MAR por Cuba / 38

Alpha 66 / 42

Rodolfo Frómeta Caballero / 45

El dinero es lo que mueve a la disidencia / 47
Otuardo Hernández Rodríguez

Ángel Francisco D' Fana Serrano / 51

Federación Mundial de Ex-Presos Políticos Cubanos / 54

Ramón Humberto Colás Castillo / 56

Janisset Rivero Gutiérrez / 61

Hugo Araña / 64

Ninosca Pérez Castellón / 65

Testimonio documental y gráfico

Todavía estoy en la piel del personaje / 67
Manuel David Orrio del Rosario

Carlos Alberto Montaner / 72

Hermanos al Rescate (HAR) / 75

José Basulto León / 79

Movimiento Democracia / 84

Las pruebas fueron una bomba / 93
Pedro Serrano Urra

Consejo Nacional del Presidio Político Cubano / 96

Grupo de Apoyo a la Disidencia Interna / 98

René Laureano Díaz González / 100

Víctor Manuel Domínguez / 101

Testimonio documental y gráfico

Ese informe de Ginebra lo escribí yo / 107
Pedro Luis Véliz Martínez y Ana Rosa Jorna Calixto

Fundación Hispano Cubana (FHC) / 110

Leopoldo Francisco Fernández Pujals / 112

Francisco José Hernández Calvo / 117

Ricardo Bofill / 121

Del Mamey a la alcaldía de Güines / 131
Yamila Pérez Reyes y Noel Ascanio Montero

Ángel Cuadra Landrove / 134

Directorio Democrático Cubano / 138

Frank Hernández Trujillo / 141

José Cohen Valdés / 143

Nueva Generación Cuba / 146

Plantados hasta la Libertad y la Democracia en Cuba / 149

Testimonio documental y gráfico

¿Independientes de qué? / 153
Néstor Baguer Sánchez Galarraga

Armando Pérez Roura / 157

Cubanet / 165

Ernesto F. Betancourt / 169

Ojos abiertos / 171

Roberto Rodríguez Tejera / 172

A mí solo me daba órdenes la SINA / 175
Odilia Collazo Valdés

Consejo por la Libertad de Cuba / 180

Horacio Salvador García Cordero / 182

Joe García / 184

Luis Zúñiga Rey / 186

Samuel Martínez Lara / 195

Nancy Pérez Crespo / 199

Ruth Montané (*Chuni*) / 202

Félix Rodríguez Mendigutía / 203

Testimonio documental y gráfico

La "diplomacia" de James Cason / 205
Manual para fabricar disidentes

IMPRENTA
ALEJO CARPENTIER